COMIDA DE VERDADE

YOTAM OTTOLENGHI

COMIDA DE VERDADE

TRADUÇÃO ISABELLA PACHECO

COMPANHIA DE MESA

SUMÁRIO

INTRODUÇÃO	6
MISTURAR	12
AO VAPOR	48
BRANQUEAR	64
COZINHAR	84
BRASEAR	126
GRELHAR	148
ASSAR	168
FRITAR	194
AMASSAR	228
FRIGIR	248
AO FORNO	268
ADOÇAR	296
ÍNDICE REMISSIVO	346
AGRADECIMENTOS	352

INTRODUÇÃO

O RENASCIMENTO DOS VEGETAIS

Azeitonas verdes carnudas no azeite; marinado de shoyu e pimenta dedo-de-moça; grão-de-bico amassado com ervilha; molho picante com páprica defumada; quinoa, triguilho e trigo-sarraceno combinados com um molho cítrico; sorvete de tahine com halvah; suflês; funcho assado em agraço; saladas vietnamitas e molhos libaneses; iogurte espesso sobre berinjela defumada… Poderia continuar durante horas fazendo essa lista complexa, infinita e estimulante. Porém, eu nem sempre soube dessa infinidade de possibilidades, levei certo tempo para descobri-las.

Agora percebo que, conforme ficamos mais velhos, deixamos de ter medo de algumas coisas que nos assustavam completamente. Quando eu era pequeno, por exemplo, não conseguia ficar sozinho. Achava aterrorizante — não a experiência em si, pois nunca fiquei totalmente só, mas a ideia. Evitei ferozmente ficar desacompanhado até os meus vinte anos: eu sempre tinha um "plano". Quando enfim me forcei a encarar essa situação, descobri, evidentemente, não só que minha preocupação era infundada, mas também que eu podia aproveitar meu tempo sozinho.

Em 2006, ao ter de enfrentar o desafio de escrever receitas vegetarianas semanais para o jornal *The Guardian*, fui tomado por dois medos paralisantes.

Primeiro, eu não queria ser estereotipado como alguém que só cozinha vegetais. Naquela época, e de certa forma ainda hoje, vegetais e legumes não eram a escolha principal de muitos cozinheiros. Carnes e peixes eram os heróis em muitas cozinhas. Recebiam "tratamento de celebridade" em termos de atenção e afeição; os vegetais eram coadjuvantes, quando muito.

Ainda assim, eu mergulhei de cabeça e, felizmente, à medida que fui crescendo e lidando com meu medo, o universo gastronômico também foi se desenvolvendo. Nós já evoluímos muito desde 2006. De maneira geral, cada vez mais carnívoros de carteirinha — incluindo chefs — ficam felizes em apreciar verduras, grãos e legumes. E isso ocorre por diversos motivos relacionados à redução do consumo de carne, como o bem-estar animal, mas também ao meio ambiente, à sustentabilidade e à saúde. Contudo, estou convencido de que o motivo real é um incentivo ainda maior, que tem a ver com o meu segundo grande medo quando aceitei escrever a coluna do jornal: a falta de ideias.

Foi logo na segunda semana como colunista vegetariano que senti o arrepio na espinha. De repente, percebi que só tinha quatro receitas na manga — o suficiente para um mês — e depois disso, mais nada! Na minha inexperiência como escritor de receitas, achei que havia um número finito de ideias para receitas vegetarianas, e que não demoraria muito para que eu as esgotasse.

De jeito nenhum! Assim que consegui abrir os olhos, comecei a descobrir um mundo de ingredientes e técnicas, pratos e habilidades que me abasteciam de informações e combustível incessantemente. E eu não era o único. Muitas pessoas — a princípio entediadas pela natureza limitadora do assunto em questão (afinal, jamais nos perguntam em um restaurante como gostaríamos do ponto de cozimento da nossa couve-flor: ao ponto ou bem cozida) — começaram a desbravar um novo universo de culinárias, pratos e ingredientes que transformam os vegetais em estrelas de cinema.

Assim como eu, outros cozinheiros têm encontrado na abundância dos vegetais e na forma de cozinhá-los a garantia de um grande negócio. Estão descobrindo as diferentes variedades de pimenta, coalhadas, novos tipos de frutas cítricas, cereais integrais, condimentos japoneses e temperos norte-africanos, a variedade de massas secas e o preparo de massas frescas. Estão empolgados em explorar mercados e lojas especializadas, em procurar na internet uma erva exótica ou uma marca específica de curry. Leem livros de culinária e assistem a programas de TV que exploram tendências na cozinha e técnicas complexas de assar. São inúmeras opções para a vida vegetariana — que é variada e excitante.

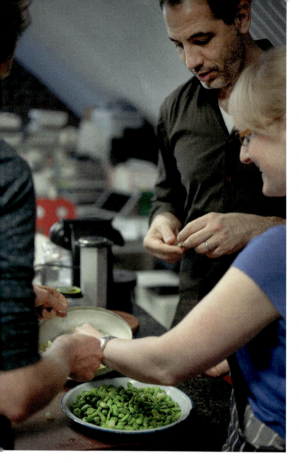

TRANSFORMANDO IDEIAS EM RECEITAS

Minha inspiração para receitas vem de diversas formas. Quando viajo, estou sempre à procura de novas ideias. Da Tunísia fiz questão de voltar com um método certeiro para fazer *harissa*; férias na praia na Tailândia são breves (para a tristeza do meu companheiro Karl), em função da busca pela melhor omelete de ostras do mundo, em Bangcoc.

Minha coleção de livros e revistas de culinária me leva para jornadas pelas mentes criativas de outros cozinheiros. Pode surgir por meio de uma imagem ou uma ideia que encontro — uma combinação de azedinha com sementes de mostarda, por exemplo, ou cenouras assadas com laranja —, que desperta uma corrente de reações e resulta em um prato novo. Nos últimos anos, fiz uma longa viagem ao Irã pelas páginas de alguns dos meus livros preferidos (posso mencionar o maravilhoso *Food of Life*, de Najmieh Batmanglij?); fiz passeios semelhantes pelo Líbano e pelo Japão (*Sushi and Beyond*, de Michael Booth, é exemplar); e tomei conhecimento do uso de inúmeros grãos incomuns (por meio do livro *Whole Grains for a New Generation*, de Liana Krissoff) e vegetais (*Vegetable Literacy*, de Deborah Madison).

Meus parceiros de trabalho nos restaurantes Ottolenghi e NOPI — os chefs Sami, Helen e muitos outros — também me estimulam constantemente com suas ideias, que se transformam em pratos e produtos que servimos nos restaurantes e vendemos em nossas lojas.

O principal do conteúdo deste livro é a maneira como as ideias iniciais viram receitas de fato. Desde o meu livro *Plenty* e as minhas primeiras colunas no *The Guardian*, expandi meu leque de ingredientes e técnicas e mudei minha forma de trabalhar, e o *Comida de verdade* é o resultado e a expressão dessa mudança.

No começo, tudo foi muito simples (como costuma ser). Em um dia de teste de receita, eu acordava cedo e saía para comprar ingredientes. Então voltava para casa, tirava tudo das sacolas, fazia anotações e separava meus ingredientes principais para começar a cozinhar e rascunhar as ideias. No início da tarde, limpava a cozinha e ia para o computador escrever as receitas. No fim da tarde, eu já tinha duas receitas prontas, quiçá três, se estivesse em um dia eficiente e sortudo.

Conforme aumentou o número de compras e de receitas a serem escritas, precisei de ajuda, e foi quando Tara entrou na jogada. Porém, em determinado momento, toda essa atividade não cabia mais na cozinha da minha casa: pobre Karl, sua casa virou um grande laboratório culinário, de pratos com comida semidegustada. Não havia muitas refeições "de verdade".

Há dois anos, alugamos um galpão em Camden, no centro de Londres, ao lado da padaria Ottolenghi, e o transformamos na cozinha oficial para testes. A história desses últimos dois anos — assim como do livro *Comida de verdade* — é, de muitas maneiras, a do Galpão 21, onde as receitas apresentadas aqui foram concebidas, testadas, provadas, avaliadas e então finalmente lançadas no mundo. É também uma história de crescimento: do meu livro anterior, *Plenty*, uma aventura solo, para o *Comida de verdade*, um projeto em grupo.

O CENÁRIO E OS PERSONAGENS PRINCIPAIS

O "núcleo" Ottolenghi hoje ocupa três galpões em Camden. O primeiro, ocupado em 2007, chamamos de "padaria", embora seja muito mais do que isso: é a "casa de máquinas" por trás dos restaurantes Ottolenghi e NOPI.

Se você por acaso entrar no Galpão 20, provavelmente irá deparar com Artur, com fones de ouvido permanentes, descascando e espremendo limões-sicilianos: litro por litro do líquido amarelo nebuloso, com o qual nosso pequeno império é reinado. Em seguida, você encontrará Aga usando uma touca e enrolando *grissinis*. No andar de cima, Mariusz e Irek despejam uma quantidade gigantesca de manteiga em massas de brioche e croissant ou folhadas. À noite, Carlos enfileira grandes fôrmas quadradas com creme de amêndoas e ruibarbo, enquanto Robert preenche cestas de pães com uma massa aerada. Seja relativo a massas, geleias, coalhadas ou chocolates, 24 horas por dia há alguma coisa acontecendo no Galpão 20.

À esquerda, fica o mais novo integrante da família, o Galpão 22, onde Maria trabalha na dominação do mundo pela internet: uma recém-aberta loja virtual da Ottolenghi disponibiliza todos esses ingredientes exóticos, que fazem as pessoas nos amar ou nos detestar por tê-los introduzido em sua vida. No andar de cima há um pequeno escritório administrativo e financeiro, conduzido por Angelita, conforme nos aproximamos cada vez mais de uma matriz corporativa.

O Galpão 21 é o núcleo criativo, de onde surgem ideias para pratos, receitas e muitos de nossos produtos. Todos os dias, couves-rábano são picadas, grãos-de-bico hidratados, iogurtes são misturados com ervas, ou um pernil de cordeiro vai ao forno com um vegetal da estação e uma garrafa de vinho. Ao meio-dia, normalmente já temos alguns pratos prontos para serem provados.

Todos os funcionários do escritório se reúnem para uma degustação para opinar. Lucy, que fica no comando das vendas do Ottolenghi e da minha vida em geral, não é difícil de agradar, mas é observadora; Sarah normalmente é mais severa, mas fica sempre feliz ao ser surpreendida por um caso perdido; Tara tende a nos dar veredictos breves com sugestões de melhoria eficazes; Esme, uma perfeccionista na cozinha, é otimista e disposta a fazer várias tentativas para uma receita dar certo.

Uma vez terminada a longa discussão, voltamos à lista de ingredientes com diversos ajustes. Durante o processo de teste, um prato pode se transformar completamente: uma receita para um recheio feito de arroz pode virar um risoto, um molho de berinjela pode acabar num marinado de costela. Por mais meticuloso que o trabalho possa parecer, é um prazer enorme. Encontrar a "solução" do prato é um momento de revelação. Tudo se encaixa quando cebolas fritas adicionam a riqueza que faltava a outro prato delicioso de cevada com lentilha e cogumelos, ou quando um toque final de manteiga queimada com pimenta urfa é derramado na abobrinha com iogurte. Normalmente, o último detalhe pontua perfeitamente um prato e une todos os outros elementos.

Em *Comida de verdade*, tentei capturar algumas das técnicas envolvidas na construção de um prato, na coesão dos componentes e na organização deles em camadas de sabor, textura e cor. Se na estrutura e na seleção de receitas do livro anterior tentamos dar importância aos grupos de ingredientes — meus preferidos —, aqui pegamos esses favoritos, acrescentamos alguns membros à família feliz (queijo *kurut, dakos* e alho negro, para citar alguns) e focamos nas técnicas e métodos culinários que melhor utilizam o potencial deles. Assar o limão, por exemplo, ou brasear a alface eram lendas para mim alguns anos atrás. Hoje, estou ansioso para dividir essas ideias.

Espero oferecer aqui uma outra perspectiva, ao expor partes do processo de criação de um prato, contar sobre as jornadas gastronômicas que fiz recentemente e focar em algumas técnicas simples de cozinha — que elevam um ingrediente e o revelam da maneira que ele merece. Uma perspectiva necessária num mundo em constante expansão, de folhas, grãos e legumes: um mundo com milhares de ingredientes, pratos fantásticos e muito mais a ser descoberto.

YOTAM OTTOLENGHI

UMA PEQUENA NOTA SOBRE OS INGREDIENTES

A medida dos vegetais entre parênteses é sempre pura, ou seja, depois de descascar, picar etc. A não ser que esteja especificado, sal é o de cozinha, a pimenta é moída na hora, os ovos são de tamanho grande, a salsinha é só a folha, o azeite é extravirgem, os pimentões são sem semente, a parte branca de qualquer tipo de limão é para ser evitada quando for usar as raspas, e cebola e alho são sempre descascados.

MISTURAR

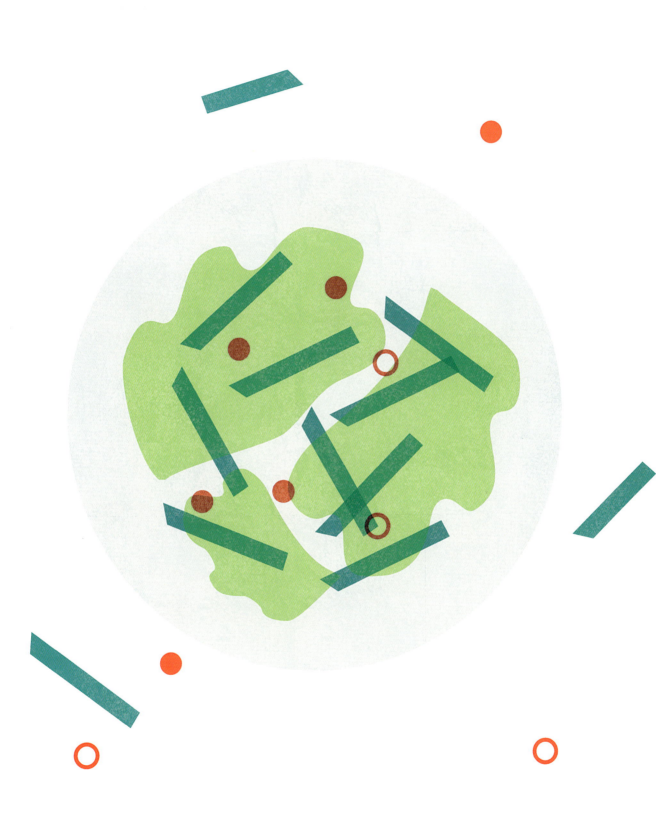

SALADA DE TOMATE COM ROMÃ

SERVE 4 PESSOAS

Eu raramente deliro com minhas próprias receitas, mas essa eu poderia comer para sempre. É a própria definição de frescor, com seus sabores adocicados e azedos, e também um total deleite para os olhos. Porém, o mais incrível desse prato é que leva alguns poucos ingredientes que já adoro cozinhar há anos e acreditava saber tudo sobre eles, apesar de jamais ter pensado em misturá-los dessa maneira. Quer dizer, até viajar para Istambul e me deparar com uma combinação semelhante de tomates frescos e sementes de romã, em um famoso restaurante local de kebabs chamado Hamdi, bem ao lado do Mercado das Especiarias. Foi um momento iluminado quando percebi que os tipos de sabor adocicado — a doçura ácida e quase amarga da romã e a mistura do frescor doce e salgado do tomate — poderiam se complementar de uma maneira gloriosa.

Uso quatro tipos de tomates nesta receita para tornar a salada mais interessante aos olhos e ao paladar. É claro que você pode usar uma variedade menor, desde que estejam maduros e doces.

Numa tigela grande, misture os tomates, o pimentão e a cebola. Reserve.

Numa tigela pequena, misture o alho, a pimenta-da-jamaica, o vinagre, o melaço de romã, o azeite e ⅓ de colher (chá) de sal e mexa bem até ficar homogêneo. Despeje sobre os tomates e misture suavemente.

Coloque tudo numa travessa grande. Decore com as sementes de romã e as folhas de orégano. Regue com um fio de azeite e sirva em seguida.

---

200 g de tomate-cereja cortado em cubos de 0,5 cm

200 g de tomate-pera cortado em cubos de 0,5 cm

200 g de tomate italiano cortado em cubos de 0,5 cm

500 g de tomate caqui cortado em cubos de 0,5 cm

1 pimentão vermelho cortado em cubos de 0,5 cm (120 g)

1 cebola roxa pequena picada (120 g)

2 dentes de alho amassados

½ colher (chá) de pimenta-da-jamaica

2 colheres (chá) de vinagre de vinho branco

1 e ½ colher (sopa) de melaço de romã

60 ml de azeite (e mais um pouco, para finalizar)

sementes de 1 romã (170 g)

1 colher (sopa) de folhas pequenas de orégano fresco

sal

SALADA "TIPO WALDORF"

SERVE DE 6 A 8 PESSOAS

Minha primeira investida no estranho e maravilhoso mundo de apresentador de televisão foi quando participei do Great British Food Revival, *da BBC, e me foi dada a tarefa de vender nozes, castanhas, amendoins e afins para o público inglês. A combinação da minha inexperiência em frente às câmeras com a minha postura sem jeito para a função em questão resultou em um desempenho que poderia facilmente ser descrito como "longe do meu melhor" ("Você não assistiu ao programa?" era a minha reação quando me perguntavam sobre isso).*

Mesmo assim, desenvolvi um apreço por nozes em conserva, uma excentricidade inglesa, assim como uma variação de avelã típica da região. Ambas possuem um sabor mais fresco do que qualquer outro integrante da família da noz. Ambas combinam perfeitamente com frutas do outono e algumas variedades de queijo. Aqui, eu as asso em um processo bem lento para ficarem totalmente crocantes e acentuar seu sabor. Avelãs comuns — levemente tostadas e delicadamente quebradas com a parte lisa de uma faca grande — são uma boa substituição. (Inclusive aparecem na foto das páginas seguintes.)

....

Preaqueça o forno a 160 °C.

Espalhe as avelãs numa fôrma que vá ao forno e asse-as por 30 minutos, ou até que tomem cor e fiquem completamente sequinhas e crocantes. Deixe que esfriem e pique grosseiramente.

Para fazer a maionese, coloque a cebola, a gema, a mostarda, o xarope de Maple, o vinagre e ½ colher (chá) de sal num processador. Bata todos os ingredientes e, com a máquina ainda funcionando, vá adicionando os óleos num fio contínuo, até obter uma maionese homogênea e espessa. Deixe descansar.

Coloque o repolho, o aipo, as maçãs e a cebola numa tigela. Junte o *sour cream*, o endro, a maionese, as amarenas, ½ colher (chá) de sal e uma pitada de pimenta-do-reino. Use as mãos para misturar — não se preocupe se as fatias de maçã quebrarem, faz parte da apresentação. Transfira para pratos individuais, polvilhe com as avelãs e sirva.

---

50 g de avelãs descascadas

¼ de repolho roxo cortado em tiras finas (300 g)

6 hastes de aipo cortadas em tiras finas (350 g)

2 maçãs verdes Granny Smith, sem sementes e cortadas em tiras finas (300 g)

½ cebola roxa cortada em fatias finas (60 g)

140 g de *sour cream*; se preferir, em vez de *sour cream*, para cada 5 colheres (sopa) de creme de leite fresco adicione 1 colher (chá) de caldo de limão

50 g de endro picado bem pequeno

100 g de amarenas ou cranberries (opcional)

sal e pimenta-do-reino

Para a maionese

1 cebola pequena, picada em pedaços pequenos (20 g)

1 gema de ovo

1 colher (chá) de mostarda Dijon

1 colher (chá) de xarope de Maple

1 colher (sopa) de vinagre de maçã

80 ml de óleo de girassol

80 ml de óleo de canola

sal

SERVE 6 PESSOAS

SALADA COLESLAW REQUINTADA

2 cenouras médias,
descascadas e cortadas
em tiras (140 g)

1 bulbo pequeno de erva-
-doce, em tiras de 3 mm
(120 g)

60 ml de caldo de limão-
-siciliano

¼ de um repolho crespo
pequeno, cortado em tiras
de 3 mm (120 g)

1 radicchio grande, cortado
em tiras de 3 mm (200 g)

1 pimentão vermelho médio,
em fatias finas (100 g)

1 pimenta dedo-de-moça,
em fatias finas

100 g de iogurte grego

40 g de maionese

1 e ½ colher (chá) de
mostarda de Dijon

1 e ½ colher (chá) de mel

1 colher (sopa) de azeite

30 g de salsinha picada

20 g de endro picado

10 g de estragão picado

sal e pimenta-do-reino
branca

Para a castanha-de-caju
apimentada

120 g de castanha-de-caju,
picada grosseiramente

¾ de colher (chá) de
cúrcuma em pó

¾ de colher (chá) de
cominho em pó

1 e ½ colher (chá) de
páprica

¾ de colher (chá) de açúcar
refinado

sal

Depois de fatiar e picar todos os ingredientes, você terá uma tigela cheia de vegetais fresquinhos e refrescantes. Para poupar tempo, utilize um processador para a tarefa de fatiar: o resultado final não será tão bonito, mas ficará tão gostoso quanto. Da mesma forma, para poupar mais tempo, qualquer tipo de noz torrada pode ser usada para substituir a castanha-de-caju apimentada. Mas, se as fizer, dobre ou triplique a quantidade indicada: elas são um ótimo aperitivo para servir com drinques. (Veja na página anterior.)

....

Preaqueça o forno a 180 ºC.

Coloque as cenouras, a erva-doce e 2 colheres (sopa) do caldo de limão em uma tigela grande e misture bem. Deixe descansar por 20 minutos e depois coe.

Coloque as castanhas-de-caju em uma tigela pequena junto com a cúrcuma, o cominho, a páprica, o açúcar e uma pitada de sal. Adicione 1 colher (sopa) de água e misture, para que os temperos penetrem nas castanhas. Espalhe numa fôrma grande coberta com papel-manteiga e asse por aproximadamente 12 minutos, até que estejam douradas e crocantes. Retire do forno e deixe esfriar.

Coloque as cenouras e a erva-doce reservadas em uma tigela grande; adicione o repolho, o radicchio, o pimentão e a pimenta. Misture bem.

Faça o molho misturando o iogurte, a maionese, a mostarda, o mel, o azeite, o que sobrou do caldo de limão, ¼ de colher (chá) de sal e uma pitada da pimenta-do-reino branca. Jogue o molho sobre os vegetais e misture. Adicione as ervas e a castanha-de-caju apimentada, mexa para unir os sabores e sirva.

SALADA DE BETERRABA CRUA E ERVAS

SERVE 4 PESSOAS

Esta salada crocante e refrescante, com diversos sabores ácidos, picantes e "saudáveis", é uma ótima maneira de começar ou terminar uma refeição, ou simplesmente de consumi-la com muitos outros pratos de bases vegetais do verão. Também é muito eficaz quando servida com cordeiro ou peixe feitos na churrasqueira. Prepare todos os ingredientes com antecedência, mantendo as delicadas folhas das ervas refrigeradas em um recipiente vedado, com um pano de prato úmido por baixo, e acrescente-as na hora de servir.

Preaqueça o forno a 200 °C.

Misture as amêndoas, o gergelim, as sementes de abóbora e coloque-os em uma fôrma. Leve ao forno e asse por 6 minutos. Retire do forno e deixe esfriar.

Em uma tigela grande, junte a beterraba, as ervas, a pimenta calabresa e as raspas de limão. Adicione a mistura levada ao forno, o caldo de limão, o azeite, ¼ de colher (chá) de sal e pimenta-do-reino a gosto. Misture tudo e sirva na hora.

30 g de lascas de amêndoas
15 g de gergelim
45 g de sementes de abóbora
3 beterrabas médias, descascadas e cortadas em tiras finas (300 g)
40 g de folhas de manjericão picadas
20 g de salsinha fresca
30 g de endro fresco
20 g de coentro fresco
10 g de estragão fresco
1 colher (chá) de pimenta calabresa
2 colheres (chá) de raspas de limão-siciliano
3 colheres (sopa) de caldo de limão-siciliano
75 ml de azeite
sal e pimenta-do-reino

MISTURAR

SALADA DE AIPO COM QUEIJO FETA E OVOS LEVEMENTE COZIDOS

SERVE 4 PESSOAS

Acrescentar queijo feta, um pouquinho de caldo de limão-siciliano ou coentro são alguns dos meus truques mais antigos para "consertar" uma receita. "Podemos fazer o óbvio e adicionar um pouco de queijo feta" é o que sempre falamos na cozinha de testes quando nos deparamos com um prato que parecia divino na teoria, mas que na prática não alcançou as expectativas; "mas isso seria fácil demais". De fato, é fácil e funciona, porém eu tento limitar a quantidade de vezes que recorro ao queijo feta, para que ele continue sendo especial (admito que não resisto tão bem ao acréscimo do caldo de limão e do coentro).

Contudo, nesta receita, o queijo feta é essencial para preencher a distância entre a salada ácida, crocante e saudável e o ovo quente, cremoso e rico em sabor. O resultado é um prato extremamente reconfortante.

8 talos de aipo, em fatias finas na diagonal (400 g)

2 pimentões verdes, em fatias de 0,5 cm (200 g)

1 cebola média, cortada em fatias finas (150 g)

1 colher (chá) de açúcar refinado (150 g)

4 limões-sicilianos

20 g de folhas de aipo

15 g de salsinha fresca

15 g de coentro fresco

4 colheres (sopa) de alcaparras

2 pimentas dedo-de-moça verdes, sem semente e cortadas em fatias finas

2 colheres (sopa) de azeite (e mais um pouco, para finalizar)

4 ovos

200 g de queijo feta, em pedaços de 2 cm

sal e pimenta-do-reino

Em uma tigela, misture o aipo, o pimentão e a cebola; polvilhe o açúcar e ½ colher (chá) de sal e misture bem. Deixe descansar por 30 minutos, para que os vegetais fiquem macios e liberem seu suco, que será acrescido ao molho.

Pegue os limões e utilize uma faca afiada para fatiar a parte de cima e de baixo. Corte as laterais, seguindo uma curva natural para retirar a casca e a pele branca. Em uma tigela pequena, corte entre as membranas para separar cada gomo.

Adicione os gomos dos limões aos vegetais já macios, junto com as folhas de aipo, a salsinha, o coentro, as alcaparras, a pimenta, o azeite e a pimenta--do-reino a gosto. Misture delicadamente.

Perto do momento de servir, coloque com cuidado os ovos em uma panela com água fervente e cozinhe por 6 minutos. Coloque-os sob água fria corrente até que estejam mornos o suficiente para serem manejados. Descasque-os com delicadeza. O ponto certo é com a gema ainda mole.

Arrume a salada nos pratos, acrescente o queijo feta por cima, coloque um ovo no topo de cada prato de salada e abra-o para que a gema escorra. Finalize com algumas gotas de azeite e um pouco de pimenta-do-reino. Sirva em seguida.

SERVE 4 PESSOAS
como entrada

SALADA DE AGRIÃO COM OVO DE CODORNA, RICOTA E SEMENTES

12 ovos de codorna

2 dentes de alho pequenos amassados

1 e ½ colher (sopa) de caldo de limão-siciliano

50 ml de azeite (e mais um pouco, para finalizar)

15 g de endro fresco

15 g de manjericão fresco rasgado

15 g de coentro fresco

30 g de agrião

50 g de ricota

sal e pimenta-do-reino

Sementes

1 e ½ colher (sopa) de lascas de amêndoas

1 e ½ colher (sopa) de sementes de abóbora

2 colheres (chá) de gergelim

⅓ de colher (chá) de sementes de nigela (também conhecidas como cominho-preto)

¼ de colher (chá) de pimenta calabresa

¼ de colher (chá) de azeite

As sementes polvilhadas sobre esta salada adicionam verdadeira graça à aparência, à textura e ao sabor. Faça mais da mistura do que o indicado na receita e guarde em um recipiente para sua próxima criação culinária que precisar de uma certa crocância.

Muitas das saladas do restaurante Ottolenghi foram beneficiadas com o acréscimo dessas sementes ao longo dos anos; por isso, um dia decidimos vendê-las em recipientes, com o nome de "Sementes do Sami", com uma mistura de nozes picantes que também viriam a carregar o nome de Sami. Lisa Reynolds, uma esperta ex-gerente de turno do Ottolenghi, chamou nossa atenção para o fato de que esses nomes poderiam ser mal interpretados e não necessariamente elevariam a experiência gastronômica que esperávamos proporcionar a nossos clientes — o que, por sorte, nos levou a mudar o nome das etiquetas antes que imprimíssemos uma quantidade enorme.

Comece com as sementes. Distribua todos os ingredientes em uma panela pequena com uma pitada de sal, e cozinhe em fogo médio por 3-5 minutos, mexendo sem parar, até que as sementes fiquem coradas. Retire do fogo e deixe esfriar.

Coloque os ovos de codorna em uma panela, cubra-os com água e deixe ferver. Cozinhe durante 30 segundos para que fiquem semicozidos, ou por 2 minutos se quiser que fiquem completamente cozidos. Esfrie-os em água fria corrente e depois os descasque.

Para o molho, coloque o alho, o caldo de limão e o azeite em uma tigela pequena com ¼ de colher (chá) de sal e pimenta-do-reino a gosto. Misture e deixe descansar.

Para montar a salada, misture as ervas e o agrião. Em seguida, utilize metade da mistura para montar quatro pratos de entrada. Corte os ovos de codorna ao meio e coloque alguns em cada prato. Utilize uma colher de chá para pôr um pouquinho de ricota em cada salada e jogue o molho por cima. Acrescente o restante da salada por cima das quatro porções, deixando-as o mais altas possível. Com cuidado, enfeite as saladas com o que sobrou dos ovos e do queijo e regue com um pouquinho mais de azeite. Finalize polvilhando cada prato com as sementes, logo antes de servi-los.

SERVE 4 PESSOAS

SALADA DE VEGETAIS CRUS

200 g de couve-flor, em
pequenos pedaços

200 g de rabanete (variados,
se possível), cortados em
fatias finas no sentido do
comprimento

200 g de aspargos, cortados
em fatias finas no sentido
do comprimento

30 g de agrião

100 g de ervilhas frescas ou
congeladas, branqueadas
por 1 minuto e resfriadas
em água corrente

20 g de manjericão fresco

75 g de azeitonas pretas
gregas sem caroço

Para o molho

1 cebola pequena, picada
em pedaços miúdos (20 g)

1 colher (chá) de maionese

2 colheres (sopa) de vinagre
de champagne ou de vinho
branco de boa qualidade

1 e ½ colher (chá) de
mostarda de Dijon

90 ml de óleo de girassol
de boa qualidade

sal e pimenta-do-reino

Alguns vegetais — por exemplo, couve-flor, nabo, aspargos e abobrinha — raramente são consumidos crus aqui no Reino Unido. Quando viajo para visitar meus pais, sempre aproveito para me deliciar com uma salada crocante como esta, na qual os vegetais da estação são simplesmente picados e misturados em uma tigela com um belo vinagrete. O resultado é maravilhoso: ele capta perfeitamente a essência da estação e é o motivo pelo qual eu só faço este prato com os melhores vegetais frescos sazonais. Isso é, de fato, crucial. O mesmo serve para o molho: se puder utilizar um óleo de girassol de boa qualidade — que tenha um gosto real de semente de girassol —, fará uma diferença enorme.

A melhor maneira de cortar os aspargos em tiras é usar um descascador de vegetais.

Primeiro, o molho. Em uma tigela grande, misture a cebola, a maionese, o vinagre e a mostarda. Bata bem e adicione o óleo aos poucos, seguido de ¾ de colher (chá) de sal e uma quantidade generosa de pimenta-do-reino.

Adicione os ingredientes da salada ao molho, utilizando as mãos para misturar delicadamente, e sirva.

SALADA CROCANTE DE VEGETAIS DE RAIZ

SERVE DE 2 A 4 PESSOAS

Diminuir as saladas de vegetais crus para este livro foi uma tarefa árdua. Salada de beterraba, cenoura e repolho roxo; salada de beterraba e aipo-rábano; salada Coleslaw requintada; salada de vegetais crus; salada crocante de vegetais de raiz; salada de aipo-rábano e maçã. Muitos vegetais excelentes foram sacrificados (e ingeridos) para o benefício de vocês. O resultado é uma pequena lista aperfeiçoada e muito premiada. Um mandolin ou processador de alimentos com as lâminas corretas irá ajudar ainda mais a poupar tempo e paciência.

Junte os vegetais já cortados em uma tigela grande e adicione a pimenta dedo-de-moça, o caldo de limão, o vinagre, o açúcar, o óleo e $\frac{1}{3}$ de colher (chá) de sal. Misture bem e deixe descansar.

Em uma panela pequena, coloque as amêndoas e torre-as no fogo durante 1 minuto, mexendo sem parar. Adicione as sementes de papoula e frite por mais 1 minuto, com cuidado para não queimar as amêndoas. Retire da panela e deixe resfriar.

Logo antes de servir, junte a mistura de amêndoas e sementes aos vegetais, depois acrescente o coentro e o endro. Misture bem e então distribua em tigelas pequenas ou transfira para uma travessa grande. Decore com as sementes de romã por cima e sirva.

1 couve-rábano pequena descascada e em fatias finas, de 5 cm de comprimento e 1-2 mm de espessura (100 g)

¼ de nabo-da-suécia pequeno descascado e em fatias finas, de 5 cm de comprimento e 1-2 mm de espessura (100 g)

1 nabo pequeno descascado e em fatias finas, de 5 cm de comprimento e 1-2 mm de espessura (80 g)

1 cenoura pequena descascada e fatiada fina, de 5 cm de comprimento e 1-2 mm de espessura (60 g)

1 pimenta dedo-de-moça, picada em pedaços pequenos

1 colher (sopa) de caldo de limão-siciliano

1 colher (sopa) de vinagre de maçã

1 e ½ colher (chá) de açúcar refinado

1 e ½ colher (sopa) de óleo de canola

25 g de lascas de amêndoas

2 colheres (chá) de sementes de papoula

20 g de coentro fresco

15 g de endro fresco

sementes de ½ romã pequena (50 g)

sal

MISTURAR

SERVE 4 PESSOAS
como entrada

SALADA DE FIGO

2 cebolas roxas pequenas
  (200 g no total)
3 colheres (sopa) de azeite
50 g de avelã com casca
60 g de radicchio fresco,
  picado grosseiramente
40 g de manjericão fresco
40 g de agrião fresco
6 figos grandes e maduros
  (300 g no total)
1 colher (sopa) de vinagre
  balsâmico
¼ de colher (chá) de canela
  em pó
sal e pimenta-do-reino

O fim do verão e início do outono é a época perfeita para colher figos. Em qualquer outro momento do ano, você provavelmente comprará a fruta importada de algum lugar distante, e os figos não amadurecem depois de colhidos, o que normalmente significa que estarão secos e sem gosto. Um figo no ponto certo dá a impressão de que sua casca vai estourar a qualquer momento. Quando apertado delicadamente, ele amassa e não volta ao normal. Ele tem de estar brilhoso, macio, doce e suculento. Quando conseguir encontrar um figo que atenda a todas essas exigências, eu garanto que você vai obter uma experiência divina. Monte esta salada logo antes de servir como uma entrada.

Preaqueça o forno a 220 °C.

Descasque as cebolas, corte-as ao meio e divida cada metade em 3 fatias de 3 cm de largura. Misture-as com ½ colher (sopa) de azeite, uma pitada de sal e de pimenta-do-reino. Espalhe em uma assadeira e leve ao forno por 20 a 25 minutos, mexendo uma ou duas vezes durante o cozimento, até que as fatias de cebola estejam macias, douradas e levemente crocantes. Retire do forno e deixe esfriar antes de manejá-las com as mãos e separar as camadas.

Diminua a temperatura do forno para 160 °C. Espalhe as avelãs em uma assadeira e asse-as por 20 minutos. Retire-as do forno e, quando esfriarem, quebre-as com a lateral de uma faca grande.

Para montar a salada, misture o radicchio, o manjericão e o agrião, depois coloque um pouco das folhas em cada um dos quatro pratos. Corte os figos no sentido do comprimento em 4 ou 6 pedaços. Coloque alguns pedaços de figo e um pouco da cebola assada por cima. Acrescente mais folhas e continue a fazer camadas com os figos e as cebolas. Faça uma espécie de pirâmide.

Em um copo pequeno, bata o restante do azeite, o vinagre e a canela com uma pitada de sal e de pimenta-do-reino. Regue esse molho sobre a salada, finalize com as avelãs e sirva.

SALADA DE POMELO

SERVE 4 PESSOAS

Às vezes, bem raramente, minha mãe trazia um pomelo para casa. Ele ficava por ali, esquecido, na bancada da cozinha, envelhecendo, e nós, as crianças, não podíamos fazer nada com ele. Precisávamos de um adulto para cortar aquela casca grossa com uma faca afiada, e então retirar os gomos refrescantes daquela membrana espessa e amarga. Era uma verdadeira cerimônia, conduzida pela minha mãe depois do jantar. Nós sentávamos e esperávamos, como passarinhos no ninho, pelos pedaços preciosos que estavam por vir, não tão rápido quanto gostaríamos.

Hoje em dia, penso no pomelo como uma das frutas menos conhecidas e aproveitadas de todas. Laranjas e toranjas são populares pelo mundo, embora muitas pessoas não façam ideia de qual seja o terceiro integrante desse trio cítrico. Fico feliz em apresentar, para quem quiser conhecer, esse sabor doce, amargo e ácido ao mesmo tempo, e essa textura firme e suculenta do pomelo. É refrescante, delicioso e vale o esforço para descascá-lo.

Os pomelos variam de tamanho. Para esta receita, você vai precisar de no mínimo três deles se forem do tamanho de uma toranja, ou somente um se for um pomelo grande. Vale substituir pelos outros cítricos, na falta do pomelo em si.

Esta salada é perfeita quando acompanhada de lulas ou camarões grelhados. E se você não for vegetariano, acrescente algumas gotas de molho de peixe para intensificar o sabor da fruta. Macarrão de arroz frio vai dar certa sustância à salada e torná-la um prato principal vegetariano com muito frescor.

Comece pela marinada. Coloque em uma panela pequena o vinagre e o açúcar. Aqueça-os, mexendo delicadamente até que o açúcar se dissolva. Retire do fogo, adicione a água de flor de laranjeira, os anises-estrelados, a canela, o gengibre e a pimenta dedo-de-moça.

Use uma faca afiada para retirar a casca do pomelo. Retire os gomos e descarte o bagaço. Reparta cada gomo em 2 ou 3 pedaços, coloque-os numa travessa funda e regue com a marinada. Deixe descansar por, pelo menos, 30 minutos — quanto mais tempo, melhor.

Remova os anises-estrelados e a canela. Coe e separe o suco. Coloque o pomelo, o gengibre e a pimenta em uma tigela grande e adicione 3 colheres (sopa) do suco e junte todos os outros ingredientes da salada, exceto o gergelim e o amendoim, com ¼ de colher (chá) de sal. Misture delicadamente, adicione mais um pouco do suco da marinada, se necessário. Sirva com o gergelim e o amendoim polvilhados por cima.

Para a marinada

75 ml de vinagre de vinho de arroz

40 g de açúcar de palma (ou substitua por açúcar refinado)

1 colher (sopa) de água de flor de laranjeira

2 anises-estrelados

1 rama de canela partida em 2 pedaços

10 g de gengibre fresco, descascado e cortado em tiras finas

2 pimentas dedo-de-moça, sem sementes e cortadas em fatias finas

Para a salada

1 pomelo grande ou 2 pequenos (1 kg no total; 350 g depois de descascado e cortado em gomos)

1 manga pequena, descascada e cortada em fatias finas (140 g)

10 g de coentro fresco

10 g de hortelã fresca

4 cebolas roxas pequenas cortadas em fatias bem finas (40 g)

60 g de agrião fresco

2 colheres (chá) de óleo de amendoim

¾ de colher (sopa) de caldo de limão

2 colheres (chá) de gergelim preto (pode ser o tradicional)

40 g de amendoim torrado sem sal, picado grosseiramente

sal

MISTURAR

SERVE 4 PESSOAS

SALADA DE SUMAGRE E TORANJA

6 toranjas (2,2 kg no total)
2 colheres (sopa) de açúcar
  refinado
1 pimenta dedo-de-moça
  pequena seca (utilize
  uma quantidade menor, se
  estiver muito picante)
60 ml de azeite
1 e ½ colher (sopa) de
  caldo de limão-siciliano
1 colher (sopa) de sumagre
½ cebola roxa pequena, em
  fatias bem finas (70 g)
2-3 chicórias roxas
  pequenas, com as folhas
  separadas (no caso de
  folhas grandes, corte-as
  pela metade)
  (280 g)
80 g de agrião fresco
20 g de manjericão fresco
sal

Há algo sobre a palavra "toranja" ou as conotações dadas a ela que geralmente impedem que as pessoas peçam esse prato do cardápio. Mas eu imploro que deem uma chance: a adstringência do sabor é mais do que equilibrada pelo gosto adocicado do manjericão e do molho. Funciona como um despertador de paladar, seja como entrada ou entre pratos, assim como acompanhamento a pedaços de tofu fritos ou a um frango assado picante. Preparar a toranja leva um tempinho, mas pode ser feito com antecedência.

Pegue 5 toranjas e, com uma faca pequena afiada, retire as pontas de cima e de baixo. Corte as laterais de cada fruta, seguindo sua curva natural, para remover a casca e a parte branca. Em uma tigela pequena, corte entre as membranas para retirar os gomos. Coloque-os em um escorredor e delicadamente esprema o restante do suco em uma panela pequena.

É preciso obter 300 ml de suco da fruta. Adicione o açúcar e a pimenta, leve à fervura. Diminua o fogo para médio e cozinhe até o caldo engrossar — aproximadamente 30 minutos —, obtendo em torno de 5 colheres (sopa) restantes. Retire do fogo para esfriar, então adicione o azeite, o caldo de limão, o sumagre e ¼ de colher (chá) de sal.

Para montar a salada, coloque em uma tigela grande os gomos da toranja restante, a cebola, a chicória, o agrião e o manjericão. Regue com ¾ do molho e misture delicadamente. Acrescente o restante do molho se a salada estiver seca; caso contrário, guarde na geladeira para utilizar em alguma outra salada de folhas. Sirva imediatamente.

**SERVE DE 4
A 6 PESSOAS**

SALADA DE AIPO-RÁBANO
E CROCANTE DE MAÇÃ

120 g de quinoa
3 colheres (sopa) de vinagre
de vinho branco
2 colheres (sopa) de açúcar
refinado
1 cebola roxa média,
cortada em fatias finas
(130 g)
60 ml de óleo de canola
½ cabeça de aipo-rábano
grande (300 g no total)
60 ml de caldo de limão-
-siciliano
2-3 maçãs verdes (400 g
no total)
2 colheres (chá) de
sementes de papoula
1 pimenta dedo-de-moça
cortada em fatias finas no
sentido do comprimento
15 g de coentro fresco
picado grosseiramente
sal

Esta salada dá um banho de sabor com seu gosto ácido e adocicado junto ao calor das cebolas, e é exatamente o que sugiro para dar uma animada naquelas noites frias e sem graça. Sirva com um ensopado e você obterá um equilíbrio perfeito. Se for servi-la sozinha, experimente acrescentar nozes picadas e algumas folhas pequenas. Use um mandolin, se tiver, para fatiar o aipo-rábano e a maçã.

Em uma panela pequena, ferva água e coloque a quinoa para cozinhar por 9 minutos. Escorra a água delicadamente, resfrie sob água corrente e escorra bem até retirar todo o líquido. Deixe descansar para secar.

Em uma tigela, misture o vinagre, o açúcar e uma colher (chá) de sal. Adicione a cebola e, com as mãos, esfregue o líquido nela. Acrescente o óleo, mexa e deixe descansar por 30 minutos para marinar.

Descasque e corte o aipo-rábano em tiras bem fininhas. Coloque-o em uma tigela com o caldo de limão para que não perca a cor. Corte as maçãs em quatro, retire o meio e corte cada pedaço em fatias finas. Junte ao aipo-rábano e misture bem. Acrescente a cebola, a quinoa, as sementes de papoula, a pimenta e o coentro. Misture bastante e prove para ver se precisa de mais sal, açúcar ou vinagre. Você está em busca de um sabor que seja pungente, doce e amargo ao mesmo tempo.

SALADA DE SALSINHA, LIMÃO-SICILIANO
E FEIJÃO-BRANCO

SERVE 4 PESSOAS

100 g de quinoa vermelha
20 g de salsinha picada
delicadamente
20 g de hortelã fresca picada
delicadamente
50 g de cebolinha em fatias
finas
250 g de feijão-branco cozido
(pode ser o enlatado)
½ limão-siciliano, sem casca
nem caroço, cortado em
pedaços pequenos (70 g)
½ colher (chá) de pimenta-
-da-jamaica em pó
60 ml de azeite
sal e pimenta-do-reino

Comi muito desse tipo de salada quando estava viajando pelo sudeste e leste mediterrâneos, gravando minha primeira série de programas Mediterranean Feast [*Banquete Mediterrâneo*]. *Ela é muito simples, rápida e absolutamente deliciosa. A quinoa vermelha fica muito bonita em contraste com o feijão-branco, que leva 1 ou 2 minutos a menos para cozinhar.*

Ferva água em uma caçarola média. Acrescente a quinoa e cozinhe por 11 minutos. Escorra delicadamente, resfrie sob água corrente e deixe descansar até secar. Transfira a quinoa cozida para uma tigela grande, junte todos os ingredientes, ¾ de colher (chá) de sal e um pouco de pimenta-do-reino a gosto. Misture tudo e sirva.

SALADA DE LARANJA E TÂMARA

SERVE 4 PESSOAS

Por uma questão de logística, esta salada divina não conseguiu fazer parte do último episódio marroquino do Mediterranean Feast. *Apesar do orçamento e das pressões relativas ao tempo, a equipe adorava regravar os episódios em diferentes locações — fosse em coberturas de palácios marroquinos ou em cozinhas de estranhos gentis —, mesmo que só para devorar a comida quando o "toque de recolher" era dado.*

....

Para o molho, misture o caldo de limão, o alho, a água de flor de laranjeira, a canela e a erva-doce. Adicione o azeite, ½ colher (chá) de sal e uma pitada generosa de pimenta-do-reino. Misture até que todos os ingredientes estejam homogêneos. Deixe descansar.

Use uma faca pequena e afiada para retirar a parte de cima e de baixo das laranjas. Corte as laterais, seguindo a curva natural da fruta, e remova a casca e a parte branca. Divida no sentido da largura em fatias de 0,5 cm de espessura e retire os caroços.

Em uma travessa funda para saladas, coloque a laranja e depois todos os outros ingredientes. Misture os ingredientes do molho e jogue por cima da salada. Mexa tudo delicadamente e sirva.

5 laranjas médias (1 kg no total; 500 g depois de descascadas e fatiadas)

3 tâmaras Medjool sem caroço e divididas em quatro partes no sentido do comprimento (60 g)

120 g de rabanetes cortados em fatias de 1-2 mm de espessura

⅓ de cebola roxa média cortada em anéis bem finos (30 g)

60 g de rúcula

30 g de alface crespa roxa, rasgada em pedaços de 3 cm

15 g de coentro picado grosseiramente

15 g de salsinha picada grosseiramente

15 g de hortelã rasgada grosseiramente

Para o molho

2 colheres (sopa) de caldo de limão-siciliano

1 dente de alho amassado

1 colher (chá) de água de flor de laranjeira

½ colher (chá) de canela em pó

2 colheres (chá) de sementes de erva-doce torradas e delicadamente quebradas

3 colheres (sopa) de azeite

sal e pimenta-do-reino

SERVE 4 PESSOAS

SALADA DE BROTO

1 e ½ colher (sopa) de
sementes de cominho

450 g de mix de brotos
(feijão-mungo, grão-
-de-bico, feijão-azuqui,
lentilha etc.)

1 rabanete branco,
descascado e cortado
em fatias finas (250 g)
— se não encontrar, use
rabanete tradicional ou
couve-rábano

2 cenouras grandes
descascadas e cortadas
em fatias finas (250 g)

20 g de salsinha picada
grosseiramente

10 g de coentro picado
grosseiramente

2 dentes de alho amassados

3 colheres (sopa) de óleo
de girassol

2 colheres (sopa) de óleo
de canola

2 colheres (sopa) de vinagre
de vinho branco

2 colheres (sopa) de vinagre
de maçã

300 g de tomate *sweet grape*
cortado ao meio
no sentido da largura

80 g de espinafre *baby*

sal e pimenta-do-reino

Minha cozinha de teste em Camden é uma unidade autônoma, separada de nossas lojas e restaurantes pela distância e pela atmosfera energética. Calma e recolhida é como eu a descreveria, sem o ar frenético das cozinhas "profissionais" que comandamos; essas podem ficar uma loucura em alguns momentos, produzindo em massa toneladas de comida a passos acelerados. Ainda assim, quando Cornelia, Noam ou Sami aparecem para bater um papo e, invariavelmente, provam as receitas do dia, as coisas podem ficar um pouco caóticas, até em meu pequeno paraíso. Poucas palavras são moderadas pelos meus sócios criteriosos e difíceis de agradar. Elogios raramente vêm sem qualificação, e melhorias normalmente são sugeridas.

Sami é rápido quando o assunto é desqualificar; Noam, para rejeitar tudo o que seja branco; mas Cornelia, que geralmente prefere um pedaço de carne crua a qualquer comida, é a mais difícil de agradar. Portanto, como você pode imaginar, não fizemos apostas quanto à sua aprovação dessa salada que soava sem graça. Estávamos todos errados. Ela amou completamente. E quando Cornelia ama um prato, ela o faz inúmeras vezes seguidas. Esta salada entrou em seu ranking "top 10", o maior louvor que se pode imaginar!

Diferentes óleos e vinagres são utilizados para acrescentar certa riqueza aos sabores, mas você tem a opção de usar somente um tipo; o rabanete branco pode ser substituído por rabanete tradicional ou couve-rábano. Nozes e pedaços generosos de queijo azul farão esta salada passar de algo sem graça para um prato principal suntuoso. (Foto na p. 39.)

Em uma frigideira pequena, coloque as sementes de cominho. Torre-as em fogo alto por 1 a 2 minutos, sacudindo a panela para virar as sementes, até que saia o aroma e comecem a estourar. Transfira-as para um pilão e esmague-as até que virem pó.

Coloque os brotos, o rabanete e as cenouras em uma tigela grande. Adicione as ervas, o alho, os óleos, os vinagres, o cominho em pó, 1 colher (chá) de sal e um pouco de pimenta-do-reino. Mexa bem, prove e ajuste os temperos, se precisar. Junte os tomates e o espinafre, misture delicadamente e sirva.

36 MISTURAR

SALADA DE BROTO (PARTE 2)

SERVE 4 PESSOAS

Não tenho muita certeza da sequência das regras de etiqueta quanto a receitas, mas três anos depois que a primeira salada de broto foi criada, eu senti a mesma sensação de quando cometemos os excessos das festas de fim de ano: precisando de um detox. Foi exatamente o que aconteceu e, de novo, esta salada faz com que ficar sem comer queijo e beber vinho tinto durante um tempo pareça mesmo uma ótima ideia. A pasta de umeboshi, *salgada e ácida, feita de uma espécie de ameixa em conserva, pode ser encontrada em casas especializadas em produtos japoneses ou em delicatessens.* (Foto na página seguinte.)

....

Preaqueça o forno a 170 ºC.

Coloque as sementes de girassol e as amêndoas em um refratário e asse-as por 15 a 20 minutos ou até que fiquem douradas. Retire do forno e deixe esfriar.

Em uma tigela pequena, misture todos os ingredientes do molho com $^1/_3$ de colher (chá) de sal. Mexa bem até que esteja homogêneo e reserve.

Em uma panela média, ferva água, adicione os *edamames* e, assim que ferver de novo, desligue imediatamente o fogo, escorra e resfrie em água corrente. Escorra bem para que seque antes de transferi-lo para uma tigela grande, juntando-o a todos os outros ingredientes. Regue com o molho, misture e sirva.

20 g de sementes de girassol

20 g de lascas de amêndoas

150 g de *edamame* congelado

15 rabanetes médios, cortados em rodelas de 2 mm (140 g)

1 couve-rábano pequena, descascada e cortada em tiras finas (100 g)

1 cenoura média, descascada e cortada em tiras finas (100 g)

120 g de broto de feijão-mungo

2 abacates grandes maduros, descascados e cortados em cubos de 1,5 cm (280 g)

20 g de coentro picado

Para o molho

1 e ½ colher (chá) de pasta de *umeboshi*

1 colher (sopa) de vinagre de vinho de arroz

1 e ½ colher (sopa) de caldo de limão

1 colher (sopa) de shoyu

½ colher (chá) de óleo de gergelim

2 colheres (chá) de açúcar refinado

1 cebola pequena, picada em pedaços miúdos (25 g)

3 colheres (sopa) de óleo de girassol

sal

MISTURAR

**SERVE DE 4
A 6 PESSOAS**

SALADA PRIMAVERA

350 g de aspargos cortados
na diagonal, em 3-4
pedaços finos

200 g de vagem cortada em
pedaços pequenos

300 g de fava fresca ou
congelada

50 g de espinafre *baby*

1 cebola pequena picada em
fatias muito finas (50 g)

1 pimenta dedo-de-moça
cortada em cubos bem
pequenos

½ colher (chá) de óleo de
gergelim

2 colheres (sopa) de azeite

1 colher (sopa) de caldo de
limão-siciliano

1 colher (sopa) de sementes
de gergelim brancas e
pretas torradas

1 colher (chá) de sementes
de nigela

sal

*Eu adoro pratos que exploram diversos tons da mesma cor, fazendo com
que nós fiquemos olhando e conferindo o que tem neles. A primavera
e o verão são as épocas para fazer isso com a cor verde — usando alcachofra,
rúcula, aspargos, fava, agrião, ervilha, repolho, todos os tipos de alface
e muitíssimos outros vegetais. Quando colocamos alguns deles em um prato,
obtemos a celebração mais gloriosa de cores e da primavera em si.*

Coloque água para ferver em uma panela grande, adicione os aspargos
e deixe cozinhar por 3 minutos. Com uma escumadeira, transfira-os
para uma tigela com gelo e água gelada.

Adicione as vagens à panela de água fervente e deixe cozinhar por
5 minutos. Utilize a escumadeira novamente para transferi-las para
a tigela com os aspargos. Escorra-os e deixe descansar até que sequem.

Coloque a fava na água fervente e deixe cozinhar por 2 minutos. Escorra,
resfrie em água corrente e então remova as cascas, pressionando
delicadamente cada fava com os dedos polegar e indicador.

Coloque todos os vegetais em uma tigela grande. Adicione o restante
dos ingredientes e ½ colher (chá) de sal, mexa com cuidado e sirva
imediatamente.

DAKOS

SERVE 4 PESSOAS

Às vezes temo que minha leve obsessão por esses biscoitinhos gregos de cevada os façam exceder o seu status de uma simples variedade de croûton. *Eu me apaixonei por eles durante um verão que passei em Creta e, perdoe-me o chá de maçã turco, mas essa paixão nem sempre resiste ao teste do tempo quando as malas das férias são desfeitas. No segundo em que coloco os* dakos *em minha boca — junto com cubos de tomates doces e pedaços de queijo feta ou de azeitonas pretas carnudas —, fico mais convencido que qualquer adolescente apaixonado de que esse é um relacionamento que vai durar. A cevada nos biscoitinhos deixa-os mais doces, mais crocantes e com mais textura de nozes (e, é claro, mais viciantes) do que o simples trigo. Se você não encontrar os* dakos *gregos, outros tipos de* croûton *servem.*

Como em todas as saladas simples que têm os tomates como base, a qualidade deles é essencial. Se os tomates que você comprar não estiverem cheios de sabor, uma pitada de açúcar ou algumas gotas de vinagre balsâmico ajudarão a extrair sua doçura natural.

Em uma tigela grande, coloque os tomates, a cebola, o vinagre, 2 colheres (sopa) de azeite, a pimenta-da-jamaica, $^1/_3$ de colher (chá) de sal e uma boa pitada de pimenta-do-reino. Mexa delicadamente.

Espalhe os *dakos* em uma travessa e, com uma colher, coloque a mistura de tomates por cima. Polvilhe com o queijo feta, as azeitonas e as alcaparras, depois finalize com a salsinha e o restante de azeite. Deixe descansar por 5 minutos antes de servir.

6 tomates grandes cortados em cubos de 1 cm (500 g)

½ cebola roxa cortada em cubos de 0,5 cm (50 g)

1 e ½ colher (sopa) de vinagre de vinho tinto

3 colheres (sopa) de azeite

½ colher (chá) de pimenta-da-jamaica

150 g de *dakos* gregos (ou outra variedade de *croûton*), quebrados grosseiramente

70 g de queijo feta, despedaçado grosseiramente

40 g de azeitonas pretas sem caroço e cortadas ao meio

30 g de alcaparras inteiras ou picadas grosseiramente

5 g de salsinha picada para decorar

sal e pimenta-do-reino

SERVE 4 PESSOAS

SALADA DE FIGOS CARAMELIZADOS, LARANJA E QUEIJO FETA

100 g de açúcar refinado

16 figos frescos cortados pela metade no sentido do comprimento (530 g)

4 laranjas médias descascadas e cortadas em rodelas de 1 cm de espessura (750 g)

2 colheres (sopa) de caldo de limão-siciliano

1 e ½ colher (sopa) de raki ou qualquer outro licor de anis

1 colher (chá) de sementes de anis ou de erva-doce levemente torradas

1 dente de alho amassado

80 ml de azeite

200 g de queijo feta em pedaços de 1 cm

1 colher (sopa) de orégano fresco (folhas pequenas inteiras; picar as grandes)

60 g de rúcula

sal marinho e pimenta-do--reino

Atingir o ponto de caramelo e tentar ficar bonito para as câmeras não é uma tarefa fácil — um deles não funcionou, já digo logo, quando filmamos em Maiorca para o seriado A culinária mediterrânea de Yotam Ottolenghi. *Foi-me dado o direito a três refilmagens para que o prato (e eu também) ficasse belo na tela, mas sugiro que você repare mesmo só no prato. Esta foi a única receita que a Esme testou para mim em Camden. Na loucura clássica do primeiro dia, sua tentativa de caramelizar os figos foi interrompida pelo fato de ela ter colocado sal, em vez de açúcar, na panela!*

Trabalhar com a caramelização pode ser intimidador, mas você não precisa se preocupar: uma fruta suculenta vai ficar boa, mesmo se o caramelo estiver um pouquinho cristalizado ou com bolinhas. Contudo não vai dar muito certo se ele queimar, portanto é preciso trabalhar rápido quando ele atingir a cor ideal e não se preocupar se acrescentar a fruta antes de todo o açúcar ter derretido. Se você conseguir ficar bonito e falar com as câmeras ao mesmo tempo, então todo o crédito será seu. Não há nada simplesmente "misturado" nesta receita, eu sei, mas as outras saladas insistiram para que ela aparecesse neste capítulo. (Assim como nas fotos a sseguir.)

....

Leve uma frigideira grande ao fogo médio e adicione metade da quantidade de açúcar. Deixe cozinhar por 2 a 3 minutos, ou até que ganhe cor dourada de caramelo; não mexa o caramelo nessa etapa. Uma vez que estiver no ponto certo e dourado, acrescente a metade dos figos virados para baixo. Cozinhe por 2 minutos ou até que comecem a amolecer, e então os vire e cozinhe o outro lado por mais 1 minuto. Retire os figos da panela e acrescente a segunda leva, repetindo o processo. É provável que precise adicionar 1 ou 2 colheres (sopa) de água à panela, se os figos não estiverem muito suculentos.

Adicione o restante do açúcar, volte a panela ao fogo e deixe caramelizar antes de acrescentar as laranjas. Cozinhe-as por 1 minuto de cada lado. Elas deverão pegar bastante a cor do caramelo. Retire do fogo e junte-as ao prato com os figos.

Desligue o fogo da panela e misture o caldo de limão, o licor, as sementes de anis ou de erva-doce, o alho, ¾ de colher (chá) de sal e uma pitada generosa de pimenta-do-reino. Uma vez que estiver uma mistura homogênea, acrescente o azeite e deixe descansar.

Arrume as laranjas e os figos em uma travessa grande e coloque por cima os pedaços do queijo feta. Regue com qualquer resto de suco deixado no prato menor, e depois com o molho. Polvilhe o orégano e a rúcula, e sirva.

AO VAPOR

SERVE 4 PESSOAS
como acompanhamento

BERINJELA NO VAPOR COM GERGELIM E CEBOLINHA

2 berinjelas médias sem o topo e descascadas (650 g)

2 e ½ colheres (chá) de saquê *mirin*

½ colher (chá) de óleo de gergelim

1 e ½ colher (sopa) de shoyu light

2 e ½ colheres (chá) de vinagre de arroz

1 e ½ colher (chá) de xarope de Maple

2 colheres (chá) de gengibre fresco, descascado e cortado em pedaços bem pequenos

1 dente de alho esmagado

5 cebolinhas cortadas na diagonal em fatias bem finas (70 g)

10 g de sementes de gergelim brancas e pretas torradas

sal

A combinação rara do Ottolenghi: berinjela sem azeite, devido puramente à herança japonesa do prato. Cozinhar a vapor mantém a textura natural do vegetal, o que não acontece em nenhuma outra forma de cozimento, e dá ao prato uma qualidade particularmente substancial. Pode ser servido como prato principal somente com arroz branco ou tofu frito. As sementes de gergelim pretas ficam fantásticas na apresentação, mas use as brancas se for a única que tiver.

Encha um quarto de uma panela alta grande com água (uma que possua tampa) e ferva. Coloque as berinjelas em um cesto para cozinhar legumes a vapor ou em escorredor de metal e confira se a água não está encostando nos legumes. Cubra com a tampa da panela e use papel-alumínio por baixo, para fechar as saídas de ar, deixando cozinhar por 30 minutos e virando os legumes uma vez. Quando estiverem cozidas, retire o escorredor da panela e deixe as berinjelas esfriar e secar ali dentro. Desfie-as com as mãos em tiras longas e finas de 0,5 cm de comprimento, e deixe-as escorrer por mais 20 minutos.

Enquanto isso, faça o molho. Misture o saquê *mirin*, o óleo de gergelim, o shoyu, o vinagre, o xarope de Maple e ¼ de colher (chá) de sal. Mexa, juntando o gengibre e o alho, e deixe descansar.

Quando as berinjelas estiverem boas, misture-as delicadamente ao molho antes de adicionar as cebolinhas e as sementes de gergelim. Deixe marinar por pelo menos 10 minutos e, então, sirva.

**SERVE DE 6
A 8 PESSOAS**

SALADA DE ARROZ COM NOZES E AMARENA

150 g de arroz selvagem

220 g de arroz *basmati*

80 ml de azeite

100 g de quinoa

60 g de amêndoas
  com casca, picadas
  grosseiramente

60 g de *pinoli*

60 ml de óleo de girassol

2 cebolas médias, cortadas
  em fatias finas (320 g)

30 g de salsinha picada
  grosseiramente

20 g de manjericão picado
  grosseiramente

10 g de estragão picado
  grosseiramente

40 g de rúcula

80 g de amarena seca

60 ml de caldo de limão-
  -siciliano, e raspas de
  1 limão

2 dentes de alho amassados

sal e pimenta-do-reino

Perdoem-me as panelas e caçarolas. Elas ficam limpas o suficiente para que um simples pano de prato seja utilizado entre os preparos e as lavagens sejam poupadas.

A amarena possui um sabor convidativo, que falta no adocicado das uvas-passas, portanto vale a pena procurá-la em lojas especializadas. Você pode substituí-la por cranberry picada e embebida no caldo de limão--siciliano, se precisar. Esta salada é uma refeição satisfatória e pode ser mantida na geladeira por até um dia. Lembre-se de não servi-la gelada e de ajustar o molho antes de servir.

Coloque o arroz selvagem em uma caçarola média, cubra com bastante água, leve à fervura e então reduza o fogo. Cozinhe por 35 minutos, até que o arroz esteja al dente. Escorra, resfrie em água corrente e deixe secar.

Refogue o arroz *basmati* com uma colher (sopa) de azeite e ½ colher (chá) de sal. Coloque em uma caçarola média com 330 ml de água fervente, cubra e deixe cozinhar no fogo baixo por 15 minutos. Retire do fogo, destampe, cubra a panela com um pano de prato e recoloque a tampa de volta. Deixe descansar por 10 minutos. Depois disso, retire novamente a tampa e deixe esfriar completamente.

Ferva um pouco de água em uma panela pequena e adicione a quinoa. Cozinhe por 9 minutos, escorra delicadamente, resfrie na água corrente e deixe descansar.

Coloque as amêndoas e os *pinoli* em uma panela pequena com 1 colher (sopa) de azeite e uma pitada de sal. Cozinhe em fogo médio-baixo por aproximadamente 5 minutos, mexendo sempre. Transfira para uma travessa pequena assim que os *pinoli* começarem a dourar.

Aqueça o óleo de girassol em uma frigideira grande e adicione as cebolas, com ¼ de colher (sopa) de sal e um pouco de pimenta-do-reino. Cozinhe em fogo alto por 5 a 8 minutos, mexendo sempre, para que algumas cebolas fiquem crocantes e outras, macias. Escorra em papel-toalha para que sequem.

Em uma tigela grande, misture todos os grãos com as ervas picadas e a rúcula, além da cebola refogada, as nozes e as amarenas. Adicione o caldo de limão e as raspas, o azeite restante, o alho, ½ colher (chá) de sal e pimenta-do-reino. Misture bem e deixe descansar por pelo menos 10 minutos antes de servir.

ARROZ COM LIMÃO-SICILIANO E FOLHAS DE CURRY

SERVE 4 PESSOAS

Esta receita será uma revelação para aqueles que tendem a comer somente o arroz basmati. *O método é certeiro e o resultado é impressionante. Sirva este arroz com uma conserva salgada asiática para fazer uma refeição vegetariana, ou como acompanhamento de um suculento frango assado. Procure folhas frescas de curry para este prato, para usá-las no vapor. Elas podem ser congeladas, portanto não se preocupe se o maço for muito grande.* (Foto na página seguinte.)

Preaqueça o forno a 200 °C.

Em uma panela média, coloque as ramas de canela, os cravos, a casca de limão, as folhas de curry, 1 e ½ colher (chá) de sal e ½ colher (chá) de pimenta. Cubra com 680 ml de água e leve ao fogo alto. Assim que a água ferver, desligue o fogo.

Coloque o arroz em um refratário de aproximadamente 24 cm × 30 cm, coberto com a água fervente e os ingredientes que estão nela, e misture bem. Coloque uma folha de papel-manteiga sobre a água e o arroz, depois cubra o refratário com papel-alumínio. Cozinhe no forno por 25 minutos, retire e deixe descansar, ainda coberto, de 8 a 10 minutos.

Logo antes de servir, derreta a manteiga em uma panela pequena. Quando estiver derretida e muito quente, cuidadosamente adicione o suco do limão e misture bastante. Regue o arroz quente com esse molho e solte com um garfo. Transfira para uma tigela e sirva imediatamente (é opcional retirar os ramos de curry e as ramas de canela; se preferir, deixe como decoração).

5 ramas de canela pequenas (10 g)

10 cravos-da-índia

a casca bem lavada de 1 limão-siciliano

3 ramos de folhas de curry frescas (aproximadamente 25 folhas) ou 35 folhas de curry secas

400 g de arroz *basmati* lavado, cozido na água por 15 minutos e bem escorrido

60 g de manteiga sem sal

1 colher (sopa) de caldo de limão-siciliano

sal e pimenta-do-reino branca

ARROZ COM AÇAFRÃO, TÂMARA E AMÊNDOAS

SERVE 4 PESSOAS

Estou vivendo um caso de amor literário com Claudia Roden, instigado inicialmente pela minha dependência esquisita de seu Book of Jewish Food *[Livro de comidas judaicas], que consulto sempre que preciso cozinhar algo tipicamente judeu. Conheci então meu ídolo em carne e osso e imediatamente me apaixonei por seu charme, sua modéstia cativante e sua gama de histórias. É uma grande honra tê-la como amiga.*

Além de sua bíblia de culinária judaica, Claudia escreveu diversas obras de arte sobre as cozinhas italiana e espanhola e muitas outras coleções de receitas iluminadas. Seu Book of Middle Eastern Food *[Livro da culinária do Oriente Médio], em particular, abriu o caminho para muitos escritores no assunto e ainda é tão atual quanto à época do lançamento, em 1968. Esta receita é inspirada em um prato iraniano maravilhoso desse livro.*

Eu já disse antes e repito: os iranianos fazem o melhor arroz do mundo. A técnica que usam para lavar e escaldar o arroz — depois permitindo que ele cozinhe no vapor da mistura residual — torna-o digno da inclusão neste capítulo muito mais que os outros métodos de cozimento de arroz — os quais tecnicamente trabalham sobretudo com absorção, não com o vapor. O resultado é um arroz leve, com cada grão perfeitamente solto do restante. Não se assuste com a quantidade de sal colocada na água antes de o arroz ser escorrido e lavado, nem se preocupe se grudar e até queimar um pouquinho no fundo da panela: faz com que fique gostoso e crocante, do jeito que os iranianos gostam. O arroz fica fantástico com o ratatouille *indiano (veja na p. 140) ou com o ensopado iraniano de legumes (veja na p. 146).*

Ingredientes:

- 400 g de arroz *basmati*
- 110 g de manteiga sem sal
- 100 g de amêndoas cozidas na água e picadas grosseiramente
- 80 g de tâmaras Medjool sem caroço, picadas grosseiramente
- ¼ de colher (chá) de pistilo de açafrão, amolecido em 2 colheres (sopa) de água quente
- sal e pimenta-do-reino branca

Lave bem o arroz em água corrente. Coloque-o em uma tigela grande, cubra com bastante água morna e misture com 2 colheres (sopa) de sal. Deixe descansar de 1 a 2 horas, escorra e lave com água morna.

Em uma panela alta, ferva água e adicione 2 colheres (sopa) de sal, e coloque o arroz. Delicadamente ferva por 3 a 4 minutos, até que o arroz esteja quase cozido. Confira provando um grão: deve estar meio durinho ainda. Escorra o arroz e lave-o com água morna. Deixe descansar para escorrer toda a água.

Na mesma panela, derreta 80 g de manteiga e refogue as amêndoas por 4 minutos, até que fiquem levemente douradas. Adicione as tâmaras e cozinhe por mais 2 minutos. Misture ½ colher (chá) de pimenta, ¼ de colher (chá) de sal e a metade do arroz. Esprema com delicadeza essa camada de arroz e coloque o restante por cima. Derreta a manteiga restante e regue o arroz com ela, junto com 3 colheres (sopa) de água. Tampe bem a panela e cozinhe em fogo baixo por 35 minutos. Retire do fogo e jogue por cima o açafrão e a água onde ele amoleceu. Cubra a panela imediatamente com um pano de prato, tampe por cima e deixe descansar por 10 minutos.

Para servir, não mexa o arroz. Use uma colher de servir grande para retirar porções com as duas camadas distintas separadas. Sirva imediatamente.

AO VAPOR **61**

SERVE 4 PESSOAS

VEGETAIS E ARROZ AO MISSÔ COM MOLHO DE GERGELIM PRETO

300 g de arroz de sushi

1 e ½ colher (chá) de pó
de dashi ou uma versão
vegetariana

1 e ½ colher (sopa) de
molho de soja sem glúten

1 e ½ colher (sopa) de
saquê *mirin*

30 g de pasta de missô
vermelha (ou marrom)

1 e ½ colher (chá) de açúcar
refinado

220 g de brócolis japonês,
separados em buquês e
cortados pela metade no
sentido da largura
(180 g); se ainda estiverem
grossos, corte ao meio
novamente

165 g de shimejis, divididos
em pequenos ramos

1 cenoura grande
descascada e cortada em
palitos de 0,5 cm × 6 cm
(140 g)

50 g de ervilha-torta
cortada em tiras

1 minipepino cortado em
palitos de 0,5 cm × 6 cm
(100 g)

10 g de coentro fresco

Para o molho de gergelim

40 g de amendoim torrado
e picado grosseiramente

15 g de sementes de
gergelim pretas (ou
brancas)

1 colher (sopa) de vinagre
de arroz

1 colher (chá) de xarope
de Maple

1 colher (chá) de óleo de
amendoim

½ colher (chá) de pimenta
calabresa

Esta é a minha receita preferida para as tardes de inverno. Você pode comprar dashi em pó nas lojas de produtos orientais ou de comida saudável, mas a maioria das versões não atende aos vegetarianos. Um bom dashi vegetariano pode ser feito fervendo kombu (*uma alga comestível que também pode ser encontrada na loja oriental ou de comida saudável) por apenas 5 minutos. Basta utilizar a água dessa fervura em vez da água especificada na receita, sem usar o pó de dashi, mas adicionando o shoyu, o* mirin, *o missô e o açúcar.*

Deixe o arroz de molho por 15 minutos em água fria, escorra e coloque-o em uma panela média com 375 ml de água. Cubra a panela e, quando a água ferver, reduza para fogo baixo. Cozinhe por 10 minutos, retire do fogo e deixe descansar, com a panela tampada, por 15 minutos.

Enquanto isso, coloque todos os ingredientes para o molho em uma tigela pequena e misture bem.

Coloque outra panela média no fogo com 375 ml de água, o pó de dashi — se estiver usando — o molho de soja, o saquê *mirin*, a pasta de missô e o açúcar. Leve à fervura, mexendo ocasionalmente, e reduza o fogo para médio. Adicione os brócolis e deixe cozinhar por 4 minutos. Use uma escumadeira para retirá-los da água e coloque-os em uma travessa enquanto você cozinha os outros vegetais. Acrescente os shimejis, cozinhando-os por 3 minutos, retire-os e junte-os à travessa com os brócolis. Repita o processo com a cenoura (que precisa de 2 minutos de cozimento), com a ervilha-torta (1 minuto) e o minipepino (15 segundos).

Quando todos os vegetais estiverem cozidos e separados, aumente a temperatura da água e reduza o líquido até que sobre aproximadamente 60 ml: isso demora, em média, cerca de 10 minutos. Divida o arroz entre quatro tigelinhas e coloque os vegetais por cima. Com uma colher, regue os pratos com o líquido reduzido e, em seguida, com o molho de gergelim. Finalize com o coentro e sirva como prato único.

62   AO VAPOR

BRANQUEAR

SERVE 4 PESSOAS

SALADA DE TOMATE E LIMÃO-SICILIANO ASSADO

2 limões-sicilianos médios, cortados ao meio no sentido do comprimento, sem caroço; corte cada metade novamente, formando fatias de 2 mm (260 g)

3 colheres (sopa) de azeite

½ colher (chá) de açúcar refinado

8 folhas de sálvia, picadas em pedaços pequenos

400 g de pequenos tomates amarelos ou vermelhos (ou uma mistura dos dois), cortados ao meio

⅓ de colher (chá) de pimenta-da-jamaica em pó

10 g de salsinha fresca

15 g de hortelã fresca

sementes de 1 romã pequena (120 g)

1 e ½ colher (sopa) de melaço de romã

½ cebola roxa pequena, em fatias finas (50 g)

sal e pimenta-do-reino

Cozinhei uma receita parecida com esta na Sardenha, quando gravei a série Mediterranean Island Feast. *Estava na frente de duas câmeras e de nossa pequena equipe quando, de repente, um bando de garotas australianas animadas apareceu. Por coincidência, elas tinham acabado de chegar de Londres, onde tinham ido especialmente para comer nos restaurantes de seu chef preferido — este humilde servente que vos escreve. A animação estridente foi difícil de conter, mas admito que acabou melhorando muito meu desempenho. Não há nada como um pessoal barulhento no recinto!*

Procure tomates bem doces para esta salada, para equilibrar com a acidez do limão-siciliano. Você pode incrementá-la, como eu fiz na Sardenha, com um monte de verduras e ervas frescas, ou até com fregola sarda cozida. Isso vai tornar a salada um prato principal. Caso contrário, sirva-a com batatas assadas ou peixe grelhado.

....

Preaqueça o forno a 170 ºC.

Em uma panela pequena, ferva água, adicione as fatias de limão e cozinhe por 2 minutos. Escorra a água e coloque os limões em uma tigela com 1 colher (sopa) de azeite, ½ colher (chá) de sal, o açúcar e a sálvia. Misture delicadamente e espalhe em uma assadeira forrada com papel-manteiga. Leve ao forno e asse por 20 minutos, até que os limões tenham ressecado um pouco. Retire e deixe esfriar.

Coloque o restante dos ingredientes em uma tigela, junto com o que sobrou do azeite, ¼ de colher (chá) de sal e pimenta-do-reino a gosto. Adicione as fatias de limão, misture e sirva.

MACARRÃO DE ARROZ COM CEBOLINHA E SOJA

SERVE 4 PESSOAS

Este macarrão não é desafio algum, no melhor sentido da frase: ele é fácil de fazer e delicioso. Também fica muito gostoso com a berinjela no vapor com gergelim (veja na p. 52), retirando a cebolinha da receita. Ou, como um prato sem acompanhamento, adicionando 120 g de kani com caldo de limão no final, eleva a receita para outro nível.

Ferva uma panela grande de água com sal e cozinhe o talharim por aproximadamente 5 minutos, ou conforme a instrução no pacote, até ficar al dente. Escorra bem, lave em água corrente quente, coloque em uma tigela grande e misture com ½ colher (sopa) de óleo de girassol. Mantenha a tigela com o macarrão em um local morno, coberta.

Aqueça em fogo alto o restante de óleo de girassol em uma panela wok grande ou em uma frigideira com laterais altas. Adicione as cebolinhas e as pimentas. Cozinhe por 2 a 3 minutos, mexendo sempre, até que as cebolinhas amoleçam um pouco, mas não murchem. Acrescente a soja e esquente por 30 segundos.

Passe o talharim rapidamente em água corrente morna se estiver grudado e, depois de escorrido, coloque o conteúdo da panela sobre ele. Em seguida adicione a mistura do óleo e das sementes de gergelim, o vinagre, o coentro e ¾ de colher (chá) de sal. Polvilhe com as raspas de limão e sirva com as fatias de limão ao lado.

---

250 g de talharim seco de arroz

2 e ½ colheres (sopa) de óleo de girassol

450 g de cebolinhas (aproximadamente 35 unidades) picadas e cortadas na diagonal, em fatias de 3 cm, usando as partes verde e branca

2-3 pimentas dedo-de-moça verdes, sem sementes (dependendo da ardência) e em fatias finas

250 g de soja congelada (grãos branqueados por 3 minutos, resfriados em água corrente fria e escorridos até secar)

1 colher (sopa) de óleo de gergelim

3 colheres (sopa) de sementes de gergelim (uma mistura das brancas torradas com as pretas, ou somente as brancas torradas)

2 colheres (sopa) de vinagre de vinho de arroz

15 g de coentro picado grosseiramente

1 limão, pique as raspas bem finas e corte a fruta em 6 pedaços

sal

SERVE 6 PESSOAS

SALADA DE CENOURA, GENGIBRE E ALGAS MARINHAS

40 g de espaguete seco
de algas

40 g de gengibre fresco,
descascado e cortado
em tiras bem finas

3 cenouras médias
descascadas e cortadas
em palitos bem finos
(200 g)

80 ml de vinagre de vinho
de arroz

1 colher (sopa) de açúcar
refinado

1 pepino grande
(descasque-o, corte
em quatro no sentido
do comprimento, tire
as sementes e corte
novamente em tiras bem
finas) (275 g)

1 manga grande descascada
e cortada em tiras bem
finas (260 g)

100 g de amendoim
torrado e salgado, picado
grosseiramente

2 colheres (sopa) de
gergelim torrado

2 colheres (chá) de caldo
de limão

1 colher (sopa) de óleo
de amendoim

20 g de coentro picado

20 g de hortelã picada

sal

Originalmente, criei esta receita com alga hijiki, *que ficou deliciosa e com uma apresentação muito bonita. Mas quando estava pronto para apertar o botão "enviar" para o e-mail do* The Guardian, *recebi um recado urgente de Tara dizendo que a* Food Standards Agency *estava advertindo sobre o consumo da alga* hijiki *devido ao seu alto nível de arsênio inorgânico. Isso foi depois de eu já ter comido potes dela (!) e lambido os beiços. Por sorte — dos meus leitores, pelo menos —, a salada ficou tão boa quanto e com a apresentação também muito bonita com outras variedades de algas. Uma gama de algas secas sensacionais está disponível em várias lojas e também na internet.*

Comece pelo espaguete: lave em água fria, escorra e então o cubra com bastante água. Deixe descansar por 30 minutos.

Ferva uma panela grande de água. Escorra o espaguete e coloque-o na água fervente junto com o gengibre. Ferva por 2 minutos e adicione as cenouras. Ferva por mais 2 minutos, coe e seque com papel-toalha. Transfira tudo para uma tigela grande e, ainda quente, adicione o vinagre, o açúcar e 1 e ¼ de colher (chá) de sal. Misture bem e deixe esfriar.

Adicione o restante dos ingredientes, misture e sirva.

SERVE 6 PESSOAS

NABO PICANTE

20 g de pimenta ancho seca sem semente e sem caule
½ colher (chá) de pimenta Aleppo (ou uma pitada de pimenta calabresa)
2 dentes de alho pequenos picados grosseiramente
½ colher (chá) de cominho em pó
⅛ de colher (chá) de cardamomo em pó
1 colher (chá) de sementes de alcaravia torradas
1 e ½ colher (sopa) de azeite
1 e ½ colher (sopa) de óleo de girassol
1 e ½ colher (chá) de açúcar refinado
3 colheres (sopa) de vinagre de cidra
2 colheres (sopa) de caldo de limão-siciliano
5 ou 6 nabos pequenos, sem casca e sem caule (700 g)
90 g de limões-sicilianos em conserva (corte-os ao meio, tire os caroços e corte novamente em fatias bem finas)
15 g de coentro picado
sal

Para todos os nabos que precisem de uma mudança drástica: este é o prato perfeito. Ousado e imponente, este condimento inebriante é tudo o que as pessoas não esperam do mundo sem graça dos vegetais de raiz. Assim como picles, ele pode ser guardado na geladeira por vários dias, pronto para ser consumido com carne ou peixe grelhados, acrescido em sanduíches e saladas ou simplesmente servido como acompanhamento para um arroz. A pimenta ancho não é muito picante e é bem cheirosa, por isso vale a busca por ela. Os supermercados estão começando a ter uma boa variedade de pimentas secas.

Em uma tigela pequena, cubra a pimenta ancho com água fervente. Deixe descansar por 30 minutos ou até que amoleça. Retire a pimenta da água e seque-a. Separe 2 colheres (sopa) da água da pimenta e descarte o resto.

Em um processador, junte a pimenta com 1 colher (chá) de sal e todos os ingredientes da receita, exceto o nabo, o limão em conserva e o coentro. Adicione a água da pimenta e bata até que forme uma pasta grossa. Transfira para uma tigela média e deixe descansar.

Ferva água em uma panela média, adicione os nabos e deixe-os branquear por 3 minutos. Escorra, resfrie-os em água corrente, seque-os com papel-toalha e corte-os em pedaços de 1 cm de comprimento. Acrescente a pasta de pimenta e os limões-sicilianos em conserva e misture bastante. Cubra e deixe marinar por, pelo menos, 1 hora. Polvilhe com o coentro e sirva.

SOBÁ COM COGUMELOS EM CONSERVA RÁPIDA

SERVE 4 PESSOAS
como entrada ou
almoço leve

O macarrão é uma arte japonesa. Em uma viagem a Tóquio alguns anos atrás, entrei em uma fila com um monte de empresários bem-vestidos para almoçar em um dos restaurantes de sobá mais famosos da cidade. Foi incrivelmente humilde assistir a vários homens de negócios deixarem o tempo de lado e se sentarem em silêncio por minutos e imergirem completamente na apreciação da sutileza profunda do macarrão. Esse encantamento ainda me falta, mas já tive meus "pequenos momentos" nos diversos restaurantes de Londres especializados em macarrão nos últimos meses.

....

Em uma panela pequena, misture o vinagre, o açúcar, o gengibre e ¾ de colher (chá) de sal. Aqueça delicadamente para dissolver o açúcar, retire a panela do fogo e acrescente o shimeji. Deixe esfriar, mexendo ocasionalmente.

Branqueie as cenouras em uma panela pequena com água fervente por 30 segundos. Escorra, resfrie em água corrente, escorra novamente e seque bem.

Coloque o sobá em uma panela média com muita água fervente salgada e cozinhe conforme as instruções no pacote, por aproximadamente 7 minutos ou até que o macarrão fique al dente. Resfrie em água corrente e deixe em um escorredor.

Logo antes de servir, junte todos os ingredientes em uma tigela grande, incluindo o líquido dos cogumelos marinados. Misture delicadamente e sirva.

- 60 ml de vinagre de arroz
- 2 e ½ colheres (chá) de açúcar refinado
- 10 g de gengibre fresco descascado e cortado em tiras bem finas
- 150 g de shimejis separados individualmente
- 2 cenouras pequenas descascadas e cortadas em palitos bem finos (100 g)
- 80 g de sobá
- 100 g de rabanete em fatias finas
- 20 g de agrião
- 1 cebolinha em fatias bem finas (15 g)
- 1 pimenta dedo-de-moça cortada em fatias finas
- 2 colheres (sopa) de coentro picado
- 5 folhas de nori (alga seca), de 20 cm × 20 cm, cortadas em tiras de 1 cm × 4 cm
- 1 colher (chá) de óleo de amendoim
- 1 colher (sopa) de gergelim torrado
- 50 g de ervilha-torta picada
- sal

BRANQUEAR

SALADA DE BROTO DE BRÓCOLIS E *EDAMAME* COM FOLHAS DE CURRY E COCO

SERVE 4 PESSOAS

420 g de broto de brócolis roxo picado (ou 350 g de brócolis japonês)
220 g de vagem fatiada
200 g de *edamame* congelado
3 colheres (sopa) de azeite (mais uma para decorar)
1 cebola média cortada em cubos pequenos (150 g)
2 e ½ colheres (chá) de sementes de mostarda-preta
30 folhas de curry frescas (ou 40 secas)
3 pimentas dedo-de-moça secas (ou menos, dependendo do nível de ardência)
casca de 1 limão
1 e ½ colher (sopa) de caldo de limão
10 g de coentro fresco
50 g de coco fresco ralado na hora
sal

Esta salada também fica ótima sem o coco; você é quem escolhe, apesar de a textura crocante dos flocos ralados na hora contrastarem maravilhosamente com os vegetais mais macios. Abrir um coco é um desafio divertido para a família, pois as crianças adoram participar (à distância, por favor!). Para aqueles que não estão em busca de aventuras, pacotes de coco ralado podem ser encontrados em muitas lojas e supermercados. Como sempre, peço que procurem as folhas de curry frescas — elas fazem uma diferença gritante. Se achar que está com excesso delas em casa, não será um problema servir este prato junto ao arroz com limão--siciliano e folhas de curry (veja na p. 57). Elas também podem ir ao freezer.

Ferva uma panela grande de água com sal. Adicione os brócolis e a vagem e branqueie por 3 a 4 minutos, ou até que estejam cozidos, mas sem murcharem. Use uma escumadeira para transferir os vegetais para um escorredor e coloque-os sob água corrente fria. Escorra-os, seque com papel-toalha e coloque-os em uma tigela grande.

Leve novamente a panela d'água ao fogo e branqueie os *edamames* por 2 minutos. Transfira-os para o escorredor, resfrie-os sob água corrente fria, seque-os com papel-toalha e junte-os com os outros vegetais na tigela. Polvilhe os vegetais com ½ colher (chá) de sal, misture e deixe descansar.

Aqueça o azeite em uma panela em fogo médio. Adicione as cebolas com ¼ de colher (chá) de sal, e cozinhe por 4 minutos ou até que amoleçam. Adicione a mostarda e, quando começar a estourar, acrescente o curry, a pimenta e a casca do limão. Frite por mais 2 minutos antes de jogar a mistura sobre os vegetais. Misture bem e deixe descansar por 10 minutos.

Por fim, adicione o caldo de limão, o coentro e o coco. Mexa delicadamente e sirva em seguida.

SALADA DE BETERRABA, ABACATE E ERVILHA

SERVE DE 4 A 6 PESSOAS

A possibilidade de branquear a beterraba é uma excelente opção para aqueles que sempre tendem a fervê-la por uma hora ou assá-la: a crocância dessa raiz roxa dá outra textura à salada. Prepare tudo com antecedência (mantenha as ervas na geladeira), misture na hora que for servir, acompanhando algo substancial, como o fondue de pão e abóbora (veja na p. 276). (Foto na página seguinte.)

....

Ferva água em uma panela grande e acrescente as beterrabas. Branqueie-as por 3 a 5 minutos até que estejam semicozidas. Resfrie em água gelada e seque com leves batidas de papel-toalha antes de transferi-las para uma tigela grande. Adicione a cebola, o vinagre, o azeite, o açúcar, o molho de pimenta, 1 colher (chá) de sal e pimenta-do-reino a gosto. Misture delicadamente e deixe descansar por 15 minutos.

Na hora de servir, distribua a metade da mistura de beterraba em uma travessa grande ou em uma tigela rasa. Coloque por cima a metade do abacate, o coentro, a hortelã, as folhas de ervilha e as ervilhas. Acrescente o restante da beterraba e arrume os ingredientes que sobraram por cima. Finalize com um fio de azeite e sirva.

4 beterrabas médias descascadas e cortadas em fatias de 2-3 mm de espessura (se estiverem grandes, divida-as pela metade depois de descascar) (400 g)
1 cebola roxa pequena, cortada em fatias finas (100 g)
3 colheres (sopa) de vinagre de xerez
60 ml de azeite (e mais um pouco, para finalizar)
½ colher (chá) de açúcar refinado
1-3 colheres (chá) de molho de pimenta salgado, por exemplo, Tabasco
2 abacates médios sem casca e cortados em fatias finas (200 g)
10 g de coentro fresco
10 g de hortelã fresca
20 g de folhas de ervilha (ou alface-de-cordeiro, se não encontrá-las)
150 g de ervilha fresca ou congelada, branqueadas rapidamente e resfriadas em água gelada
sal e pimenta-do-reino

BROTO DE BRÓCOLIS COM TAHINE DOCE

SERVE 4 PESSOAS

Este é, assumidamente, o meu ingrediente japonês preferido: Goma-dare (*pasta de gergelim doce*), *usando outro ingrediente sazonal muito apreciado, o broto de brócolis roxo. Nesta receita, mesclei com outros vegetais verdes para obter uma mistura refrescante de texturas, mas você pode consumi-lo sozinho também. Por favor, perdoem-me pela não ortodoxa mistura de tahine com soja. Minha única defesa é que combina perfeitamente.*

....

Misture todos os ingredientes do molho em uma tigela e acrescente ½ colher (chá) de sal e 2 colheres (sopa) de água: a consistência tem que ficar cremosa e espessa, com uma textura semelhante à do mel; se necessário, adicione um pouco mais de água ou de tahine e misture bem.

Retire as folhas dos brócolis. Se os ramos estiverem muito grossos, corte-os ao meio ou em quatro partes no sentido do comprimento, para que fiquem longos e finos, parecidos com a vagem.

Ferva água sem sal em uma panela média. Branqueie as vagens por aproximadamente 4 minutos, ou até que fiquem cozidas, porém não murchas. Use uma escumadeira para transferir os vegetais para um escorredor, coloque-os sob água corrente gelada e seque-os bem com um pano de prato limpo. Na mesma água, branqueie as ervilhas-tortas por 2 minutos. Use a escumadeira novamente para retirá-las da panela, resfrie-as em água corrente e seque-as. Repita o processo com os brócolis, cozinhando-os por 2 a 3 minutos.

Uma vez que os vegetais estiverem cozidos e secos, misture-os em uma tigela com o óleo de amendoim. Você pode servir a salada de duas maneiras. Misture a maior parte do coentro e das sementes com os vegetais e coloque-os empilhados, como uma torre alta, em um prato; jogue o molho por cima e finalize com o restante do coentro e das sementes. A alternativa é empilhar os vegetais no prato, polvilhando como quiser com o coentro e as sementes, e servindo o molho em uma molheira separada.

300 g de broto de brócolis roxo (ou 200 g de brócolis japonês)

120 g de vagem fatiada

180 g de ervilha-torta fatiada

1 colher (sopa) de óleo de amendoim

20 g de coentro fresco

2 e ½ colheres (sopa) de sementes de gergelim brancas e pretas torradas

1 colher (chá) de sementes de nigela

Para o molho

aproximadamente 50 g de tahine

1 dente de alho pequeno amassado

½ colher (chá) de molho de soja sem glúten

½ colher (sopa) de mel

1 colher (sopa) de vinagre de cidra

sal

BRANQUEAR

SERVE 4 PESSOAS
como acompanhamento

ERVILHA COM AZEDINHA E MOSTARDA

300 g de ervilha fresca
ou congelada

2 colheres (chá) de
mostarda de Dijon

1 e ½ colher (chá) de
mostarda inglesa em pó

¾ de colher (chá) de açúcar
refinado

2 colheres (sopa) de azeite

220 g de cebolinhas,
fatiadas na diagonal
em pedaços de 1 cm de
espessura

2 dentes de alho cortados
em fatias finas

1 colher (sopa) de sementes
de mostarda-preta
torradas

75 g de iogurte grego

100 g de azedinha (folhas
e caule, rasgados
grosseiramente)

sal

Uma vez eu disse que, quando como, busco por "certo drama dentro da boca". Não preciso de que todas as colheradas sejam divinas, mas estou sempre à procura de explosões de sabor e experiências gastronômicas que surpreendam e satisfaçam. Isso pode ser atingido de diversas maneiras: casca de limão-siciliano em conserva, bérberis, gengibre em calda. Dê a qualquer um deles uma base simples e eles vão brilhar. A azedinha é mais um desses ingredientes que impressionam na boca. Quando colocada ao lado de sabores equilibrados, essa folha azeda consegue transformar até a mais sem graça das refeições em algo muito especial.

Espero que os supermercados comecem a estocar mais azedinhas quando chegar sua época de colheita, no verão. Alguns até o fazem, mas ainda é difícil de encontrar, portanto você vai ter que caçar em bons supermercados, feiras e hortifrútis.

Esta receita se infiltrou neste livro no último segundo, quando ele já estava em fechamento, e novas receitas estavam sendo criadas para as futuras colunas do The Guardian. *Uma mordida garantiu sua entrada tardia, e ela sempre será a receita que anunciou o fim das fotos, o início da primavera e a celebração de todas as coisas boas. É deliciosa por si, mas vai muito bem com um simples peixe cozido, com frango e arroz brando, ou até mesmo com pão.*

Leve uma panela média de água ao fogo até ferver, adicione as ervilhas e as branqueie por apenas 30 segundos. Resfrie em água gelada e reserve.

Coloque as duas mostardas em uma tigela pequena com o açúcar, 3 colheres (sopa) de água e ½ colher (chá) de sal. Misture até virar uma pasta cremosa e reserve.

Aqueça o azeite em fogo médio em uma panela grande. Quando estiver quente, adicione a cebolinha e o alho, refogando por 8 minutos e mexendo sempre até que fiquem dourados. Reduza o fogo para baixo e acrescente a pasta de mostarda, as ervilhas, 2 colheres (chá) das sementes de mostarda e o iogurte. Mexa bem por 1 minuto até que esteja homogêneo e o iogurte, morno. Retire a panela do fogo, acrescente a azedinha e sirva como prato único, com o restante das sementes de mostarda polvilhado por cima.

COZINHAR

TAGLIATELLE COM NOZES E LIMÃO-SICILIANO

SERVE 2 PESSOAS

Quando esta receita foi publicada pela primeira vez no The Guardian, *ela despertou uma pequena discussão entre dois leitores sobre a quantidade ideal de macarrão em uma porção individual. Esse debate demonstra algo que sempre discutimos em minha cozinha de teste: quantas pessoas a receita serve? Essa pergunta é quase tão redundante quanto "Quanto mede um pavio?" — apesar de todos os autores de livros culinários mergulharmos seriamente nisso toda vez que escrevemos uma receita, porque a convenção é esta: uma boa receita precisa indicar o número de porções.*

Quando mencionei em meu artigo que um prato principal deveria ter entre 100 g e 150 g de pasta seca por pessoa, um leitor me acusou de guloso — não nessas palavras — e disse que 75 g eram mais do que suficientes, enquanto outro concordou com a minha estimativa. Sendo totalmente honesto, em qualquer lugar, eu como entre 100 g e 300 g de macarrão, dependendo de quanta fome eu esteja sentindo e, o mais importante, do quão gostosa a comida estiver. Tenho certeza de que isso se aplica à maioria das pessoas.

E é por isso que sugiro um novo sistema para a indicação das porções, que levará em consideração esses dois fatores. Portanto, uma receita deve: "servir 2 pessoas com um nível médio de fome, mas absolutamente apaixonadas por trufas brancas" ou "servir 1 pessoa faminta, se for preparada com perfeição" ou "satisfazer 10 estômagos pequenos, quando o cozinheiro for pressionado pelo tempo". Acho que meu sistema irá ajudar a lidar com o assunto, para prevenir tanto o desperdício de comida quanto o fato de as pessoas ficarem com fome.

Um comentário mais sério é que esta receita é muito simples e rápida, porém possui uma riqueza inesperada de sabor. Certifique-se de usar nozes frescas, sem nenhuma amargura.

60 g de nozes picadas grosseiramente

30 g de manteiga sem sal

10 folhas de sálvia em fatias fininhas

raspas de 1 limão-siciliano médio

3 colheres (sopa) de creme de leite fresco

300 g de *tagliatelle* seco (ou *tagliolini*, se preferir)

50 g de queijo parmesão ralado

15 g de salsinha picada

2 colheres (sopa) de caldo de limão-siciliano

sal e pimenta-do-reino

....

Preaqueça o forno a 160 °C.

Espalhe as nozes em uma assadeira e asse-as por 15 minutos. Retire do forno e deixe esfriar.

Aqueça uma frigideira média em fogo alto com a manteiga. Cozinhe por 1 minuto, adicione a sálvia e frite por cerca de 2 minutos, até que a manteiga comece a ficar marrom. Adicione as raspas de limão, o creme de leite fresco, ½ colher (chá) de sal e bastante pimenta-do-reino. Mexa e cozinhe por alguns segundos, até que o molho engrosse um pouco. Retire do fogo imediatamente para não talhar. Deixe descansar.

Coloque uma panela grande de água com sal para ferver e adicione a massa. Cozinhe por 8 minutos ou de acordo com as instruções do pacote, até ficar al dente. Escorra, mas reserve um pouco da água com sal, e coloque a massa em uma tigela.

Esquente o molho, acrescentando um pouco da água com sal se ele estiver muito espesso, e adicione a massa junto com as nozes, o queijo parmesão e a salsinha. Jogue o caldo de limão, misture e sirva.

COZINHAR

SERVE 4 PESSOAS

RISOTO DE COUVE-DE-BRUXELAS

30 g de manteiga sem sal

2 colheres (sopa) de azeite

2 cebolas pequenas picadas finamente (200 g)

2 dentes de alho grandes, amassados

2 colheres (sopa) de tomilho fresco

2 limões-sicilianos, sendo a casca de um (em tiras longas) e as raspas do outro

300 g de arroz arbóreo

500 g de couve-de-bruxelas (200 g picados e 300 g cortados em pedaços)

200 ml de vinho branco seco

900 ml de caldo de legumes quente

aproximadamente 400 ml de óleo de girassol

40 g de queijo parmesão ralado em lascas

60 g de *dolcelatte* (queijo tipo gorgonzola doce), quebrado em pedaços de 2 cm

10 g de estragão picado

2 colheres (chá) de caldo de limão-siciliano

sal e pimenta-do-reino

Se você está se questionando sobre um risoto cheio de couve-de-bruxelas, confie em mim e deixe suas dúvidas de lado. Minha provadora de receitas, Claudine, disse que tinha restrições semelhantes, mas adorou. Os pedaços de couve fritos acrescentam uma camada de textura e crocância, que os risotos normalmente deixam a desejar: ficam tão gostosos que você logo vai ficar tentando pensar em adicioná-los a outros pratos. (Foto na página seguinte.)

Coloque a manteiga e o azeite em uma panela grande em fogo médio--alto. Adicione as cebolas e frite por 10 minutos, mexendo ocasionalmente até amolecer e ficar levemente caramelizada. Acrescente o alho, o tomilho e a casca de limão e cozinhe por mais 2 minutos. Coloque o arroz, junto com a couve-de-bruxelas picada, e cozinhe por mais 1 minuto, mexendo sempre. Jogue o vinho e deixe cozinhar por 1 minuto antes de começar a acrescentar o caldo de legumes aos poucos, 1 colher (chá) de sal e bastante pimenta-do-reino. Reduza o fogo para médio e continue adicionando o caldo em conchas, mexendo sempre, até que o arroz esteja cozido — mas ainda esteja al dente — e que todo o caldo tenha sido utilizado.

Enquanto o arroz cozinha, aqueça o óleo de girassol em outra panela grande, preenchendo cerca de 2 cm de altura. Coloque em fogo alto e, quando estiver quente, use uma escumadeira para inserir a couve-de--bruxelas em pedaços: certifique-se de que ela esteja completamente seca antes de pôr na panela; mesmo assim, o óleo vai respingar. Tome cuidado. Frite os pedaços por menos de 1 minuto, até que estejam dourados e crocantes, e então os transfira para um prato forrado com papel-toalha. Mantenha em local morno enquanto continua fritando o restante.

Adicione ao arroz já cozido o queijo parmesão, o queijo *dolcelatte*, o estragão e a metade da couve frita. Mexa delicadamente. Sirva como prato único com o que sobrou da couve frita por cima, seguida das raspas de limão e do caldo.

SERVE 8 PESSOAS

SOPA DE LEGUMES (COM MASSA)

125 g de grão-de-bico hidratado por 24 h em água com 2 colheres (chá) de bicarbonato de sódio

125 g de feijão-manteiga hidratado por 24h em água com 2 colheres (chá) de bicarbonato de sódio

80 g de *ghee* (manteiga clarificada)

2 cebolas grandes, em fatias finas (400 g)

10 dentes de alho, em fatias finas

1 e ½ colher (chá) de cúrcuma em pó

225 g de ervilha amarela

2 litros de caldo de legumes

35 g de salsinha picada

35 g de coentro picado

15 g de endro picado

100 g de cebolinha em fatias finas

150 g de espinafre *baby*

100 g de massa *reshteh* seca ou *linguine*

150 g de creme azedo, além de 1 colher (chá) por porção para finalizar

1 e ½ colher (sopa) de vinagre de vinho branco

4 limões cortados ao meio

sal e pimenta-do-reino

Minha vida antepassada deve ter sido em algum lugar da Pérsia antiga. Estou bem convencido disso. Sou completamente louco pela riqueza da culinária persa, pelo uso inteligente das pimentas e ervas, pela ingenuidade da forma de fazer arroz, por romã, açafrão e pistache, além de iogurte, menta e limão-siciliano seco. Parece que meu paladar é naturalmente perfeito para essa categoria de sabores.

Infelizmente, nunca tive a oportunidade de ir ao Irã, mas minha paixão por sua gastronomia foi correspondida em abundância nos últimos anos pelos inspiradores livros de Najmieh Batmanglij. É neles que vou para um mergulho no mundo doce, embora proibido, dessa culinária.

Essa sopa espessa arrasa-corações, chamada ash-e reshteh, *é a resposta iraniana ao minestrone. É maravilhosamente integral e nutritiva, e deixa um sorriso em nosso rosto. Encontrei a massa* reshteh *em uma loja de produtos iranianos perto da minha casa, mas o* linguine *funciona muito bem também. Conforme sugerido entre parênteses no nome da receita, a massa pode ser dispensada, se preferir: existe muito sabor na receita, com ou sem ela.*

Escorra o grão-de-bico e o feijão-manteiga. Em duas panelas separadas, ferva água e cozinhe o grão-de-bico em uma e o feijão-manteiga em outra: isso deve levar entre 20 e 40 minutos. Escorra e deixe secar.

Ponha a manteiga, as cebolas e o alho numa panela grande e refogue em fogo médio. Cozinhe por 20 minutos, mexendo ocasionalmente, até que fiquem macios e dourados. Adicione a cúrcuma, ½ colher (sopa) de sal e um pouco de pimenta-do-reino. Mexa e retire metade dessa mistura da panela para utilizar na finalização.

Acrescente o grão-de-bico e o feijão-manteiga à panela, e junte a ervilha amarela e o caldo de legumes. Cozinhe em fogo baixo por 35 minutos, retirando a espuma ocasionalmente, até que as ervilhas estejam macias.

Adicione as ervas, a cebolinha e o espinafre, mexa bem e deixe cozinhar por mais 15 minutos (acrescente mais caldo de legumes ou água, se a sopa estiver muito espessa). Coloque a massa e cozinhe por cerca de 10 minutos, até que fique pronto. Junte o creme azedo e o vinagre.

Sirva em seguida, decorado com uma colher (chá) de creme azedo sobre cada porção, e salpique com a cebola refogada separada. Leve à mesa os limões cortados para espremer por cima dos pratos individuais.

SERVE 4 PESSOAS

PILAFE DE *FREGOLA SARDA* E ALCACHOFRA

3 alcachofras inteiras
(900 g no total) ou 300 g
de coração de alcachofra
2 colheres (sopa) de caldo
de limão-siciliano
2 colheres (sopa) de azeite
2 cebolas médias cortadas
em fatias finas (300 g)
20 g de manteiga sem sal
250 g de *fregola sarda*, bem
enxaguada na água fria e
deixada em uma peneira
para escorrer
600 ml de caldo de legumes
quente
1 e ½ colher (sopa) de
vinagre de vinho tinto
60 g de azeitonas pretas
gregas sem caroço e
cortadas ao meio
60 g de lascas de amêndoas
torradas
10 g de salsa picada
sal e pimenta-do-reino

Molho de pimenta verde
3 pimentas dedo-de-moça
verdes sem sementes e
cortadas grosseiramente
1 dente de alho picado
grosseiramente
1 limão-siciliano em
conserva pequeno,
sem sementes e picado
grosseiramente (40 g)
1 colher (sopa) de caldo
de limão-siciliano
3 colheres (sopa) de azeite
30 g de salsa picada

Diferente de muitos dos meus pratos, este não excede no visual. O que ele tem a favor é a surpreendente gama de sabores frescos, maravilhosamente quentes, e a textura reconfortante; fico muito feliz em comer este prato todos os dias da semana. A fregola sarda *é uma massa da Sardenha, semelhante ao cuscuz israelense. Cuscuz marroquino, cuscuz israelense,* fregola sarda, mograbieh, maftoul: *está confuso? Não fique! Apesar de existir em diferentes países e receber diversos nomes, são todos variações do mesmo elemento pequeno e redondo: bolinhas de massa. Ficam mais gostosos quando combinados com ingredientes saborosos em sopas, ensopados, saladas e molhos, mas também são muito bons simplesmente servidos como acompanhamento de carne ou peixe.*

Use coração de alcachofra congelado (descongele antes) ou em conserva, se preferir, para economizar tempo e poupar trabalho.

Numa tigela pequena, coloque todos os ingredientes para o molho de pimenta. Bata-os no processador até formar uma pasta espessa e reserve até que esteja pronto para o uso.

Corte a maior parte do talo das alcachofras e remova as folhas duras exteriores com as mãos. Quando alcançar as folhas mais macias, descarte 2 cm do topo e apare a base em torno do caule. Corte ao meio no sentido do comprimento, para alcançar o coração, retire os pelos e divida cada metade em três triângulos. Coloque as alcachofras em uma caçarola média, com água suficiente para cobri-las — cerca de 500 ml —, junto com o caldo de limão. Ferva a água, reduza para fogo médio e cozinhe lentamente por cerca de 8 minutos, até que as alcachofras estejam semicozidas, mas ainda firmes. Escorra, tempere com ¼ de colher (chá) de sal e reserve.

Coloque o azeite em uma panela grande que tenha tampa e aqueça em fogo médio-alto. Acrescente as cebolas com ¾ de colher (chá) de sal e cozinhe por 10 minutos, mexendo sempre, até que estejam douradas e caramelizadas. Adicione a manteiga e mexa até derreter antes de adicionar as alcachofras semicozidas (ou os corações de alcachofra, se optou por eles), a *fregola sarda*, o caldo de legumes e uma pitada generosa de pimenta-do-reino. Mexa uma vez, tampe a panela e coloque em fogo baixo por aproximadamente 18 minutos, até que a *fregola sarda* esteja cozida e todo o líquido tenha sido absorvido. Evite a tentação de mexer, para o prato não virar uma pasta.

Retire a panela do fogo e deixe descansar, tampada, por 10 minutos. Destampe a panela, acrescente o vinagre, as azeitonas e as amêndoas, mexendo delicadamente. Polvilhe com a salsa e sirva quente ou em temperatura ambiente, com uma generosa colherada do molho de pimenta por cima.

94 COZINHAR

SOPA DE COGUMELOS PICANTES

SERVE 6 PESSOAS

Esta receita é inspirada em sopas asiáticas, como a tailandesa tom yum *ou a vietnamita* pho. *O segredo aqui é um caldo de legumes rico e saboroso, com muitas camadas de sabor chegando ao palato em diferentes estágios, um pouco como um excelente vinho envelhecido. E é por isso que a lista de ingredientes — perdoem-me por isso — é tão longa. Mas tenho a impressão de que você vai achar que vale a pena. Esta sopa é intencionalmente leve, mas pode ser transformada em um prato com mais sustância acrescentando macarrão de arroz. Adicione uma quantidade maior de pasta de tamarindo, se quiser que fique superpicante. A raiz de coentro, encontrada em muitas lojas de culinária indiana e oriental, tem um sabor mais denso e mais intenso do que a folha. Se não conseguir encontrar nenhum dos dois, amarre um chumaço do talo do coentro com um barbante, passe o rolo de massa por cima, delicadamente, para liberar o sabor, e substitua pelas folhas ou raízes.* (Foto na página seguinte.)

....

Aqueça o óleo em uma caçarola grande e adicione as cebolas, as cenouras, o aipo, o alho e o gengibre. Cozinhe em fogo alto por cerca de 5 minutos, até que as bordas comecem a dourar. Despeje 2,25 litros de água e acrescente o capim-limão, as ameixas, as pimentas, os anises-estrelados, o molho de soja, as folhas de limão e a raiz de coentro. Deixe ferver, reduza para fogo baixo e cozinhe por 45 minutos.

Coe o caldo e volte-o para a panela. Você pode descartar os vegetais — mas eu adoro comer as cenouras e os aipos. Ferva o caldo novamente em fogo baixo e adicione a pasta de tamarindo, seguida dos cogumelos *enokis* e brancos, e cozinhe por 1 minuto. Adicione o restante dos ingredientes, exceto o óleo de gergelim, com 1 e ½ colher (chá) de sal e deixe no fogo por mais 1 minuto. Sirva em tigelas aquecidas e finalize com um pouco de óleo de gergelim, não mais que poucas gotas em cada tigela.

- 1 colher (sopa) de óleo de girassol
- 3 cebolas pequenas cortadas grosseiramente (350 g)
- 3 cenouras médias, descascadas e cortadas grosseiramente (250 g)
- 6 talos de aipo, cortados grosseiramente (350 g)
- 6 dentes de alho descascados
- 75 g de gengibre, descascado e cortado grosseiramente
- 3 talos de capim-limão cortados grosseiramente (50 g)
- 12 ameixas (120 g)
- 3 pimentas dedo-de-moça cortadas grosseiramente
- 6 anises-estrelados
- 2 colheres (sopa) de molho de soja sem glúten
- 6 folhas de limão
- 30 g de raiz de coentro picada
- 2 colheres (sopa) de pasta de tamarindo
- 150 g de cogumelos *enokis*, separados individualmente
- 150 g de cogumelos brancos fatiados
- 150 g de shimejis, separados individualmente
- 65 ml de caldo de limão (aproximadamente 2 limões)
- 20 g de folhas de coentro (e mais um pouco, para decorar)
- 20 g de folhas de manjericão tailandês
- 160 g de broto de feijão
- 160 g de vagem cortada em três, fervida por 4 minutos e resfriada em água gelada
- óleo de gergelim torrado para finalizar
- sal

SERVE 4 PESSOAS

SOPA PICANTE DE GRÃO-DE-BICO E TRIGUILHO

2 colheres (sopa) de azeite

2 cebolas pequenas cortadas em cubos de 1 cm (180 g)

4 dentes de alho amassados (250 g)

2 cenouras grandes, descascadas e cortadas em cubos de 1 cm (250 g)

4 talos de aipo cortados em cubos de 1 cm (250 g)

2 colheres (sopa) de pasta de *harissa* (coloque menos, se não quiser muito picante)

1 colher (chá) de cominho em pó

1 colher (chá) de coentro em pó

1 e ½ colher (chá) de sementes de alcaravia integral

500 g de grão-de-bico cozido (pode ser enlatado)

1,2 litro de caldo de legumes

100 g de triguilho integral

sal e pimenta-do-reino

Pasta cremosa de queijo feta (*opcional*)

100 g de queijo feta, quebrado em pedaços grandes

60 g de creme de leite fresco

15 g de coentro picado grosseiramente

15 g de folhas de hortelã

Esta sopa simples e cremosa que, com a exceção da pasta de queijo feta, pode ser feita com ingredientes que você possui em sua despensa ou geladeira (e se você não tem sempre um pouco de aipo e algumas cenouras em casa, além de um jarro de harissa, *eu recomendo profundamente que passe a ter: eles são a base de um dos meus molhos preferidos). A sopa sem laticínios funciona perfeitamente sem a pasta de queijo, mas uma colherada dela por cima transforma um jantar simples do meio da semana em algo muito especial.*

Coloque o azeite em uma caçarola média e aqueça-o em fogo médio. Adicione as cebolas e refogue por 5 minutos, mexendo de tempos em tempos até ficar transparente. Acrescente o alho, as cenouras e o aipo e cozinhe por mais 8 minutos. Adicione a *harissa*, o cominho em pó, o coentro e as sementes de alcaravia. Cozinhe por mais 2 minutos, mexendo bem. Misture delicadamente o grão-de-bico na panela — você não quer que eles abram —, juntamente com uma colher (chá) de sal e bastante pimenta-do-reino. Adicione o caldo de legumes e deixe ferver. Reduza o fogo e cozinhe lentamente por 10 minutos.

Enquanto isso, lave o triguilho, coloque-o em uma panela pequena e cubra generosamente com água fria. Leve à fervura e retire imediatamente do fogo. Escorra, refresque com água fria, escorra mais uma vez e reserve.

Se for preparar a pasta de queijo feta, coloque todos os ingredientes em uma tigela pequena e leve ao processador com $1/8$ de colher (chá) de sal. Bata por alguns minutos até que se forme uma pasta espumosa e cremosa. Mantenha-a na geladeira até a hora de servir.

Antes de levar à mesa, adicione o triguilho cozido à sopa e leve para ferver em fogo brando. Divida a sopa em taças, acrescente uma colher da pasta de queijo feta em cada porção (caso a tenha feito) e sirva imediatamente.

SOPA DE CEBOLINHA

SERVE DE 4 A 6 PESSOAS

O queijo kashk é uma aquisição relativamente recente na minha despensa e tornou-se absolutamente favorito. Os queijos kashk (kurut), kash e kishk são coisas diferentes na Ásia Central, na Turquia e na Grécia, mas cada um refere-se a um tipo produzido através do processo de fermentação de iogurte ou de leite coalhado; são então transformados em um pó que pode, mais tarde, ser reconstituído. O queijo iraniano kashk é usado para incrementar sopas e refogados, dando a eles um aroma maravilhosamente intenso e marcante: lembra o feta, mas é mais cremoso. Você consegue encontrá-lo em lojas de produtos iranianos, mas não se preocupe se não achá-lo: sei que não é fácil; portanto, uma mistura de creme de leite fresco e parmesão ralado — ou algum outro tipo de queijo maturado — o substitui perfeitamente.

....

Corte a parte branca das cebolinhas em fatias 1,5 cm de comprimento e a parte verde em pedaços de 2,5 cm de comprimento. Mantenha-as separadas.

Derreta a manteiga em uma caçarola grande, adicione o azeite, a parte branca da cebolinha, o alho, ½ colher (chá) de sal e uma pitada de pimenta-do-reino. Refogue em fogo médio por 10 a 15 minutos, ou até que os legumes estejam macios e tenham perdido a aparência áspera. Adicione a parte verde da cebolinha e as folhas de louro, cozinhando por cerca de 10 minutos. Acrescente as ervilhas e a abobrinha, então cozinhe por mais 5 minutos.

Retire metade dos legumes da panela e reserve. Cubra os legumes restantes com o caldo de legumes, deixe ferver e cozinhe por 3 minutos. Retire as folhas de louro, adicione a salsa e bata em um processador ou com um mixer. Devolva os legumes reservados para a panela e aqueça-os antes de misturar o queijo *kashk* (ou a mistura de creme de leite fresco com parmesão).

Transfira a sopa para tigelas individuais, polvilhe com hortelã picada e raspas de limão. Se você não estiver usando o queijo *kashk*, acrescente 1 colher (chá) do creme de leite fresco em cada porção. Finalize com um fio de azeite.

- 900 g de cebolinha (uma grande variedade, com o talo grosso, se possível)
- 40 g de manteiga sem sal
- 50 ml de azeite (e mais um pouco, para finalizar)
- 2 cabeças de alho médias, descascadas e cortadas na metade no sentido do comprimento (60 g)
- 3 folhas de louro
- 300 g de ervilhas frescas ou descongeladas
- 1 abobrinha média, cortada em cubos de 1 cm (200 g)
- 1,3 litro de caldo de legumes
- 80 g de folhas de salsa picadas grosseiramente
- 60 g de queijo *kashk* (ou uma mistura de 40 g de creme de leite fresco com 20 g de parmesão, além de creme de leite fresco extra para servir)
- 20 g de folhas de hortelã picada
- raspas de ½ limão-siciliano
- sal e pimenta-do-reino

SOPA DE LENTILHA VERMELHA TAILANDESA COM ÓLEO AROMÁTICO DE PIMENTA

SERVE 4 PESSOAS

Refrescante, cremosa e cheia de sabor, esta sopa é a primeira comida que preparo quando o início do outono é anunciado oficialmente. Se você gosta da sua sopa completamente suave, sem "interrupções", dispense a ervilha doce. Agradeço ao brilhante livro Leith's Vegetarian Cookery [A culinária vegetariana de Leith] *pelo óleo de pimenta: a receita indica uma quantidade maior do que você vai precisar, mas é possível manter a sobra em um pote hermético na geladeira durante cerca de um mês e utilizar sobre sopas, saladas e pratos grelhados. Você também pode fazer esta sopa sem esse óleo, colocando sobre ela um bom molho de pimenta salgado.*

....

Primeiro faça o óleo de pimenta. Aqueça 2 colheres (sopa) do óleo de girassol em uma panela pequena. Adicione a cebola, o alho, o gengibre, a pimenta, o anis-estrelado e o curry em pó, refogando em fogo baixo por 5 minutos, mexendo de vez em quando, até que a cebola fique macia. Adicione o extrato de tomate e cozinhe por 2 minutos. Misture o óleo restante com as raspas de limão e deixe ferver suavemente por 30 minutos. Depois que esfriar, coe com uma peneira de pano.

Para a sopa, coloque água para ferver em uma panela pequena e adicione as ervilhas doces. Cozinhe por 90 segundos, escorra, refresque com água fria e deixe secar. Quando esfriar, corte-as no sentido do comprimento em fatias de 2 mm.

Aqueça o óleo de girassol em uma panela grande e adicione a cebola. Cozinhe em fogo baixo e com a panela tampada por 10 a 15 minutos, mexendo uma ou duas vezes, até que a cebola esteja completamente macia e adocicada. Misture a pasta de curry vermelho e cozinhe por 1 minuto. Acrescente o capim-limão, as folhas de limão, as lentilhas vermelhas e 700 ml de água. Depois que ferver, abaixe o fogo e deixe cozinhar por 15 minutos ou até que as lentilhas estejam completamente macias.

Retire a sopa do fogo e descarte o capim-limão e as folhas de limão. Use um liquidificador para processar a sopa até que esteja completamente lisa. Adicione o leite de coco, o caldo de limão, o shoyu, ½ colher (chá) de sal e mexa. Volte a sopa ao fogo e, quando estiver quase fervendo, desligue e sirva-a em tigelas médias. Salpique com as ervilhas, polvilhe com coentro e finalize com ½ colher (chá) do óleo de pimenta sobre cada porção.

120 g de ervilhas doces

3 colheres (sopa) de óleo de girassol

1 cebola média em fatias finas (160 g)

1 e ½ colher (sopa) de pasta de curry vermelho vegetariano

2 talos de capim-limão, amassados delicadamente com um rolo para massa

4 folhas de limão kafir frescas (ou 12 secas)

250 g de lentilhas vermelhas

250 ml de leite de coco

1 e ½ colher (sopa) de caldo de limão

1 e ½ colher (sopa) de shoyu

15 g de folhas de coentro picadas grosseiramente

sal

Óleo de pimenta

180 ml de óleo de girassol

1 cebola pequena grosseiramente picada (50 g)

1 dente de alho grosseiramente picado

1 colher (chá) de gengibre fresco descascado e grosseiramente picado

½ pimenta dedo-de-moça grosseiramente picada

½ anis-estrelado

2 colheres (chá) de curry em pó

1 colher (chá) de extrato de tomate

raspas da casca de ½ limão-
-siciliano pequeno

SERVE 6 PESSOAS

GASPACHO DE TOMATE E MELANCIA

2 kg de tomates (cerca de
20 unidades) branqueados,
descascados e picados
grosseiramente

5 dentes de alho picados
grosseiramente

6 talos de aipo, partes
brancas e folhas picadas
(450 g)

1 cebola pequena picada
(140 g)

400 g de melancia sem
sementes, picada
grosseiramente

100 g de pão branco
sem casca, em pedaços
pequenos

150 ml de molho de tomate
(ou suco de tomate)

15 g de folhas de
manjericão

2 colheres (sopa) de vinagre
de vinho tinto

200 ml de azeite (e mais
um pouco, para finalizar)

sal e pimenta-do-reino

sal marinho para servir

Croûtons

150 g de pão branco sem
casca, quebrado em
pedaços de 2-3 cm

3 colheres (sopa) de azeite

1 e ½ colher (sopa) de
vinagre de vinho tinto

Fiz esta receita pela primeira vez em meus dias ensolarados nas ilhas de Maiorca. Os doces e vermelhos tomates de ramallet eram algo de outro mundo, e o grupo de senhoras idosas que me ensinou como misturá-los corretamente era o pessoal mais animado de setenta e poucos anos que já conheci. O que ofereci em agradecimento foi esta sopa maravilhosamente doce e refrescante. Perdoem-me por incluí-la na seção dos "cozidos"; sei que não há nenhuma relação com caldos ferventes, mas eu queria que ficasse junto com as outras sopas.

Primeiro faça os *croûtons*. Preaqueça o forno a 200 °C. Coloque o pão em uma tigela média juntamente com o azeite, o vinagre e ½ colher (chá) de sal. Aqueça uma frigideira em fogo alto, adicione os *croûtons* e cozinhe por 2 minutos, virando até que todos os lados estejam suavemente chamuscados e começando a ficar crocantes. Transfira da frigideira para uma assadeira e leve ao forno por 12 minutos, até dourarem e ficarem crocantes. Deixe esfriar.

Coloque os tomates, o alho, o aipo, a cebola, a melancia, o pão, o molho de tomate e 10 g de manjericão em um liquidificador — ou em uma tigela grande, se usar um mixer —, juntamente com ¾ de colher (chá) de sal e uma boa pitada de pimenta-do-reino. Misture até ficar homogêneo e, em seguida, ainda no liquidificador, adicione o vinagre e o azeite. Leve à geladeira.

Para servir, despeje a sopa em tigelas individuais e cubra com os *croûtons*. Rasgue as folhas de manjericão restantes, depois polvilhe cada porção com elas, juntamente com um fio de azeite. Finalize com um pouco de sal marinho e sirva.

SALADA DE MANGA E GRÃO-DE-BICO COM CURRY

SERVE 4 PESSOAS

Diferentemente das mangas grandes e maduras, disponíveis durante o ano inteiro, a manga Afonso, assim como outras variedades indianas e paquistanesas (procure por Kesar, Banganpali, Langra e Chaunsa), é sem fibras, cheirosa, pequena e sublime. As pessoas são supermetódicas com a manga Afonso: manchetes de jornais na Índia anunciam a chegada da curta temporada da fruta, e companhias de transporte em Mumbai divulgam "serviços de entrega de manga" especializados para transportar as caixas pela cidade. Parece certo exagero para aqueles que não esperam pelo curto, porém doce, período de colheita da manga Afonso, durante os meses de maio e junho. Logística de carga significa que as grandes redes de supermercados não fazem estoque; adoro ir até a quitanda local ou hortifrúti e procurar pelas caixas amarelas da fruta, cujas embalagens, papel de embrulho e ouropel enfeitando e pulando para fora as tornam os presentes que realmente são.

150 g de grão-de-bico seco, deixado de molho durante a noite em água com 2 colheres (chá) de bicarbonato de sódio

1 colher (chá) de sementes de coentro

1 colher (chá) de sementes de mostarda-preta

½ colher (chá) de sementes de cominho

1 colher (chá) de curry em pó

½ colher (chá) de cúrcuma em pó

1 colher (chá) de açúcar refinado

80 ml de óleo de girassol

1 cebola grande cortada em fatias finas (200 g)

1 couve-flor pequena, dividida em pedaços de 4 cm (400 g)

2-3 mangas Afonso (ou 1 manga grande e madura) descascadas e cortadas em cubos de 2 cm (570 g)

1 pimenta dedo-de-moça verde sem sementes e picada

20 g de coentro fresco picado

3 colheres (sopa) de caldo de limão

50 g de folhas de espinafre *baby*

sal

Lave e escorra o grão-de-bico, coloque-o em uma caçarola média e leve ao fogo médio, coberto com água fresca, e deixe cozinhar de 45 minutos a 1 hora, até ficar completamente macio. Escorra, transfira para uma tigela e deixe descansar em algum lugar aquecido.

Coloque as sementes de coentro, mostarda e cominho em uma frigideira grande e aqueça-as até que comecem a estourar. Use um pilão ou um moedor para transformá-las em pó, e então adicione o curry, a cúrcuma, o açúcar e ½ colher (chá) de sal. Separe.

Na mesma panela, aqueça metade do óleo de girassol e cozinhe a cebola por 5 minutos em fogo alto, mexendo ocasionalmente, até que comece a ganhar cor. Adicione a mistura de tempero e mantenha o cozimento em fogo médio por mais 5 minutos, até que a cebola fique completamente macia. Transfira para a tigela do grão-de-bico morno e reserve.

Ferva água em uma panela grande e branqueie a couve-flor por 1 minuto. Escorra, seque e reserve. Quando a couve-flor estiver completamente seca, aqueça o óleo restante na mesma panela que você cozinhou a cebola (você não precisa limpá-la), adicione a couve-flor com ¼ de colher (chá) de sal e frite em fogo alto por 3 a 4 minutos, só para corar.

Adicione a couve-flor quente e qualquer resto de óleo que sobrar na panela ao grão-de-bico e às cebolas e mexa bem. Deixe descansar por 5 minutos caso queira servir a salada morna, ou deixe esfriar à temperatura ambiente. Adicione as mangas à salada, com a pimenta, o coentro fresco, o caldo de limão e o espinafre. Mexa bem e sirva imediatamente, ou resfrie e sirva em até 24 horas.

SERVE 4 PESSOAS

BETERRABA LISTRADA COM LENTILHAS E *YUZU*

750 g de beterraba listrada
ou de beterrabas variadas

225 g de lentilha

2-4 colheres (sopa) de
suco de *yuzu* (depende da
intensidade)

3 colheres (sopa) de azeite
(e mais um pouco, para
finalizar)

½ cebola roxa pequena,
cortada em fatias finas
(50 g)

2 colheres (chá) de xarope
de Maple

1 e ½ colher (sopa) de caldo
de limão-siciliano

40 g de agrião

40 g de folhas de acelga
baby (ou folhas de
espinafre *baby*)

1 colher (chá) de *yuzu* em
pó (opcional)

sal e pimenta-do-reino

A beterraba listrada, que mais parece um pirulito — e recebeu um nome bastante pertinente —, é doce como sua imagem sugere e é feita de belos anéis alternados de vermelho e branco. Você pode fatiá-la bem fina e usá-la crua em saladas; ou cozinhá-la, e sua cor vai virar um rosa uniforme. Se não conseguir encontrá-la, use a tradicional roxa mesmo. A combinação delas é maravilhosa, mas usar somente uma vai funcionar perfeitamente.

Originária da Ásia Oriental, a yuzu é uma fruta cítrica cujo sabor assemelha-se a uma combinação de limão e tangerina. A raspa da casca e o suco são normalmente usados para adicionar um aroma refrescante a vários pratos japoneses, incluindo sopas. Como é quase impossível conseguir yuzu fresca, você terá de confiar nos sucos industrializados. A intensidade de cada marca varia bastante; portanto, você precisará provar antes de adicioná-la à receita. É possível encontrar o suco em mercados especializados em produtos japoneses ou na internet, mas, se não conseguir, substitua por um pouco de caldo de limão.

Separe uma beterraba e coloque todas as outras em uma caçarola média, e cubra com água em abundância. Depois que ferver, abaixe o fogo e deixe cozinhar em fogo brando por cerca de 1 hora, acrescentando água fervente quando necessário, até que estejam cozidas. Desligue o fogo, retire as beterrabas da água e deixe esfriar (mantenha-as na geladeira por 1 ou 2 dias). Descasque as beterrabas, corte-as ao meio e depois em tiras grossas, com 1 cm de espessura na base (*como na foto da página ao lado*).

Coloque a lentilha em uma panela pequena e cubra com água em abundância. Deixe ferver, abaixe o fogo e cozinhe por 15 a 20 minutos, até ficar al dente. Escorra bem, transfira para uma tigela e, ainda quente, misture 1 colher (sopa) de suco de *yuzu* e 1 colher (sopa) de azeite, com ½ colher (chá) de sal e um pouco de pimenta-do-reino. Deixe esfriar (as lentilhas também podem ser mantidas na geladeira por alguns dias).

Descasque a beterraba que foi separada sem cozinhar e, usando um mandolin (se tiver) ou descascador de frutas, corte em fatias finas como papel.

Para arrumar a salada, adicione às lentilhas o restante do suco de *yuzu* e 2 colheres (sopa) de azeite. Acrescente a beterraba, a cebola, o xarope de Maple e o caldo do limão, misturando delicadamente. Prove o tempero, adicionando mais *yuzu*, dependendo da intensidade. Transfira a salada para uma tigela rasa, polvilhando com o agrião e a acelga. Finalize com uma pitada de *yuzu* em pó (se tiver) e um fio de azeite.

SALADA DE ALCACHOFRA COM MAIONESE DE LIMÃO-SICILIANO EM CONSERVA

SERVE 4 PESSOAS
como entrada

Você acha que sabe fazer alguma coisa até testemunhar os profissionais no trabalho. O verão que passei filmando a primeira temporada da série A culinária mediterrânea de Yotam Ottolenghi *me fez questionar meu direito de me autodenominar um chef de pâtisserie, depois de passar um dia com crianças com um quarto da minha idade fazendo folhas de massa marroquina* warka. *Minha relação com os vegetais foi similarmente desafiada depois de vivenciar a velocidade e a destreza com que alcachofras eram limpas por mãos habilidosas nos mercados (sem sequer usar uma tábua de cortar, somente com as mãos no ar). Da mesma maneira, sem esforço nenhum, as imaculadas alcachofras produzidas em poucos segundos por pouquíssimos cortes da faca eram surpreendentes e de uma forma completamente diferente de todas que eu já vira. Ainda assim, mesmo tomando uns bons 30 minutos e deixando as pontas dos dedos pretas, é um esforço que vale muito a pena: alcachofras fresquinhas são divinas!*

A quantidade de maionese indicada na receita é maior do que a utilizada de fato, mas o que sobrar pode ser mantido na geladeira em um vidro hermético por alguns dias.

4 alcachofras grandes (1,6 kg no total)

75 ml de caldo de limão-siciliano

1 batata média, descascada e cortada em 12 pedaços, similares em tamanho e proporção aos pedaços de alcachofra (250 g)

1 ramo de tomilho fresco grande, além de 1 colher (sopa) de folhas separadas

10 g de endro picado

1 colher (sopa) de estragão picado

50 g de broto de ervilha

1 colher (sopa) de azeite

sal e pimenta-do-reino

Para a maionese

1 gema de ovo

¼ de colher (chá) de mostarda de Dijon

1 dente de alho pequeno amassado

1 e ½ colher (chá) de vinagre de vinho branco

¼ de colher (chá) de açúcar refinado

30 g de limão-siciliano em conserva, picado com a casca e sem semente

75 ml de óleo de girassol

Para limpar as alcachofras, corte quase todo o caule e retire as folhas duras exteriores à mão. Quando alcançar as folhas mais macias, corte 2 a 3 cm das folhas do topo com uma faca. Apare a base e em torno do caule. Corte as alcachofras ao meio no sentido do comprimento, de modo que possa chegar ao coração, e limpe todos os pelos. Mergulhe as metades do coração limpas em 1 a 2 colheres (sopa) de caldo de limão misturado com um pouco de água e corte cada uma em três segmentos triangulares.

Coloque as alcachofras em uma caçarola média com a batata. Adicione o caldo de limão restante (cerca de 3 colheres de sopa), o ramo de tomilho e ¾ de colher (chá) de sal. Acrescente água suficiente apenas para cobrir as alcachofras (cerca de 800 ml). Leve à fervura, reduza o fogo e cozinhe lentamente em fogo brando por 10 a 15 minutos, até que a ponta de uma faca entre facilmente tanto nas batatas quanto nas alcachofras. Retire do fogo e deixe os vegetais esfriarem no líquido.

Para a maionese, coloque todos os ingredientes, exceto o óleo de girassol, em um pequeno processador de alimentos. Com o aparelho ligado, despeje lentamente o óleo para obter uma maionese brilhosa e firme. Leve à geladeira até a hora de servir.

Para montar, escorra as alcachofras e batatas, misturando-as em uma tigela grande com as folhas de tomilho, o endro, o estragão, o broto de ervilha, o azeite, ¼ de colher (chá) de sal e um pouco de pimenta-do-reino. Misture delicadamente e sirva com bastante maionese e outra pitada generosa de pimenta-do-reino.

COZINHAR **109**

SERVE 4 PESSOAS

ALCACHOFRA E MOZARELA COM LIMÃO-SICILIANO CRISTALIZADO

4 alcachofras grandes
  (1,6 kg no total)
3 limões-sicilianos cortados
  ao meio
2 folhas de louro
4 ramos de tomilho
1 cebola média cortada
  em quatro (150 g)
120 g de folhas de alface
  baby, cortadas em tiras
  de 1 cm
200 g de mozarela de búfala
10 g de salsa picada
10 g de hortelã picada
10 g de manjericão picado
120 ml de azeite
1 dente de alho amassado
sal e pimenta-do-reino

**Para o limão-siciliano
  cristalizado**
1 limão-siciliano
35 g de açúcar refinado

Como nossas mãos não são tão ágeis como aquelas mencionadas na página anterior, atalhos são sempre possíveis quando se trata de alcachofras: em vez de limpá-las e cozinhá-las, você sempre pode usar as congeladas ou em conserva, tanto o coração quanto a base (prefiro as congeladas). Além disso, ao mesmo tempo em que o limão cristalizado tem tanto a aparência quanto o gosto fantásticos, o caldo e as raspas do limão também funcionarão perfeitamente na reccita.

Retire e descarte os caules das alcachofras e as folhas duras exteriores. Continue retirando as folhas até chegar ao coração e corte cada coração em dois, no sentido do comprimento. Use uma pequena faca de serra para limpar todas as partes não comestíveis (folhas duras e pelos), de modo que sobre uma casca limpa. Enquanto isso, use o caldo de um limão para que as alcachofras não percam a cor.

Coloque as alcachofras em uma caçarola grande, esprema o caldo dos outros dois limões e despeje nas duas metades. Cubra com água, adicione o louro, o tomilho, a cebola e ½ colher (chá) de sal, cozinhando por 10 a 15 minutos até ficar macia. Escorra as alcachofras e o limão, descarte as cebolas, o louro e o tomilho e deixe esfriar.

Para preparar o limão cristalizado, use um descascador de legumes para cortar tiras largas de raspas, evitando o miolo. Corte em fatias de 1 a 2 mm e coloque em uma caçarola pequena. Esprema o limão e faça um caldo de 100 ml, adicionando água. Salpique com as cascas de limão, adicione o açúcar e cozinhe em fogo baixo por 15 minutos ou até o líquido reduzir para cerca de um terço do volume original. Deixe esfriar.

Para montar o prato, corte as metades de alcachofra em pedaços de 2 cm de espessura e coloque-as em uma travessa com a alface. Quebre a mozarela com as mãos em pedaços grandes e irregulares e jogue por cima da salada. Misture as ervas, o azeite e o alho e tempere com ¼ de colher (chá) de sal; polvilhe-os sobre os legumes e o queijo. Use um garfo para espalhar as raspas cristalizadas do limão por cima e regue com um pouco de calda. Finalize com uma pitada de pimenta-do-reino.

110 COZINHAR

SERVE 4 PESSOAS
como entrada

CURRY *LAKSA*

8 cebolas miúdas
descascadas (100 g)

8 dentes de alho picados
grosseiramente

30 g de gengibre fresco
descascado e fatiado

1 talo de capim-limão
fatiado, somente a haste
branca e macia (20 g)

2 colheres (chá) de coentro
em pó

3 pimentas dedo-de-moça
secas

2 colheres (sopa) de *sambal*
(condimento à base de
pimenta malagueta; se não
encontrar, utilize outra
pasta de pimenta salgada)

60 ml de óleo vegetal

40 g de coentro fresco
(folhas e talos)

1,2 litro de caldo de
legumes

3 ramos de folhas de *laksa*
(ou folhas de curry, ou
uma mistura de ambos)

2 colheres (chá) de curry
em pó

2 colheres (sopa) de açúcar
refinado

400 ml de leite de coco

300 g de broto de feijão

150 g de vagem, cortada
ao meio

100 g de macarrão de arroz

250 g de tofu frito
(opcional)

2 limões cortados ao meio

sal

O termo laksa *é usado para descrever dois tipos diferentes de sopa de macarrão picante: o curry* laksa *e o assam laksa. Cada um possui inúmeras variações, mas, de maneira geral, o curry* laksa *é uma sopa de macarrão com curry de coco, e o assam laksa é uma sopa de macarrão com uma versão de molho de peixe. Eu amo a pasta de tamarindo e camarão normalmente feita no* assam; *mas, para obter conforto e sustância na mesma medida, o curry malasiano com gosto e aroma de coco é imbatível. Minha versão é uma sopa reconfortante com um belo toque picante — portanto, diminua a quantidade de pimenta se você não for muito fã.*

Quadradinhos de tofu fritos são excelentes adições a sopas e ensopados, pois absorvem os sabores e líquidos. Corte o tofu tradicional em pedaços grandes, passe em fubá e frite-os. (Foto nas pp. 114 e 115.)

Coloque os sete primeiros ingredientes (até o *sambal*, incluindo ele) na tigela pequena do processador de alimentos. Adicione a metade do óleo e os talos de coentro e bata bem, até obter uma pasta semissuave. Rasgue as folhas de coentro e reserve-as para depois.

Aqueça o óleo restante em uma caçarola média e frite a pasta picante em fogo médio-baixo por 15 a 20 minutos, mexendo o tempo todo. Cozinhe lentamente, sem deixar queimar. Adicione o caldo de legumes, as folhas de *laksa* ou curry, o curry em pó, o açúcar, o leite de coco e 1 e ½ colher (chá) de sal. Aumente o fogo e deixe ferver levemente por 30 minutos.

Em uma panela com água fervente, coloque os brotos de feijão, escorra de uma só vez e resfrie em água gelada. Cozinhe a vagem em água fervente por 3 minutos, escorra e resfrie.

Quando o caldo estiver pronto, mergulhe o macarrão de arroz em água fervente por 3 minutos e escorra. Pouco antes de servir, retire e descarte os ramos de *laksa* (as folhas podem ficar na sopa). Adicione a vagem, o macarrão e a metade dos brotos. Sirva a sopa em tigelas grandes e jogue por cima os brotos remanescentes, o tofu (se for utilizá-lo) e as folhas de coentro. Esprema ½ colher (chá) de caldo de limão em cima — ou mais, se quiser — e coloque ½ limão espremido em cada tigela. Sirva imediatamente.

112 COZINHAR

MINGAU DE QUINOA COM TOMATES GRELHADOS E ALHO

SERVE 4 PESSOAS

Poucas pessoas pensam na quinoa como "comida que causa conforto" inicialmente. O método de cocção aqui é oposto de como normalmente cozinho a quinoa, que, como com as massas, jogo na água fervente por 9 minutos, antes de escorrer e resfriar em água gelada. Embora esse método leve cada grão a permanecer separado e inteiro, a consistência de mingau desta receita, enriquecida com manteiga e queijo feta, é mais semelhante ao método de se cozinhar polenta. O resultado é satisfatório e reconfortante, de maneira que o sabor de ambos é incorporado à quinoa, conquistando até aqueles que precisam de uma forcinha para consumi-la. Não deixe a quinoa descansar quando já estiver cozida, pois ela irá assentar. Portanto, certifique-se de que os tomates e o azeite de ervas estejam prontos assim que a quinoa estiver também. (Foto na parte inferior da p. 115.)

....

Coloque todos os ingredientes para o azeite de ervas na tigela pequena do processador, com ½ colher (chá) de sal, e bata para formar um molho cremoso com consistência espessa.

Coloque a quinoa em uma caçarola média, adicione o caldo de legumes e deixe ferver. Reduza para fogo médio e cozinhe por cerca de 25 minutos, com a panela destampada, mexendo de vez em quando, até que atinja uma consistência de mingau. Talvez seja necessário adicionar um pouco mais de caldo, se a quinoa estiver grudando na panela. Ao final, acrescente a manteiga até que derreta, seguida da salsa e do queijo feta, certificando-se de que o queijo permaneça em pedaços.

Enquanto a quinoa cozinha, coloque uma frigideira grande no fogo alto com o azeite. Quando estiver quente, adicione os tomates e cozinhe por cerca de 5 minutos, sacudindo a frigideira uma ou duas vezes, para que todos os lados fiquem igualmente dourados. Acrescente o alho e cozinhe por 30 segundos, para que ele doure sem queimar. Transfira para uma tigela, polvilhe com ¼ de colher (chá) de sal e um pouco de pimenta-do-reino. Salpique com hortelã picada apenas antes de servir, já que ela começa a escurecer depois de cortada.

Coloque o mingau quente de quinoa em tigelas rasas, cubra com os tomates, finalize com um fio do azeite de ervas e sirva imediatamente.

---

250 g de quinoa

cerca de 1,1 litro de caldo de legumes

20 g de manteiga sem sal

10 g de folhas de salsinha picada

100 g de queijo feta, quebrado em pedaços de 2 cm

1 colher (chá) de azeite

250 g de tomate *sweet grape*

4 dentes de alho, em fatias finas

10 g de folhas de hortelã

sal e pimenta-do-reino

Para o azeite de ervas

1 pimenta dedo-de-moça verde, sem sementes e picada grosseiramente

15 g de salsinha

15 g de folhas de hortelã

100 ml de azeite

SERVE 4 PESSOAS

MASSA AO ESTILO IRANIANO

3 berinjelas grandes (1,2 kg
no total)

200 g de *kashk* (ou a
mistura de 140 g de creme
de leite fresco e 60 g de
queijo parmesão ralado)

75 ml de azeite (e mais um
pouco, para finalizar)

1 cebola grande picada
(200 g)

2 colheres (chá) de
sementes de cominho

3 dentes de alho amassados

2 colheres (sopa) de caldo
de limão

150 g de iogurte grego

2 colheres (chá) de hortelã
seca

500 g de massa *reshteh* ou
linguine

½ colher (chá) de pistilo
de açafrão, embebido em
½ colher (sopa) de água
morna

10 g de hortelã fresca
picada

sal e pimenta-do-reino

*Assim como no caso da pizza, sempre fico levemente indignado que, com
sua massa, os italianos acabaram dominando uma cena que inclui um vasto
conjunto de pratos feitos ao redor do mundo todo. Não há uma boa alternativa
para descrever "massas", nem para a palavra pizza. Mesmo este prato iraniano
específico estando tão distante da massa italiana quanto está do pad thai.
Portanto, estou simplesmente fadado a descrevê-lo como uma massa (embora
eu possa pensar em coisas piores em que eu poderia estar "fadado" a fazer).*

O kashk, *do qual falei antes* (veja a introdução da sopa de cebolinha
na p. 99), *é uma boa maneira de dar aos vegetarianos que não comem queijo
parmesão o sabor rico inerente ao queijo. Se não encontrar* kashk, *para aqueles
que comem queijo parmesão, uma ótima alternativa é uma mistura de creme
de leite fresco e queijo parmesão ralado.*

Para saber mais sobre a massa reshteh, *veja a p. 92.*

....

Preaqueça o forno a 230 °C.

Perfure as berinjelas em alguns lugares com uma faca afiada, coloque
em uma assadeira forrada com papel-manteiga e leve ao forno por cerca
de 1 hora, até que estejam completamente macias. Deixe descansar até
esfriarem o suficiente para que sejam manipuladas e corte-as pela metade,
retirando o miolo com uma colher e colocando em uma peneira para
escorrer por no mínimo 30 minutos. Descarte a casca.

Coloque a pasta de *kashk* em uma panela pequena com 75 ml de água.
Espere ferver em fogo médio, mexa, apague o fogo e deixe descansar até
a hora de servir.

Aqueça 2 colheres (sopa) de azeite em uma caçarola média em fogo
médio-alto. Adicione a cebola e as sementes de cominho e refogue por
12 minutos, mexendo ocasionalmente, até amolecer. Acrescente a berinjela
e o alho, com 1 colher (chá) de sal e um pouco de pimenta-do-reino.
Cozinhe por mais 2 minutos antes de adicionar o caldo de limão. Mexa
por mais 1 minuto e retire do fogo.

Acrescente o iogurte à panela do *kashk* e aqueça durante 5 minutos em fogo
baixo, mexendo de vez em quando. Fique de olho para o iogurte não sorar.

Misture a hortelã seca com 1 colher (sopa) de azeite e deixe descansar.

Em uma panela grande, coloque água e sal e cozinhe o macarrão
por 8 minutos, ou conforme as instruções do pacote, até ficar al dente.
Acrescente 2 colheres (sopa) de azeite, misture, escorra e divida em
duas tigelas ou pratos. Regue com o azeite de hortelã e ponha as berinjelas.
Coloque por cima o *kashk*, depois a água de açafrão, a hortelã fresca
e um fio de azeite. Sirva imediatamente.

COZINHAR

ABOBRINHA RECHEADA

SERVE 6 PESSOAS

Não é mera coincidência esta receita não ter foto. As abobrinhas, depois de prontas por 2 horas, não ficam mais tão bonitas: o verde vibrante torna-se um cinza sem graça; a consistência firme fica murcha e pálida. Mesmo assim, esta é uma das minhas receitas preferidas — portanto, deixei de lado a vaidade das abobrinhas. Perdoem meus heróis verdes por sua transformação infeliz (com a ajuda de uma base de iogurte e de uma pasta de hortelã).

Essas abobrinhas — recheadas de arroz e cozidas em redução de um líquido doce e levemente amargo, que vira uma espécie de molho amanteigado — só melhoram com o tempo. Você pode servi-las assim que esfriarem, mas eu prefiro refrigerá-las e consumi-las no dia seguinte, à temperatura ambiente. O miolo que for retirado com a colher, na preparação das abobrinhas, pode ser refogado com alho, cubos de pimentão vermelho, pimenta dedo-de-moça e ervas frescas, e então consumido com massa ou arroz.

....

Comece pelo recheio. Aqueça o óleo de girassol em uma panela grande que tenha tampa. Adicione a cebola e refogue-a em fogo médio por 5 minutos, mexendo ocasionalmente, antes de adicionar o arroz, os temperos em pó e a hortelã. Continue cozinhando e mexendo por mais 8 minutos. Retire do fogo e acrescente o tomate, as raspas de limão, o coentro, 1 e ½ colher (chá) de sal e um pouco de pimenta-do-reino.

Corte as abobrinhas ao meio no sentido do comprimento e use uma colher de chá para retirar o miolo (*veja a introdução acima*). Preencha cada metade generosamente com o recheio de arroz. Coloque a outra metade por cima e amarre bem com um barbante em alguns lugares para que o recheio não saia. Limpe a panela e adicione as abobrinhas, organizando-as lado a lado.

Para o molho, coloque todos os ingredientes em uma caçarola média, e acrescente 1 colher (chá) de sal e um pouco de pimenta-do-reino. Ferva e derrame por cima das abobrinhas. O líquido deve cobrir 1 cm da panela. Adicione mais caldo, se precisar.

Deixe a panela em fogo médio e, assim que o molho começar a ferver, pressione as abobrinhas com um prato que aguente o calor, para que não flutuem enquanto cozinham. Tampe a panela e cozinhe por 1h30 a 2 horas. Nesse ponto, tanto as abobrinhas quanto o arroz deverão estar completamente macios, com aproximadamente 3 colheres (sopa) de líquido restante na panela. Retire a panela do fogo, destampe-a e deixe que as abobrinhas esfriem até que atinjam a temperatura ambiente. Se for servir no dia seguinte, ponha na geladeira durante a noite, mas volte à temperatura ambiente por 30 minutos antes de servir, para que elas não estejam geladas.

Bata a hortelã fresca no processador com o azeite e uma pitada de sal até ficar cremoso e reserve. Sirva a abobrinha em pratos separados e coloque uma colher de iogurte por cima. Regue com o molho de hortelã e sirva imediatamente.

---

6 abobrinhas médias (1,3 kg no total)
30 g de folhas de hortelã
60 ml de azeite
90 g de iogurte grego

Para o recheio
1 e ½ colher (sopa) de óleo de girassol
1 cebola pequena picada (100 g)
300 g de arroz de grão curto
1 colher (chá) de cominho em pó
2 colheres (chá) de pimenta-da-jamaica em pó
1 colher (sopa) de hortelã seca
1 tomate pequeno picado (80 g)
raspas da casca de 1 limão--siciliano
15 g de coentro picado
sal e pimenta-do-reino

Para o molho
cerca de 450 ml de caldo de legumes
1 colher (chá) de pimenta--da-jamaica em pó
1 e ½ colher (sopa) de melaço de romã
1 colher (sopa) de açúcar refinado
1 colher (sopa) de hortelã seca
3 dentes de alho amassados
2 colheres (sopa) de caldo de limão-siciliano

COZINHAR

SERVE 4 PESSOAS

GRÃO-DE-BICO COZIDO LENTAMENTE COM TORRADA E OVO POCHÉ

220 g de grão-de-bico, deixado de molho durante a noite em água gelada com 2 colheres (chá) de bicarbonato de sódio

1 colher (sopa) de azeite, além de 1 colher (sopa) para finalizar

1 cebola média picada grosseiramente (140 g)

3 dentes de alho amassados

1 e ½ colher (chá) de extrato de tomate

¼ de colher (chá) de pimenta caiena

¼ de colher (chá) de páprica defumada

2 pimentões vermelhos cortados em cubos de 0,5 cm (180 g)

1 tomate grande descascado e picado grosseiramente (300 g)

½ colher (chá) de açúcar refinado

4 fatias de pão de *levain*, pinceladas com azeite e torradas dos dois lados

4 ovos pochés (*veja as instruções na p. 210*)

2 colheres (chá) de *zaatar*

sal e pimenta-do-reino

Esta receita foi testada por céticos de carteirinha: "Cinco horas de cozimento para grãos e torradas?!"; eles não conseguiam entender como isso poderia ser justificado, quando uma variação desses ingredientes pode ser preparada em 15 minutos (ou até em 15 segundos, para aqueles que utilizam enlatados e colocam o pão na torradeira). O resultado teve sucesso imediato entre meus companheiros provadores de receitas — o grão-de-bico fica incrivelmente macio e o sabor é rico e intenso, de um jeito que só o cozimento lento consegue alcançar. Portanto, depois de ganhar a disputa com os céticos, peço ao leitor um voto de confiança.

Sem fazer uma afronta ao tempo de cozimento, este é um prato extremamente reconfortante e leve: algo que pode ficar cozinhando no forno no fim de semana, quando você estiver descansando em casa de pantufas. Tem um sabor fantástico no dia seguinte e até dois dias depois; portanto, talvez seja uma boa ideia dobrar a quantidade da receita e guardar uma leva na geladeira. Uma colherada de iogurte grego pode ser servida junto com cada porção, se quiser.

Escorra e lave os grãos-de-bico. Coloque-os em uma caçarola grande cobertos com água gelada e leve ao fogo alto. Deixe ferver, retire a espuma da superfície e ferva por mais 5 minutos. Escorra e reserve.

Coloque o azeite, a cebola, o alho, o extrato de tomate, a pimenta caiena, a páprica e os pimentões no processador de alimentos, com 1 colher (chá) de sal e pimenta-do-reino a gosto, batendo até formar uma pasta.

Limpe a caçarola utilizada para o grão-de-bico, volte com ela ao fogo médio e adicione a pasta. Frite por 5 minutos (tem azeite suficiente nela para isso), mexendo de vez em quando, e então acrescente o tomate, o açúcar, o grão-de-bico e 200 ml de água. Leve ao fogo brando, tampe a panela e cozinhe em fogo muito baixo por 4 horas, mexendo ocasionalmente e adicionando mais água quando necessário para manter uma consistência de molho. Retire a tampa e cozinhe por mais 1 hora: o molho precisa engrossar, sem deixar o grão-de-bico seco.

Sirva um pedaço de pão quente e grelhado em cada prato, com uma colher de grão-de-bico em cima. Coloque delicadamente o ovo poché no topo, seguido por uma pitada de *zaatar* e um fio de azeite.

SALADA DE QUINOA E FUNCHO

SERVE 4 PESSOAS

Adicionar pedaços de limão (ou limão-siciliano) fresquinhos à salada é uma revelação para aqueles que nunca o fizeram. Ao contrário do gosto suave da quinoa, que lembra nozes, eles transformam uma simples salada em algo divino. Esta é uma refeição pequenina, mas pode ser enriquecida com a adição de sementes de nigela ou de abóbora, nozes torradas, queijo de cabra e tomate seco.

Coloque 3 colheres (sopa) de azeite em uma frigideira grande e leve ao fogo alto, adicione o funcho e refogue por 5 minutos, mexendo ocasionalmente, até que doure. Reduza para fogo médio e cozinhe por mais 10 minutos, mexendo de vez em quando, até que o funcho esteja completamente macio e dourado. Adicione o açúcar e o vinagre, com ¾ de colher (chá) de sal, e cozinhe por 2 minutos. Retire do fogo e reserve.

Despeje a quinoa em uma panela de água fervente e cozinhe por 9 minutos. Escorra em uma peneira fina e resfrie na água gelada. Agite bem para secar e acrescente o funcho, com a fava descascada, a pimenta, o cominho, as ervas, a groselha, ½ colher (chá) de sal e uma boa pitada de pimenta-do--reino. Mexa suavemente e separe.

Use uma faca pequena e afiada para cortar as pontas dos limões. Corte ao longo de suas curvas para remover a casca e o miolo branco. Em uma tigela pequena, retire os gomos cortando entre as membranas. Esprema todo o suco restante sobre os segmentos e descarte o resto. Corte cada segmento em três e adicione à salada de quinoa com o suco e as 2 colheres (sopa) de azeite restantes. Mexa novamente e sirva.

---

75 ml de azeite

3 bulbos grandes de funcho, em fatias finas (700 g)

1 colher (sopa) de açúcar refinado

3 colheres (sopa) de vinagre de maçã

150 g de quinoa

300 g de fava (fresca ou congelada), branqueada e descascada

1 pimenta dedo-de-moça verde picada sem sementes

1 e ½ colher (chá) de cominho em pó

25 g de hortelã picada

25 g de coentro picado

25 g de endro picado

40 g de groselha

3 limões

sal e pimenta-do-reino

SERVE 4 PESSOAS

VAGEM COM *FREEKEH* E TAHINE

70 g de trigo *freekeh* quebrado, lavado e escorrido

700 g de vagem fresca picada

20 g de folhas de cerefólio

50 g de nozes picadas grosseiramente (opcional)

½ colher (chá) de pimenta Aleppo (ou pimenta calabresa)

sal

Para o molho

75 g de pasta de tahine

3 colheres (sopa) de azeite

2 colheres (sopa) de caldo de limão-siciliano

1 e ½ colher (chá) de hortelã seca

1 dente grande de alho, amassado

1 colher (chá) de xarope de Maple

O chef Joe Scully diria que incluir trigo freekeh é minha marca registrada, mas os créditos desta salada são dele. Quando o NOPI abriu em 2011, havia diversas maneiras nas quais acreditávamos que podia ser diferente das filiais do Ottolenghi já existentes. Suspiros e doces no balcão estavam descartados. Por mais que tentássemos, não conseguíamos resistir à ideia de um balcão de saladas. Ver a gama de cores, texturas e camadas logo ao entrar no restaurante é um presente que não poderíamos deixar de dar a nossos clientes.

A qualidade da vagem é importante aqui: se estiver velha ou ficar cozida demais, perderá a cor vibrante, e o prato não será o mesmo. A adição das nozes proporciona mais uma camada de textura e sabor, mas de qualquer forma já vai ter bastante coisa acontecendo, caso queira deixá-las de fora.

Coloque todos os ingredientes do molho em uma tigela média, com ½ colher (chá) de sal. Misture até ficar homogêneo e deixe descansar.

Encha uma caçarola média com bastante água — ⅔ da panela — e deixe ferver. Acrescente o *freekeh* com ½ colher (chá) de sal, reduza o fogo para médio e deixe cozinhar por 15 minutos, destampado, até que esteja al dente. Escorra e resfrie bastante sob água gelada. Transfira o *freekeh* para uma tigela grande e reserve.

Em uma panela grande, coloque bastante água e 2 colheres (chá) de sal. Ligue o fogo alto, espere a água ferver e adicione as vagens. Ferva durante 4 minutos, até que fiquem cozidas, escorra e refresque em água fria. Seque-as levemente e adicione-as ao *freekeh*. Acrescente o molho de tahine e misture delicadamente, até que as vagens estejam completamente cobertas. Antes de servir, acrescente o cerefólio e as nozes (se for incluí-las) e polvilhe com a pimenta.

FEIJÃO-MUNGO COM COCO E COENTRO

SERVE 4 PESSOAS

Esta receita gira em torno do feijão-mungo. Também conhecido como feijão-do-congo ou feijão-da-índia, sua textura permanece al dente mesmo depois de um longo cozimento. A diferença entre o feijão-mungo preto e o branco é que o segundo não tem casca. Eu prefiro usar o preto — a casca ajuda a manter a forma e dá ao prato uma textura saborosa —, mas o branco, que não precisa ficar de molho na água durante a noite antes de cozinhar, também funciona perfeitamente. Eu devo a inspiração desta receita a Aasmah Mir, cujo site Cracking Curries *é um baú de tesouros da culinária das famílias paquistanesas.*

Escorra o feijão, lave em água fria e reserve.

Coloque a manteiga em uma panela grande em fogo médio-alto. Quando começar a chiar, adicione a cebola e frite por 15 minutos, mexendo de vez em quando, até que esteja macia e dourada. Acrescente o alho, o gengibre, a pimenta e o *garam masala* e frite por mais 2 minutos, mexendo sempre. Adicione os tomates e cozinhe por mais 4 minutos. Coloque o feijão com 1 litro de água e 1 colher (chá) de sal. Reduza o fogo e cozinhe por 40 minutos, mexendo a cada 5 minutos, aproximadamente, até que o líquido tenha consistência de uma sopa grossa e o feijão esteja cozido, mas sem perder a forma. Deixe ferver rapidamente por alguns minutos se o caldo precisar reduzir ainda mais.

Abaixe o fogo e misture o leite de coco, o caldo de limão e as sementes de mostarda-preta. Retire do fogo e sirva. Coloque os gomos de limão e os ingredientes da cobertura em tigelas separadas para que seus convidados incrementem suas porções à vontade.

250 g de feijão-mungo preto, embebido em água abundante durante a noite

60 g de *ghee* (manteiga clarificada)

1 cebola grande em fatias finas (200 g)

3 dentes de alho amassados

75 g de gengibre fresco descascado e ralado grosso

1 pimenta dedo-de-moça verde em fatias finas

1 colher (sopa) de *garam masala*

5 tomates médios descascados e picados grosseiramente (600 g)

160 g de leite de coco

2 colheres (sopa) de caldo de limão, além de 1 limão cortado em gomos para servir

1 e ½ colher (sopa) de sementes de mostarda-preta tostadas

sal

Para a cobertura

100 g de coco fresco ralado grosso

50 g de cebola frita crocante (industrializada)

30 g de coentro fresco picado grosseiramente

SERVE 4 PESSOAS

LENTILHA COM RAGU DE COGUMELOS E LIMÃO-SICILIANO EM CONSERVA

10 g de cogumelo *porcini* seco

½ cebola média (100 g)

4 ramos de tomilho fresco (5 g)

2 folhas de louro

2 cenouras médias (240 g no total) descascadas, sendo uma cortada ao meio no sentido do comprimento e a outra cortada em cubos de 1 cm

175 g de lentilhas

¼ de aipo-rábano descascado e cortado em cubos de 1 cm (100 g)

75 ml de azeite

30 g de coentro fresco picado

1 alho-poró grande cortado ao meio no sentido do comprimento, com as partes brancas picadas em pedaços de 5 cm (230 g)

200 g de cogumelo *porcini* fresco em fatias de 0,5 cm

200 g de cogumelos selvagens mistos, limpos e picados grosseiramente

3 colheres (sopa) de creme de leite fresco

35 g de casca de limão-siciliano em conserva, picado finamente

160 g de iogurte grego

sal e pimenta-do-reino branca

Eu já falei sobre a minha busca por "um certo drama dentro da boca" quando como. A casca do limão-siciliano em conserva cortada bem fina leva esse drama aos montes para esta receita, assim como faz com ensopados e saladas. Cozinhar com o limão-siciliano em conserva espalha um aroma suave pelo ar, da mesma forma que picá-lo e acrescentá-lo no final proporciona uma experiência intensa, mesmo que esporádica. Sirva esta receita a qualquer hora do dia, e será tudo do que precisa. Mesmo.

Mergulhe o cogumelo *porcini* seco em 200 ml de água fervente por uma hora. Coe a água — que pode estar com um pouco de terra — em uma tigela usando uma peneira fina e reserve; lave o cogumelo em água corrente e jogue-o de volta na tigela com água.

Encha uma caçarola média com água até a metade. Coloque em fogo alto e adicione a cebola, o tomilho, o louro, a cenoura cortada ao meio e ½ colher (chá) de sal. Deixe ferver e adicione as lentilhas. Reduza o fogo para médio e cozinhe lentamente por 15 a 20 minutos, até que as lentilhas estejam cozidas, mas ainda al dente. Escorra, retire e descarte os vegetais e as ervas, reservando as lentilhas.

Preaqueça o forno a 220 °C.

Coloque a cenoura em cubos e o aipo em uma tigela pequena com 2 colheres (sopa) de azeite, ½ colher (chá) de sal e ¼ de colher (chá) de pimenta-do-reino branca moída. Espalhe em uma assadeira e leve ao forno por 30 minutos, mexendo delicadamente uma vez enquanto cozinha, até que os vegetais estejam cozidos e comecem a caramelizar. Transfira para uma tigela e acrescente as lentilhas e 20 g de coentro. Mantenha aquecido.

Numa panela grande em fogo alto, coloque 1 colher (sopa) de azeite. Adicione o alho-poró e ½ colher (chá) de sal, e frite por 2 minutos de cada lado, até que fique macio e caramelizado. Retire da panela e adicione o cogumelo *porcini* fresco com outra colher (sopa) de azeite e uma pitada de sal, fritando por 3 minutos até caramelizar. Acrescente ao alho-poró na tigela e repita o processo com os cogumelos selvagens, com outra colher (sopa) de azeite e uma pitada de sal, antes de voltar o alho-poró e todos os cogumelos para a panela. Adicione o creme de leite fresco, o limão-siciliano em conserva e o cogumelo *porcini* com sua água. Aumente o fogo e ferva por 5 minutos, até que o molho engrosse e reduza à metade.

Para servir, divida as lentilhas em quatro pratos e coloque os cogumelos por cima. Finalize com o iogurte, polvilhe com o coentro restante e sirva imediatamente.

FAVA LEVEMENTE ENSOPADA, ERVILHAS E ALFACE COM ARROZ DE QUEIJO PARMESÃO

SERVE 4 PESSOAS

Este ensopado rápido de vegetais frescos sazonais é o auge do conforto, principalmente quando servido com o arroz de queijo. Para aqueles que gostam de comida reconfortante e saudável ao mesmo tempo, o arroz pode ser substituído pela cevada ou pode ser servido e misturado com azeite e alho. Para aqueles do extremo oposto, adicionar mais queijo parmesão do que o recomendado na receita pode ser uma alegria.

....

Coloque o arroz, $^1/_3$ da manteiga e ¼ de colher (chá) de sal em uma caçarola média, em fogo alto, e mexa até que a manteiga derreta e o arroz aqueça. Adicione 480 ml de água fervente, reduza o fogo para o mínimo e deixe ferver, com a panela tampada, por 15 minutos. Retire do fogo e deixe tampada por mais 10 minutos.

Enquanto o arroz cozinha, coloque o azeite em uma panela grande. Adicione o alho e as cebolinhas e refogue por 4 minutos em fogo médio, mexendo ocasionalmente, até começarem a dourar. Acrescente a fava e cozinhe por mais 4 minutos. Adicione as ervilhas, o caldo de legumes, o tomilho, ½ colher (chá) de sal e uma pitada generosa de pimenta-do--reino. Os vegetais devem ficar bem cobertos, portanto adicione mais caldo de legumes, se necessário. Abaixe o fogo e cozinhe por mais 5 minutos. Acrescente a alface e cozinhe por 7 minutos, mexendo de tempos em tempos. O prato estará pronto quando o coração da alface estiver macio, mas não murcho, e restar somente a metade do caldo.

Para servir, adicione o queijo parmesão e a manteiga restante ao arroz quente e solte-o com um garfo. Acrescente o caldo de limão-siciliano antes de servir o arroz em pratos individuais. Retire e descarte o tomilho dos vegetais e misture a hortelã. Finalize com um fio de azeite, um pouco mais de pimenta-do-reino e raspas de limão.

---

60 ml de azeite (e mais um pouco, para finalizar)

3 dentes de alho fatiados

10 cebolinhas cortadas na diagonal, em fatias de 2 cm (75 g)

375 g de fava fresca ou congelada, branqueada e sem casca

250 g de ervilhas frescas ou congeladas

cerca de 350 ml de caldo de legumes

4 ramos de tomilho

3 pés de alface *baby*, divididas em quatro partes e cortadas no sentido do comprimento (300 g)

20 g de hortelã picada

raspas da casca de 1 limão--siciliano

sal e pimenta-do-reino

Para o arroz

250 g de arroz *basmati*

50 g de manteiga sem sal

80 g de queijo parmesão ralado

1 e ½ colher (sopa) de caldo de limão-siciliano

SERVE 6 PESSOAS
como entrada

FAVA COM LIMÃO-SICILIANO E COENTRO

60 ml de azeite

1 cebola grande cortada em cubos pequenos (190 g)

5 dentes de alho amassados

50 g de coentro picado

600 g de fava fresca ou congelada

1 colher (chá) de páprica doce

¼ de colher (chá) de pimenta-da-jamaica moída

2 colheres (chá) de caldo de limão-siciliano

sal e pimenta-do-reino

Este prato não tem uma aparência tão maravilhosa quanto seu gosto, mas o amor é realmente cego neste clássico libanês. Não é necessário descascar a fava, portanto a tentação por se apaixonar por este prato prático é ainda maior. Se usar grãos bem frescos, você pode até cozinhá-los e comê-los dentro de suas "cascas", como fazem no Líbano. Sirva com arroz ou com quinoa pura, ou até com outro acompanhamento libanês, como baba-ghanush de abobrinha (veja na p. 163) *e batata* harra (veja na p. 292).

....

Coloque o azeite em uma panela grande e refogue a cebola em fogo médio por 8 minutos até que fique transparente, mexendo ocasionalmente. Adicione o alho e 40 g de coentro, e cozinhe por mais 1 minuto. Acrescente a fava, a páprica, a pimenta-da-jamaica, ½ colher (chá) de sal, bastante pimenta-do-reino e 200 ml de água. Mexa bem. Tampe a panela e deixe cozinhar em fogo baixo por cerca de 25 minutos, mexendo de vez em quando, até que os grãos estejam macios. Grande parte da água terá evaporado, mas a mistura deve estar bem molhada, com os grãos imersos no líquido. Retire a panela do fogo, destampe e deixe esfriar. Adicione o caldo de limão e o restante do coentro, mexa e sirva.

COUVE-PORTUGUESA BRASEADA
COM CEBOLAS CROCANTES

SERVE 4 PESSOAS

Se os vegetais fossem competir, exibindo conquistas, a couve-portuguesa ganharia o prêmio por "crescimento exponencial em popularidade nos últimos anos". Para onde quer que olhemos, ela está sendo braseada, misturada, branqueada e refogada. Uma vez vi um picolé de couve! A combinação de seu gosto excepcional e de suas qualidades incrivelmente saudáveis tem muito a ver com isso.

Para uma opção não vegetariana, kecap manis, *que é um molho de soja doce da Indonésia, pode ser substituído por molho de ostra, que pode ser encontrado em muitos supermercados; se optar por isso, será preciso adicionar uma colher de sopa a mais. Muito obrigado a Sarah Joseph por esta receita.*

550 g de couve-portuguesa (caules removidos e folhas picadas grosseiramente)
1 colher (sopa) de azeite
3 dentes de alho cortados em fatias finas
1 e ½ colher (sopa) de molho de soja adocicado (*kecap manis*)
1 colher (chá) de óleo de gergelim
1 colher (sopa) de sementes de gergelim torrado
2 colheres (sopa) de farinha de trigo
8 cebolas pequenas, cortadas em fatias finas (140 g)
120 ml de óleo de girassol
sal

Em uma panela grande, ferva água com 2 colheres (chá) de sal e, em seguida, adicione a couve. Branqueie por 4 minutos, escorra e reserve para secar.

Aqueça o azeite em uma panela grande. Acrescente o alho e refogue por 2 minutos, até que fique dourado e crocante. Adicione a couve cozida e mexa bem. Despeje o molho de soja (*kecap manis*) ou o molho de ostras, se estiver substituindo, e o óleo de gergelim. Cozinhe por alguns minutos, até que a couve esteja macia e o líquido tenha reduzido. Retire do fogo e misture as sementes de gergelim e ¼ de colher (chá) de sal. Tampe a panela e reserve em algum lugar aquecido.

Coloque a farinha e as cebolas em uma tigela média e misture bem para que fiquem uniformemente revestidas. Aqueça o óleo de girassol em uma caçarola pequena em fogo médio-alto. Quando estiver bem quente, adicione ⅓ das cebolas e frite por 5 minutos, até que fiquem douradas e crocantes. Use uma escumadeira para transferi-las para um prato forrado com papel-toalha. Polvilhe com ⅛ de colher (chá) de sal e repita o processo com o restante da cebola.

Para servir, forre um prato com a couve quente e espalhe as cebolas crocantes por cima ou misture a couve e as cebolas e sirva imediatamente.

ALHO-PORÓ AGRIDOCE COM COALHADA DE CABRA E GROSELHA

SERVE 4 PESSOAS

Já fiz isso uma vez e estou fazendo novamente aqui — colocando o alho-poró como ingrediente central de um prato único substancial. Isso não é comum para um vegetal que normalmente tem o papel de adicionar sabor a outras coisas, como caldos e sopas. Acho a cremosidade do alho-poró e seu sabor adocicado de cebola muito enriquecedor. Este prato é uma entrada elegante, com a groselha e sua aparência de joia. Utilize um alho-poró longo e relativamente fino, se conseguir encontrar; senão, reduza pela metade a quantidade indicada.

Corte o alho-poró transversalmente em dois segmentos, cada um com cerca de 10 cm de comprimento, e lave bem. Coloque todo o alho-poró no fundo de uma panela grande e rasa e adicione as folhas de louro, o alho, o vinho, o azeite e cerca de 250 ml de água, de modo que o alho-poró fique coberto até a metade. Acrescente ¾ de colher (chá) de sal e um pouco de pimenta-do-reino, leve ao fogo médio e deixe cozinhar por cerca de 30 minutos, até que uma faca possa ser inserida no alho-poró sem qualquer resistência. Vire-o uma ou duas vezes durante o cozimento para que cozinhe de maneira uniforme.

Usando uma escumadeira, retire o alho-poró da panela e coloque em um prato. Coe o líquido restante em uma panela pequena e reduza em fogo alto até que sobre apenas 3 colheres (sopa). Isso deve levar entre 12 e 15 minutos. Retire do fogo e adicione a cebola, a groselha, o vinagre, o açúcar, ¼ de colher (chá) de sal e um pouco de pimenta-do-reino. Reserve para assentar e marinar.

Aqueça o óleo de girassol em uma frigideira grande em fogo médio-alto. Adicione cuidadosamente o alho-poró e frite por 2 minutos de cada lado, até que fique levemente dourado. Transfira para um prato e deixe esfriar.

Para servir, divida o alho-poró em quatro pratos. Polvilhe com o queijo, coloque por cima uma colher do molho de cebola e groselha, e finalize com o cerefólio.

---

8 alhos-porós pequenos (descartar a parte verde)

2 folhas de louro

2 dentes de alho, cortados em fatias finas

200 ml de vinho branco seco

3 colheres (sopa) de azeite

1 cebola roxa pequena, finamente picada (100 g)

20 g de groselha

1 colher (sopa) de vinagre de maçã

2 colheres (chá) de açúcar refinado

2 colheres (sopa) de óleo de girassol

100 g de coalhada de cabra ou um queijo de cabra cremoso

1 colher (sopa) de folhas de cerefólio (ou substitua por salsinha)

sal e pimenta-do-reino

SERVE 6 PESSOAS

ABÓBORA MANTEIGA COM POLENTA DE TRIGO--SARRACENO E TEMPURÁ DE LIMÃO-SICILIANO

Para a abóbora manteiga
1 abóbora manteiga grande
   (1,3 kg no total)
3 colheres (sopa) de azeite
25 g de manteiga sem sal
   em cubos
300 ml de caldo de legumes
3 ramos de orégano fresco
   (10 g)
15 grãos de pimenta-do-
   -reino
8 grãos de pimenta-da-
   -jamaica
6 bagas de cardamomo
6 folhas de louro
6 ramos de tomilho
lascas da casca de 1 laranja
8 dentes de alho, levemente
   amassados com a casca
sal

Para a polenta
30 g de *kasha* (trigo-
   -sarraceno torrado)
150 ml de leite integral
900 ml de caldo de legumes
10 g de folhas de orégano
   picadas grosseiramente
1 folha de louro
1 colher (sopa) de folhas de
   tomilho
raspas da casca de ½ limão-
   -siciliano
120 g de polenta
60 g de manteiga sem sal
pimenta-do-reino branca

Para o tempurá de limão
35 g de farinha de trigo
25 g de amido de milho
75 ml de água gaseificada
   gelada
gelo
óleo de girassol para fritar
1 limão-siciliano médio,
   cortado transversalmente
   em 6 fatias redondas

Karl e eu passamos alguns meses em Boston provando, dentre outras coisas, a culinária da cidade. Uma de nossas cinco melhores recordações é o tempurá de casca de limão que comemos no restaurante Toro, na Washington Street. Era sublime. Um pouco de caldo de limão-siciliano fresco pode ser usado como alternativa, mas, para aqueles que tiverem tempo e dedicação, o limão Meyer transforma o prato em algo muito especial.

Preaqueça o forno a 200 °C.

Apare a parte superior e inferior da abóbora manteiga e corte pela metade no sentido do comprimento. Retire e descarte as sementes e corte cada parte em três pedaços longos, com casca. Coloque as fatias em uma assadeira grande com todos os ingredientes para a abóbora, garantindo que os aromáticos a envolvam bem, e adicione ¾ de colher (chá) de sal. Leve ao forno por 50 minutos, virando os pedaços a cada 10 minutos mais ou menos e regando-os com o caldo escorrido até que estejam cozidos, dourados e crocantes por cima. Adicione um pouco de caldo de legumes durante o cozimento se a assadeira estiver secando.

Enquanto isso, coloque a *kasha* em uma pequena assadeira e torre-a no forno — ao mesmo tempo em que assa a abóbora — por 5 minutos. Retire e amasse levemente com um pilão.

Em uma caçarola grande, misture o leite, o caldo, as ervas, as raspas de limão, com ¾ de colher (chá) de sal e uma pitada de pimenta branca. Deixe ferver, abaixe o fogo e coloque a polenta e o trigo-sarraceno. Mexa várias vezes com uma colher de pau até que a polenta fique espessa e cozida (de 35 a 40 minutos). Se ela ainda estiver muito grossa, adicione um pouco de água. No final do cozimento, adicione a manteiga e mexa até que ela derreta. A polenta deve estar espessa, mas cremosa o suficiente para cair da colher com facilidade. Cubra a polenta com filme para não formar uma crosta e deixe em algum lugar aquecido.

Para fazer o tempurá, misture a farinha e o amido de milho na água gaseificada e mexa até ficar cremoso. Deixe a tigela no gelo por 45 minutos. Aqueça óleo de girassol suficiente para encher 3 cm de uma caçarola média. Para testar se a temperatura está boa (aproximadamente 160 °C), jogue algumas gotas da massa. Se elas afundarem e depois formarem grandes bolhas, o óleo está pronto. Mergulhe as fatias de limão--siciliano na massa e frite por 2 a 3 minutos, até que fiquem crocantes. Retire com uma escumadeira e polvilhe com sal imediatamente.

Coloque uma colher de polenta quente em cada prato e uma fatia de abóbora manteiga por cima, acrescentando a mistura dos aromáticos assados no topo. Finalize com uma fatia do tempurá de limão-siciliano e sirva.

SERVE 4 PESSOAS

LENTILHAS, RADICCHIO E NOZES COM MEL DE MANUKA

200 g de lentilhas

2 folhas de louro

3 colheres (sopa) de vinagre de vinho tinto

90 ml de azeite

100 g de mel de Manuka

¼ de colher (chá) de pimenta calabresa

½ colher (chá) de cúrcuma em pó

100 g de nozes

½ radicchio médio (ou 2 endívias roxas) cortado no sentido do comprimento (120 g)

60 g de pecorino Fiore Sardo ralado (ou outro queijo maturado de ovelha, ou ainda queijo de cabra)

20 g de manjericão picado grosseiramente

20 g de endro picado grosseiramente

20 g de salsinha picada grosseiramente

sal e pimenta-do-reino

Tive uma apresentação minuciosa do mel de Manuka em uma viagem à Nova Zelândia, onde ele aparece repetidamente em cardápios de restaurantes e cartas de drinques. Além de suas famosas propriedades de cura, o mel de Manuka possui um sabor forte amadeirado, que dá ao prato um aroma único. Porém, este mel é caro e não é encontrado em qualquer lugar, portanto pode ser trocado por outra variedade de mel forte. A amargura do radicchio oferece o equilíbrio certo à doçura do mel — mas, se não agradar ao seu paladar, você pode descartá-lo ou substituí-lo por endívia roxa, se preferir. Apesar de, tecnicamente, não haver nada braseado nesta receita, optei por incluí-la nesta seção pelo modo como o sabor é lentamente incorporado à lentilha conforme ela esfria, através do próprio calor e vapor dela, da mesma forma como acontece com vegetais braseados em uma panela.

....

Preaqueça o forno a 170 °C.

Coloque as lentilhas em uma caçarola média, cubra com bastante água, adicione as folhas de louro e deixe cozinhar por 20 minutos ou até que fiquem macias. Escorra bem e volte-as para a panela.

Misture o vinagre, metade do azeite, metade do mel, ¾ de colher (chá) de sal e um pouco de pimenta-do-reino até o mel dissolver. Junte às lentilhas enquanto ainda estiverem quentes, e em seguida deixe descansar para esfriar um pouco, descartando as folhas de louro.

Enquanto as lentilhas cozinham, prepare as nozes. Em uma tigela pequena, misture o restante do mel, a pimenta calabresa, a cúrcuma e ¼ de colher (chá) de sal. Mexa bem e adicione um pouco de água para criar uma pasta grossa — cerca de 1 colher (chá). Acrescente as nozes e misture bem. Espalhe em uma assadeira forrada com papel-manteiga e asse por 20 minutos, mexendo uma vez, até que estejam douradas e crocantes, mas ainda pegajosas. Retire do forno e reserve, removendo as nozes da assadeira assim que estiverem frias ao toque.

Para cozinhar o radicchio, despeje o azeite restante em uma frigideira média e coloque em fogo alto. Corte o radicchio em oito fatias longas e ponha no azeite quente. Cozinhe por cerca de 1 minuto de cada lado e transfira para uma tigela grande. Adicione as lentilhas, as nozes, o pecorino e as ervas. Mexa delicadamente e sirva quente ou em temperatura ambiente.

SERVE DE 4 A 6 PESSOAS

RATATOUILLE INDIANO

cerca de 120 ml de óleo de girassol para fritar

2 cebolas roxas médias cortadas em cubos de 3 cm (300 g)

1 kg de batatas bolinha descascadas e cortadas em cubos de 3 cm

3 pimentões vermelhos grandes cortados em cubos de 3 cm (300 g)

1 e ½ colher (sopa) de *panch phoran*

¼ de colher (chá) de cúrcuma em pó

5 bagas de cardamomo

450 g de quiabo limpo

2 tomates descascados e picados (160 g)

3 pimentas dedo-de-moça verdes sem sementes em fatias finas

cerca de 24 folhas de curry frescas

2 colheres (chá) de açúcar refinado

1-3 colheres (sopa) de pasta de tamarindo, dependendo da acidez

50 g de sementes de abóbora levemente tostadas

1 colher (sopa) de folhas de coentro picadas para servir

sal

O quiabo é para os adultos o mesmo que a couve-de-bruxelas é para as crianças: sujeitos ao excesso de cozimento, murchos ou versões práticas farão com que nunca mais os provemos. Já tendo feito minha parte com a couve-de-bruxelas lutando por assá-la em vez de branqueá-la todas as vezes, agora desafio os quiabofobíacos a dar e este vegetal uma segunda chance nessa versão de ratatouille, *com base de curry bengalês. O* panch phoran *é uma mistura de especiarias do leste da Índia. Pode ser comprado ou preparado, misturando uma quantidade igual de feno-grego, erva-doce, mostarda-preta e sementes de nigela e cominho. Fazer sua própria pasta de tamarindo da polpa é ideal, mas pastas industrializadas estão disponíveis em diversos mercados. A diferença entre as marcas é grande, portanto é preciso provar e avaliar — o nível de vinagre pode ser alto — antes de adicionar à receita. Lembre-se de que você sempre pode colocar mais.*

Para saber mais sobre tamarindo, veja a p. 244. *Sirva esta receita com arroz branco ou integral e uma colherada generosa de iogurte, se gostar.*

....

Preaqueça o forno a 220 °C.

Aqueça o óleo em uma panela extragrande. Adicione as cebolas e as batatas e frite em fogo médio-alto por 10 minutos, mexendo de tempos em tempos. Retire os vegetais com uma escumadeira e reserve.

Complete o óleo, se necessário, até ter 2 colheres (sopa) na panela. Adicione os pimentões e as especiarias, fritando em fogo alto por 3 minutos, mexendo sempre. Acrescente o quiabo, os tomates, as pimentas e as folhas de curry, fritando-os por 5 minutos em fogo alto.

Volte as cebolas e as batatas para a panela. Adicione o açúcar, a pasta de tamarindo, 200 ml de água e ¾ de colher (chá) de sal, refogando por 5 minutos.

Espalhe os vegetais em uma assadeira grande, polvilhe com as sementes de abóbora e leve ao forno por 12 minutos. Sirva quente, salpicado com coentro.

FUNCHO COM ALCAPARRAS E AZEITONAS

SERVE 4 PESSOAS
como entrada

Se tivesse um ingrediente que eu pudesse "magicamente" colocar nas prateleiras de supermercados e mercadinhos seria o agraço. Comum na Austrália com o auxílio, basicamente, do campeonato Maggie Beer, é um mistério para mim o fato de ele não existir aqui em Londres. Feito do suco de uvas semimaduras, tem o gosto levemente doce do caldo de limão-siciliano com a acidez do vinagre, sem a aspereza de ambos. É usado, assim como esses dois ingredientes, para elevar outros sabores e como base de molhos. Se não conseguir encontrá-lo, misture dois terços de caldo de limão-siciliano com um terço de vinagre de vinho tinto, e funcionará como alternativa. E, não, "15 dentes de alho" não é um erro de digitação: quando abrasados, eles adicionam uma leve doçura ao molho ácido. A ricota não é essencial, se preferir manter a receita sem lactose, mas ajuda a balancear a acidez.

Corte o funcho aparado de cima para baixo em fatias de 2 cm.

Em uma frigideira alta e grande que tenha tampa, coloque 2 colheres (sopa) de azeite e aqueça no fogo médio-alto. Adicione a metade do funcho com uma pitada de sal e um pouco de pimenta-do-reino. Cozinhe por 5 a 6 minutos, virando uma vez, para que ambos os lados dourem. Retire da panela e repita o processo com o restante do funcho, adicionando mais azeite, se necessário.

Quando o funcho estiver dourado, remova-o da panela, acrescente os dentes de alho e um fio de azeite, se for preciso (cerca de 1 mm de azeite é suficiente) e frite por 3 minutos, mexendo ocasionalmente, para que a casca do alho fique toda braseada. Abaixe o fogo para médio e adicione o agraço com cuidado (ele espirra!). Deixe reduzir por alguns minutos até sobrar cerca de 2 colheres (sopa) do líquido. Acrescente o tomate, 100 ml do caldo de legumes, as alcaparras, as azeitonas, o tomilho, o açúcar, ¼ de colher (chá) de sal e um pouco de pimenta--do-reino. Deixe cozinhar por 2 minutos antes de voltar o funcho para a panela. Adicione o caldo de legumes restante, tampe a panela e deixe ferver por 12 minutos, virando uma vez durante o cozimento, até que o funcho esteja completamente macio e o molho tenha engrossado. Pode ser necessário remover a tampa e aumentar o fogo durante os últimos 2 ou 3 minutos de cozimento, para reduzir o molho.

Coloque duas fatias de funcho em cada prato, cubra com o molho e sirva com uma colher de ricota (se for usá-la) e raspas de limão-siciliano. Finalize com um fio de azeite e sirva quente ou em temperatura ambiente.

4 bulbos de funcho médios, com as raízes aparadas (750 g)
cerca de 3 colheres (sopa) de azeite (e mais um pouco, para finalizar)
15 dentes grandes de alho, com casca (75 g no total)
60 ml de agraço (ou uma mistura de 60 ml de caldo de limão-siciliano e 2 colheres (sopa) de vinagre de vinho tinto)
1 tomate pequeno cortado em cubos de 1 cm (70 g)
250 ml de caldo de legumes
20 g de alcaparras escorridas
30 g de azeitonas pretas sem caroço e cortadas ao meio
1 colher (sopa) de folhas de tomilho picadas
2 e ½ colheres (chá) de açúcar refinado
100 g de ricota (opcional)
1 colher (chá) de raspas de limão-siciliano
sal e pimenta-do-reino

COGUMELOS, ALHO E CEBOLAS COM RICOTA DE LIMÃO-SICILIANO

SERVE DE 2 A 4 PESSOAS

Se você não se incomoda de descascar um monte de cebolas e dentes de alho, você está frente a frente com um presente de inverno: um ensopado energético de cebolas e cogumelos, finalizado com ricota fresca. Você não precisa de muito mais, embora um pedaço de pão de levain *não passe despercebido. Para ajudar a descascar, mergulhe as cebolas e o alho na água durante 30 minutos.*

Aqueça no fogo médio o azeite e 40 g da manteiga em uma panela grande, adicione as cebolas, o alho, o tomilho e a canela e refogue por cerca de 12 minutos, até que a cebola comece a ficar macia. Aumente o fogo para médio-alto, acrescente os cogumelos shitake e os cogumelos-de-paris, mexa bem e cozinhe por 2 minutos. Acrescente o shimeji e a pimenta calabresa e cozinhe por mais um minuto. Despeje o caldo de legumes e deixe ferver por 8 a 10 minutos, mexendo uma ou duas vezes, até que o líquido quase desapareça e as cebolas e alhos estejam cozidos. Coloque o absinto com 1 e ¼ de colher (chá) de sal e uma boa pitada de pimenta-do-reino. Cozinhe por um 1 a 2 minutos para que o álcool evapore e, em seguida, acrescente a manteiga restante e todas as ervas picadas.

Misture a ricota com as raspas de limão-siciliano em uma tigela pequena. Divida os cogumelos quentes entre quatro pratos e cubra-os com a mistura de ricota. Finalize com um fio de azeite e sirva.

---

2 colheres (sopa) de azeite (e mais um pouco, para finalizar)

60 g de manteiga sem sal

470 g de cebolas pequenas descascadas (cerca de 35)

80 g de dentes de alho descascados (cerca de 24)

2 ramos de tomilho

2 ramas de canela

200 g de cogumelos shitake cortados em quatro partes

250 g de cogumelos-de-paris partidos ao meio

100 g de shimejis divididos em pequenos pedaços, ou cogumelos selvagens

¼ de colher (chá) de pimenta calabresa

200 ml de caldo de legumes

100 ml de absinto ou outro tipo de licor de anis

5 g de folhas de estragão picadas

10 g de salsinha picada

10 g de folhas de hortelã picada

250 g de ricota

raspas de 1 limão-siciliano

sal e pimenta-do-reino

SERVE 6 PESSOAS

ENSOPADO IRANIANO DE LEGUMES COM LIMÃO SECO

50 g de manteiga clarificada
1 cebola grande picada em fatias finas (220 g)
½ colher (chá) de cúrcuma em pó
1 e ½ colher (chá) de sementes de cominho
1 colher (sopa) de extrato de tomate
20 g de coentro
10 g de estragão
10 g de endro
1 kg de batatas bolinha (ou outra variedade) descascadas e cortadas em pedaços de 4 cm
1 abóbora manteiga média descascada, sem sementes e cortada em pedaços de 4 cm (760 g)
3 limões iranianos secos perfurados duas ou três vezes
1 pimenta dedo-de-moça verde (faça uma incisão em um dos lados, indo da haste à ponta)
4 tomates médios cortados em quatro pedaços (400 g)
150 g de folhas de espinafre
15 g de bérberis
300 g de iogurte grego (opcional)
sal

Pequenos limões secos são um ingrediente comum na culinária iraniana e adicionam sabor ácido e aroma adocicado às marinadas, ensopados e saladas. Eles são duros e nada fáceis de moer (apesar de você poder fazer, sim, em um moedor de café ou de pimenta); portanto, faça alguns furos neles e coloque-os inteiros. Você também pode comprá-los em pó, mas não é tão azedinho. Sumagre ou raspas de limão-siciliano podem ser alternativas, mas se passar por uma loja de produtos do Oriente Médio ou se comprar on-line, vale muito a pena procurá-los. Sirva este ensopado ácido e doce com arroz feito no vapor — e só.

Preaqueça o forno a 200 °C.

Coloque uma caçarola grande em fogo médio e refogue a manteiga, a cebola, a cúrcuma e o cominho por 10 minutos. Adicione o extrato de tomate e cozinhe, mexendo por mais 2 minutos. Amarre todas as ervas com um barbante. Leve-as à panela com as batatas, a abóbora, os limões, a pimenta, 1 e ½ colher (chá) de sal e 1 litro de água até a fervura. Abaixe o fogo e deixe fervendo suavemente por 15 minutos, até que as batatas estejam semicozidas. Misture com os tomates, o espinafre e as bérberis, esmagando os limões para liberar o caldo, e transfira tudo para uma assadeira grande. Leve ao forno descoberto por 20 minutos ou até que o molho engrosse e os vegetais fiquem macios. Retire do forno e deixe descansar por 5 minutos antes de servir com uma porção de iogurte ao lado.

GRELHAR

ALFACE GRELHADA COM FARRO E LIMÃO-SICILIANO

SERVE DE 2 A 4 PESSOAS

Você precisa servir esta salada bem rápido, assim que os corações da alface-romana estiverem grelhados, para que possam manter a cor e a textura. O farro tem uma textura ótima — parecido com a espelta, mas não confunda os dois —, e a mistura de limão-siciliano, queijo parmesão, estragão e alface defumada é um "chega pra lá" na famosa Caesar salad.

....

Preaqueça o forno a 240 °C.

Coloque uma pequena caçarola cheia de água para ferver, adicione o farro e ferva no fogo médio por 14 minutos ou até que ele esteja cozido, mas ainda al dente. Escorra, refresque em água gelada e reserve para secar.

Enquanto o farro cozinha, prepare o molho. Use uma pequena faca de serra afiada para cortar a parte superior e a ponta do limão-siciliano fresco. Corte os lados e ao longo das curvas, para remover a casca e a parte branca. Sobre uma tigela média, remova os gomos do limão cortando entre as membranas. Pique os gomos grosseiramente e volte-os para a tigela, junto com o caldo que restar do limão em sua tábua de cortar. Em seguida, adicione o limão em conserva, o alho, a cebola, 2 colheres (sopa) de azeite, o absinto, o xarope de Maple, ¼ de colher (chá) de sal e uma generosa pitada de pimenta-do-reino. Misture com delicadeza e reserve.

Pincele as fatias de pão com 2 colheres (sopa) de azeite, coloque-as numa pequena assadeira e leve ao forno por 8 a 10 minutos, virando na metade do tempo. Retire do forno quando começarem a dourar e estiverem completamente crocantes, e deixe que esfriem, antes de quebrá-las em *croûtons* de 3 cm.

Na hora de servir, coloque uma panela-grill no fogo alto. Enquanto espera aquecer, coloque a alface-romana numa tigela grande com o restante do azeite e ¼ de colher (chá) de sal. Misture e, quando a panela estiver quente, coloque as alfaces por 30 segundos, virando uma vez para que elas obtenham marquinhas de queimado. Volte-as para a tigela e adicione o farro cozido, o estragão e o molho. Mexa suavemente com as mãos e adicione os *croûtons* e o queijo parmesão, dando o toque final à salada antes de servi-la.

- 75 g de farro
- 1 limão-siciliano médio
- 45 g de limão-siciliano em conserva cortado ao meio e em fatias finas, sem sementes
- 1 dente de alho pequeno amassado
- 1 cebola pequena em fatias finas (15 g)
- 75 ml de azeite
- 2 colheres (chá) de absinto ou qualquer outro licor de anis (como *raki* ou *pastis*)
- ¾ de colher (chá) de xarope de Maple
- 2 fatias crocantes de pão branco (60 g)
- 2 corações de alface-romana, sem as folhas externas, cortadas no sentido do comprimento (250 g)
- 15 g de folhas de estragão, cortadas grosseiramente
- 50 g de queijo parmesão ralado
- sal e pimenta-do-reino

SERVE 4 PESSOAS
como entrada

ABOBRINHA GRELHADA COM FUNCHO E *CROÛTONS* DE AÇAFRÃO

¼ de colher (chá) de pistilo de açafrão

120 g de pão *ciabatta* com a crosta removida (60 g)

óleo de girassol para fritar

3 dentes de alho picados finamente

2 abobrinhas médias, cortadas no sentido do comprimento em fatias de 0,5 cm (350 g)

2 colheres (sopa) de azeite

2 bulbos de funcho pequenos, aparados e cortados no sentido do comprimento em fatias de 0,5 cm (250 g)

2 colheres (sopa) de caldo de limão-siciliano

10 g de endro picado

sal e pimenta-do-reino

Desenvolvemos uma obsessão na cozinha de teste. Por um momento, pouquíssimas sopas, saladas e grelhados livraram-se da camada extra de sabor e crocância trazida pela adição de croûtons *saborosos.* Croûtons *de mostarda ou de chili ou de açafrão, pão pita frito com sumagre: são uma maneira excelente e versátil de levar cor e luxo a pratos simples. Faça mais desses* croûtons *de açafrão do que precisa para a receita (tirando o alho) e mantenha-o em um pote hermético durante cerca de uma semana, para incrementar suas refeições da semana.*

Preaqueça o forno a 170 °C.

Despeje 80 ml de água fervente sobre o açafrão e deixe em infusão por 10 minutos. Quebre o pão *ciabatta* em pedaços pequenos não uniformes de até 2 cm de comprimento. Coloque-os em uma tigela pequena e despeje lentamente a água do açafrão, mexendo o pão com a outra mão para que absorva o líquido. Espalhe o pão em uma assadeira com papel-manteiga e leve ao forno por 10 a 15 minutos, até que esteja completamente seco, e então o remova.

Despeje óleo de girassol suficiente em uma panela média, até que tenha 1 cm de altura. Coloque em fogo médio e, quando o óleo estiver quente, insira cuidadosamente o pão temperado com o açafrão e o alho. Frite por 30 segundos, até o alho dourar. Remova com uma escumadeira, escorra em papel-toalha e polvilhe com ⅛ de colher (chá) de sal.

Aqueça uma panela-grill em fogo alto por alguns minutos. Misture as abobrinhas com ½ colher (sopa) de azeite e ¼ de colher (chá) de sal e grelhe levemente por cerca de 1 minuto de cada lado. Repita o processo com o funcho, misturando-o com ½ colher (sopa) de azeite e ¼ de colher (chá) de sal, grelhando-o dos dois lados. Coloque todos os vegetais em uma tigela e regue com o caldo de limão, a colher (sopa) de azeite restante e uma boa pitada de pimenta-do-reino. Misture delicadamente e deixe marinar por 15 a 20 minutos.

Disponha os vegetais em uma travessa, polvilhe com o endro, o alho e as migalhas de pão, servindo imediatamente.

SERVE 4 PESSOAS

ABÓBORA COM *LABNEH* E MOLHO DE NOZES

100 g de nozes em conserva

½ cebola roxa, cortada em cubos de 0,5 cm (80 g)

1 e ½ colher (sopa) de vinagre de maçã

1 colher (chá) de açúcar refinado

1 pimenta dedo-de-moça sem sementes e cortada em fatias finas

¼ de colher (chá) de pimenta-da-jamaica em grãos

3 colheres (sopa) de azeite (e mais um pouco, para finalizar)

1 abóbora-moranga ou outra variedade (cerca de 1,1 kg no total)

30 g de rúcula

150 g de *labneh* (ou coalhada de queijo de cabra, ou um queijo de cabra bem fresco)

10 g de folhas de endro

sal e pimenta-do-reino

Há alguns anos, fui visitar a fábrica da Bennett Opie, em Kent, onde presenciei a produção das nozes em conserva. Para ser totalmente honesto, eu tinha inúmeras dúvidas quanto à ideia de conserva de nozes, um processo exclusivo à Grã-Bretanha e à Nova Zelândia, conforme ouvi dizer. Parece bastante esotérico. Eu ainda acho que são um tipo de estranheza, mas adoro essas nozes em conserva e as uso regularmente em várias saladas e molhos. Se não encontrá-las, tente fazer o molho das cebolas roxas assadas (veja na p. 176) e use aqui no lugar do molho de nozes.

O labneh, *uma espécie de iogurte espesso e sem soro, pode ser encontrado em muitas lojas de produtos árabes, apresentado em forma de pequenas bolas brancas marinadas em azeite. Você pode fazê-lo em casa, deixando iogurte natural em musselina durante uns dois dias. Como alternativa, use coalhada de cabra ou um queijo de cabra bem fresco.*

....

Comece fazendo o molho. Lave as nozes rapidamente para remover a pele exterior, seque e corte em cubos de 0,5 cm. Coloque em uma tigela e acrescente a cebola roxa, o vinagre, o açúcar, a pimenta dedo-de-moça, a pimenta-da-jamaica, 1 colher (sopa) de azeite e ⅛ de colher (chá) de sal. Misture e separe.

Preaqueça o forno a 220 ºC.

Corte a abóbora ao meio no sentido do comprimento (não precisa descascá-la), descarte as sementes e corte em fatias de cerca de 1,5 cm de espessura. Coloque em uma tigela grande, adicione o restante do azeite, ¼ de colher (chá) de sal e uma boa pitada de pimenta-do-reino. Misture com as mãos para cobrir a abóbora no azeite.

Aqueça uma panela-grill em fogo alto e deixe-a ficar em brasa. Cozinhe a abóbora em lotes por cerca de 2 a 3 minutos de cada lado, para obter boas marcas da grelha em todas as fatias.

Transfira para uma assadeira forrada com papel-manteiga e asse por 15 minutos ou até ficarem macias. Retire do forno e deixe esfriar.

Organize as fatias de abóbora e as folhas de rúcula em um prato de servir, com porções de *labneh*. Salpique com o molho de nozes e polvilhe com endro. Finalize com um fio de azeite e sirva.

SERVE DE 6 A 8 PESSOAS

PENNE GRELHADO COM QUEIJO FETA

3 colheres (sopa) de azeite (e mais um pouco, para finalizar)

1 e ½ colher (sopa) de sementes de cominho

1 colher (sopa) de sementes de alcaravia

2 colheres (chá) de orégano seco

2 cebolas pequenas cortadas em cubos de 1 cm (210 g)

2 talos de aipo, picados em cubos de 1 cm (110 g)

1 e ½ colher (chá) de açúcar refinado

2 colheres (sopa) de extrato de tomate

8 tomates grandes bem maduros, picados grosseiramente (800 g)

1 pimenta dedo-de-moça em fatias finas

15 g de manjericão picado

10 g de folhas de orégano picadas

2 dentes de alho amassados

500 g de macarrão *penne rigate*

150 g de queijo parmesão ralado grosso

150 g de queijo cheddar maturado ralado grosso

150 g de queijo feta quebrado em pedaços de 2 cm

sal e pimenta-do-reino

Sempre preferi o macarrão do meu pai no dia seguinte, quando era jogado no forno com lascas de queijo e no fim ficava um pouquinho queimado e completamente crocante por cima. Para maximizar esse efeito, certifique-se de que o fundo do seu refratário é grande o suficiente para acomodar o macarrão em uma camada rasa. Este é um excelente prato principal, não importa qual seja a sua idade.

Aqueça o azeite em uma caçarola média no fogo médio-alto. Adicione o cominho e as sementes de alcaravia, o orégano seco, as cebolas e o aipo, cozinhando por 6 minutos e mexendo de vez em quando até a cebola ficar macia, mas sem dourar. Acrescente o açúcar e o extrato de tomate e cozinhe por mais 1 minuto e, em seguida, adicione os tomates, a pimenta, 1 e ½ colher (chá) de sal e uma boa pitada de pimenta-do-reino. Reduza o fogo para médio e deixe o molho ferver por 20 minutos, mexendo ocasionalmente. Acrescente o manjericão, o orégano fresco e o alho: misture e reserve.

Coloque uma panela grande com água para ferver com 1 colher (sopa) de sal, adicione o macarrão e cozinhe por 10 a 12 minutos ou de acordo com as instruções do pacote, até ficar al dente. Escorra e junte ao molho de tomate com ⅓ do queijo parmesão e ⅓ do cheddar. Mexa e transfira para um refratário raso de aproximadamente 30 cm × 30 cm. Jogue os pedaços de feta por cima, polvilhe com o parmesão e o cheddar restantes, depois leve ao forno quente entre 8 e 15 minutos (fornos tendem a variar muito) até que o queijo derreta e a camada superior da massa seque e fique crocante.

Deixe esfriar por 5 minutos antes de servir com um fio de azeite por cima.

SALADA DE REPOLHO E MILHO VERDE

SERVE 6 PESSOAS

A maioria dos ingredientes doces se beneficia de um pouquinho de fumaça aqui e ali. Para esta receita, você pode preparar sua cozinha com um kit caro e nerd, pode defumar simplesmente na panela wok ou em uma caçarola (veja a beterraba defumada com iogurte e macadâmia caramelizada na p. 185), *ou pode utilizar o método que eu prefiro: simplesmente cozinhar, seja lá o que for que você estiver defumando, em uma panela-grill quente, com um fio de azeite. O milho verde na espiga é o ideal, porque os caroços estão protegidos em um dos lados e, portanto, não ressecam.*

Esta salada foi originalmente feita para ser consumida junto com meu frango frito, mas também é um prato muito bem-vindo com qualquer coisa em um churrasco, seja feito na grelha ou assado no forno. (Foto na p. 159.)

Coloque o vinagre e 200 ml de água em uma caçarola pequena com 1 colher (sopa) de sal. Deixe ferver e retire do fogo. Em uma tigela, coloque o repolho e as cenouras, despeje ⅔ do líquido salgado e deixe amolecer por 20 minutos. Despeje o restante do líquido sobre a cebola e deixe descansar também por 20 minutos. Lave bem os vegetais e a cebola, seque-os, junte-os em uma tigela grande e reserve.

Coloque uma panela-grill em fogo alto e, quando começar a esfumaçar, ponha o milho nela. Grelhe por 10 a 12 minutos, virando para que todos os lados obtenham a mesma cor (isso vai fazer muita fumaça, então ligue o exaustor, se tiver um). Retire do fogo e, quando for possível manipular, use uma faca grande para cortar o milho em pedaços e adicione à tigela em que servirá a salada.

Misture todos os ingredientes do molho, despeje sobre a salada e mexa delicadamente. Adicione as pimentas dedo-de-moça, o coentro e a hortelã, com uma pitada de pimenta-do-reino. Mexa mais uma vez e sirva.

---

100 ml de vinagre de vinho branco

¼ de repolho verde picado (300 g)

3 cenouras pequenas descascadas em fatias finas (175 g)

1 cebola roxa média cortada em fatias finas (140 g)

4 espigas de milho levemente pinceladas com azeite (600 g)

2 pimentas dedo-de-moça em fatias finas

20 g de folhas de coentro

20 g de folhas de hortelã

azeite

sal e pimenta-do-reino

Para o molho

50 g de maionese

2 colheres (chá) de mostarda de Dijon

1 e ½ colher (chá) de óleo de girassol

1 colher (sopa) de caldo de limão-siciliano

1 dente de alho amassado

SERVE 4 PESSOAS

ABÓBORA MANTEIGA GRELHADA E SALADA DE MACARRÃO JAPONÊS *UDON*

120 ml de vinagre de arroz

1 e ½ colher (sopa) de açúcar refinado

25 g de gengibre fresco, descascado e cortado em fatias bem finas

1 abóbora manteiga pequena descascada, sem sementes e cortada em palitos de 5 cm × 0,5 cm × 0,5 cm (600 g)

2 e ½ colheres (sopa) de óleo de amendoim

160 g de macarrão japonês *udon*

7 rabanetes cortados em fatias finas (75 g)

50 g de ervilha-torta finamente picada

3 minipepinos ou pepinos libaneses, com casca e cortados em fatias bem finas (300 g)

2 pimentas dedo-de-moça em fatias longas e finas

20 g de folhas de *shisô* pequenas (ou 5 folhas de tamanho normal picadas) ou agrião *baby*

½ colher (chá) de óleo de gergelim

1 e ½ colher (chá) de sementes de gergelim preto (ou branco, se não tiver)

10 g de folhas de coentro

sal

Em algum lugar entre uma compota e uma salada — há muito vinagre e açúcar na receita —, esta mistura é uma das minhas preferidas de todos os tempos. Graças à grelha, a abóbora manteiga fica fresca e defumada ao mesmo tempo e, portanto, torna este prato uma refeição completa e complexa. Você pode acrescentar castanha-de-caju salgada aqui, se gostar, para enriquecer ainda mais a receita. (Foto na p. 158.)

....

Aqueça o vinagre, o açúcar, o gengibre e ¾ de colher (chá) de sal em uma caçarola pequena, mexendo delicadamente para dissolver o açúcar. Retire do fogo e reserve.

Coloque uma panela-grill em fogo alto e espere até que fique bem quente. Passe a abóbora no óleo de amendoim e grelhe em levas por 3 minutos, virando para que os dois lados fiquem grelhados. Você deve grelhar em quatro levas para não lotar a panela. Transfira para uma tigela grande, despeje a metade do molho de gengibre e deixe esfriar, mexendo suavemente uma ou duas vezes.

Ferva uma panela grande de água. Adicione o macarrão e cozinhe por 6 a 7 minutos, ou de acordo com as instruções do pacote. Escorra, resfrie sob água fria e deixe secar.

Adicione o macarrão à tigela com a abóbora, seguido por todos os ingredientes restantes. Mexa delicadamente, transfira para um prato de servir, acrescente o que sobrou do molho e sirva.

BABA-GHANUSH DE ABOBRINHA

SERVE 4 PESSOAS
como entrada ou parte de
uma seleção de aperitivos

Este prato parece mais com uma erupção vulcânica, no melhor dos sentidos. Não há nada do tahine que você associaria ao baba-ghanush: é a mistura do alho com a textura da abobrinha defumada que lembra a querida pasta roxa. Não sei por que nós não comemos mais abobrinha grelhada. Defumá-las é uma grande revelação. Servida com pão, esta é uma maneira delicada e maravilhosa para abrir o apetite no início de uma refeição. (Fotos nas páginas seguintes.)

....

Preaqueça o broiler ou utilize uma das bocas do fogão em sua temperatura mais alta. Coloque as abobrinhas numa assadeira forrada com papel-manteiga e grelhe por 45 minutos, virando uma ou duas vezes durante o cozimento, até que a casca esteja crocante e marrom. Retire da grelha e, uma vez que já tenha esfriado o suficiente para manusear, retire a casca e coloque a "polpa" em uma peneira para escorrer — ou solte-a da casca com uma colher. As abobrinhas devem ser servidas quentes ou em temperatura ambiente.

Coloque o iogurte de cabra em uma caçarola pequena com o queijo roquefort e o ovo. Aqueça por 3 minutos, mexendo sempre. É preciso que o iogurte aqueça, mas sem ferver. Reserve e mantenha-o aquecido.

Derreta a manteiga em uma frigideira pequena, adicione os *pinoli* e cozinhe por 3 a 4 minutos até que doure. Junte a pimenta urfa e o caldo de limão, depois reserve.

Para servir, coloque a abobrinha numa tigela e adicione o alho, ⅓ de colher (chá) de sal e uma boa pitada de pimenta-do-reino. Delicadamente amasse tudo junto com um garfo e espalhe a mistura num grande prato de servir. Coloque o iogurte quente por cima, salpique com a manteiga quente apimentada e os *pinoli*. Finalize com *zaatar* e sirva imediatamente.

5 abobrinhas grandes (cerca de 1,2 kg no total)
80 g de iogurte de cabra
15 g de queijo roquefort ralado grosso
1 ovo levemente batido
15 g de manteiga sem sal
20 g de *pinoli*
½ colher (chá) de pimenta urfa ou uma pitada de pimenta calabresa, se não conseguir encontrar
1 colher (chá) de caldo de limão-siciliano
1 dente de alho amassado
½ colher (chá) de *zaatar* para finalizar
sal e pimenta-do-reino

GRELHAR

SERVE 4 PESSOAS

ESPIGA DE MILHO COM MAIONESE DE MISSÔ

4 espigas de milho sem
as palhas, cortadas em
pedaços de 5 cm (600 g)
3 colheres (sopa) de azeite
2 colheres (sopa)
de salsinha picada
grosseiramente
sal

Para a maionese
1 gema de ovo
1 colher (sopa) de mostarda
de Dijon
3 dentes de alho amassados
½ colher (sopa) de vinagre
de maçã
2 colheres (sopa) de pasta
de tamarindo
250 ml de óleo de girassol
80 g de pasta de missô
branco (não doce)
1 pimenta dedo-de-moça
verde, sem sementes
em fatias finas

Milho fresco na espiga, ou simplesmente retirado dela, é uma delicadeza que não é celebrada o suficiente — a versão enlatada terrível e doce é a culpada —, mas realmente não há nada como um bom e fresco milho, levemente grelhado ou cozido, pincelado de manteiga, azeite ou qualquer outra coisa que seja rica e salgada. Nesta receita, eu o incrementei com uma bela maionese de missô, mas uma mistura de maionese com queijo feta ou parmesão também ficará ótima. A maionese renderá uma quantidade maior do que o necessário, mas pode conservá-la na geladeira por até uma semana, em um recipiente hermético. Use-a com um peixe oleoso grelhado ou como molho para vegetais crus, como aipo-rábano ou batata.

Primeiro faça a maionese. Coloque a gema de ovo, a mostarda, o alho, o vinagre e a pasta de tamarindo na tigela pequena do processador de alimentos. Ligue-o e comece a adicionar lentamente o óleo de girassol, derramando de forma contínua até que a metade do óleo esteja incorporada. Com o processador ainda funcionando, adicione o missô e continue batendo até que acabe o óleo e a maionese tenha engrossado. Adicione a pimenta dedo-de-moça e misture.

Ferva água em uma panela grande. Adicione o milho e branqueie por 3 minutos. Escorra, seque e misture com o azeite e ¼ de colher (chá) de sal. Coloque uma panela-grill no fogo alto. Quando começar a esfumaçar, adicione o milho e grelhe, virando sempre, para que todos os lados dourem — cerca de 8 minutos. Assim que tirar o milho da grelha, pincele uma camada de maionese sobre as espigas, até que fique uma camada brilhante — cerca de 2 colheres (sopa) para todo o milho. Polvilhe com salsinha e sirva imediatamente, mergulhando a espiga na maionese restante conforme for comendo ou espalhando mais com uma faca.

GRELHAR

ABOBRINHA COM TOMATE E QUEIJO FETA

SERVE 4 PESSOAS
generosamente

O sabor suave e leve da abobrinha é excelente para fazer uma camada onde se coloquem por cima outros sabores mais intensos. Gosto de adicioná-las a curries apimentados ou de recheá-las com carne ou queijo. Ao comprar essa espécie de abóbora veraneia, escolha variedades menores que sejam firmes e pesadas: as muito grandes tendem a ter muita água. Nem todo mundo gosta de semente de erva-doce, portanto, desconsidere-as, se preferir.

1 abobrinha com casca, cortada no sentido da largura em fatias de 1,5 cm (810 g)

5 dentes de alho

100 ml de azeite (e mais um pouco, para finalizar)

2 colheres (chá) de sementes de erva-doce

400 g de tomates sem pele picados

½ colher (chá) de açúcar refinado

50 g de queijo feta em pedaços

10 g de manjericão fresco picado grosseiramente

sal e pimenta-do-reino

Coloque cada disco de abobrinha em uma tábua de cortar e use uma faca de serra para tirar as sementes e fibras. Coloque os discos em uma tigela grande e adicione 2 dentes de alho, 85 ml de azeite, ¼ de colher (chá) de sal e pimenta-do-reino. Misture bem e deixe descansar por 30 minutos.

Fatie o restante do alho e coloque-o em uma frigideira pequena com as sementes de erva-doce e 2 colheres (chá) de azeite. Cozinhe por 2 minutos em fogo médio. Adicione os tomates antes de o alho começar a escurecer, e acrescente o açúcar, ¼ de colher (chá) de sal e pimenta-do-reino. Deixe ferver e cozinhe por cerca de 7 minutos até engrossar. Transfira para um processador e bata até que fique cremoso.

Em uma frigideira grande em fogo médio-alto, adicione a colher (chá) restante do azeite. Frite a abobrinha em levas por cerca de 8 minutos cada, virando uma vez, até que fiquem douradas. Enquanto ainda estiverem quentes, faça uma camada com as rodelas em um prato de servir grande, jogue o molho de tomate por cima e deixe esfriar. Logo antes de servir, polvilhe com o queijo feta, o manjericão e um fio de azeite.

GRELHAR **167**

ASSAR

SERVE 4 PESSOAS

BERINJELA COM ALHO NEGRO

3 berinjelas médias
cortadas em rodelas de 1,5
cm de espessura (900 g)

200 ml de azeite

8 dentes grandes de alho
negro (ou 16 pequenos)
(35 g)

200 g de iogurte grego

1 e ½ colher (chá) de caldo
de limão-siciliano

7 dentes grandes de alho,
cortados em fatias finas
(30 g)

3 pimentas dedo-de-moça,
na diagonal, em rodelas
de 3 mm

5 g de folhas de endro

5 g de folhas de manjericão

5 g de folhas de estragão

sal e pimenta-do-reino

Fatias de berinjela assada passaram por várias encarnações, e são atributo constante no cardápio do Ottolenghi desde que abrimos, em 2002. De tempos em tempos, um ingrediente novo aparece para agitar os antigos, e nosso último recém-chegado "fresco no pedaço" é esse molho de alho negro. Eu adoraria que o alho negro fosse encontrado mais facilmente: seu sabor lembra melaço e tamarindo, e dá aos pratos uma profundidade de sabor não esperada. Você pode simplesmente fatiar alguns dentes e adicioná-los a saladas crocantes ou a risotos cremosos — ele é leve o suficiente para não dominar o prato —, ou usá-los em molhos e extratos, como aqui, para abrilhantar (e desafiar) a "velha-guarda" favorita.

Preaqueça o forno a 250 °C (ou à temperatura mais alta).

Coloque as rodelas de berinjela em uma tigela grande com 60 ml de azeite, ½ colher (chá) de sal e uma boa pitada de pimenta-do-reino. Misture bem e espalhe em duas assadeiras grandes forradas com papel--manteiga. Asse no forno até a berinjela dourar e ficar completamente macia — cerca de 30 minutos. Retire do forno e deixe esfriar.

Na tigela pequena do processador, coloque os dentes de alho negro com $1/3$ de colher (chá) de sal, 2 colheres (sopa) de azeite, 2 colheres (sopa) de iogurte e o caldo de limão. Bata por 1 minuto para formar uma pasta grosseira e depois transfira para uma tigela média. Misture o resto do iogurte e mantenha na geladeira até a hora de servir.

Aqueça os 110 ml de azeite restantes em uma caçarola pequena, em fogo alto. Adicione as fatias de alho e as rodelas de pimenta, reduza o fogo para médio e frite por cerca de 5 minutos, mexendo de vez em quando, até que o alho doure e a pimenta fique crocante. Use uma escumadeira para transferir a pimenta e o alho para um prato com papel-toalha.

Arrume as fatias de berinjela em uma travessa. Coloque 1 colher do molho de iogurte por cima, polvilhe com a pimenta e o alho, então finalize com as ervas.

SERVE 4 PESSOAS

ABÓBORA COM CARDAMOMO E SEMENTES DE NIGELA

20 g de manteiga sem sal

1 colher (sopa) de azeite

1 cebola roxa grande cortada em fatias finas (170 g)

1 abóbora manteiga grande, sem casca e cortada em pedaços de 3 cm (1 kg)

30 g de sementes de abóbora

1 e ¼ de colher (chá) de sementes de nigela

½ colher (chá) de cominho em pó

½ colher (chá) de coentro em pó

¼ de colher (chá) de cúrcuma em pó

4 bagas de cardamomo levemente amassadas

1 rama grande de canela

1 pimenta dedo-de-moça verde cortada ao meio, no sentido do comprimento

1 colher (sopa) de açúcar refinado

200 ml de caldo de legumes

150 g de iogurte grego

1 colher (sopa) de coentro picado

sal

Reduzir para duas o número de receitas de abóboras deste capítulo envolveu muito debate e muita comilança. O time de seleção das abóboras, feita em nossa cozinha de teste com as colegas de trabalho especiais do restaurante, Maria e Saga, identificou um vencedor neste casamento incomum da doçura da abóbora com o toque cítrico do cardamomo. Sirva com o arroz de limão-siciliano e folhas de curry (veja na p. 57) *para um prato principal vegetariano arrasador.*

....

Preaqueça o forno a 220 °C.

Coloque a manteiga e o azeite em uma panela grande, em fogo médio. Adicione a cebola e refogue por 8 minutos, até que fique macia. Acrescente a abóbora, aumente o fogo para médio-alto e cozinhe por mais 10 minutos, mexendo de tempos em tempos até começar a dourar. Retire do fogo e adicione as sementes de abóbora, 1 colher (chá) de sementes de nigela, o cominho, o coentro em pó, a cúrcuma, o cardamomo, a canela, a pimenta, o açúcar e ¾ de colher (chá) de sal. Misture bem e transfira para uma assadeira grande o suficiente para dispor todos os vegetais em uma única camada, cerca de 25 cm × 30 cm. Derrame o caldo de legumes por cima e leve ao forno por 30 minutos, até a abóbora ficar macia. Deixe descansar por cerca de 10 minutos: o líquido continuará a ser absorvido.

Sirva quente, com uma colher de iogurte por cima ou ao lado, com uma pitada de coentro fresco e as sementes de nigela restantes.

CENOURAS ASSADAS NO MEL
COM IOGURTE DE TAHINE

SERVE 4 PESSOAS

A inspiração para esta receita veio da "nan" de Sarah, Dulcie, na Tasmânia, que sempre acrescentava um pouco de mel, antes de assar suas cenouras. Não tenho certeza do que Dulcie acharia deste molho de iogurte de tahine servido como acompanhamento, mas a doçura dessas cenouras certamente o recebe muito bem. Faça esta receita ficar mais vibrante usando cenouras de diferentes cores, e sirva com a receita de patê de fava com ricota de alho assado (veja na p. 234) *ou com o* kuku *de berinjela* (veja na p. 253).

....

Preaqueça o forno a 220 ºC.

Coloque todos os ingredientes do molho de tahine em uma tigela média, com uma pitada de sal. Misture e reserve.

Em uma tigela grande, coloque o mel, o azeite, as sementes de coentro e de cominho e o tomilho, com 1 colher (chá) de sal e bastante pimenta-do-reino. Adicione as cenouras e misture bem, até envolver todos os ingredientes. Espalhe numa assadeira grande e asse no forno por 40 minutos, mexendo algumas vezes, até as cenouras estarem macias e brilhantes.

Transfira as cenouras para uma travessa grande ou para pratos individuais. Sirva quente ou em temperatura ambiente. Acrescente uma colherada do molho e, por cima, salpique com o coentro.

60 g de mel

2 colheres (sopa) de azeite

1 colher (sopa) de sementes de coentro, torradas e levemente amassadas

1 e ½ colher (chá) de sementes de cominho, torradas e levemente amassadas

3 ramos de tomilho

1,3 kg de cenouras descascadas e cortadas em palitos de 2 cm × 6 cm

1 e ½ colher (sopa) de folhas de coentro, picadas grosseiramente

sal e pimenta-do-reino

Para o molho de iogurte de tahine

40 g de pasta de tahine

130 g de iogurte grego

2 colheres (sopa) de caldo de limão-siciliano

1 dente de alho amassado

SERVE 4 PESSOAS
como entrada

CEBOLAS ROXAS COM MOLHO DE NOZES

4 cebolas roxas médias
  (600 g no total)
1 e ½ colher (sopa) de
  azeite
20 g de rúcula
15 g de folhas de salsa,
  selecionadas e picadas
60 g de queijo de cabra
  macio, partido em pedaços
  de 2 cm
sal e pimenta-do-reino

Para o molho
65 g de nozes, picadas
  grosseiramente
1 pimenta dedo-de-moça
  sem semente em fatias
  finas
1 dente de alho amassado
3 colheres (sopa) de vinagre
  de vinho tinto
1 colher (sopa) de azeite

Quando Tara se mudou para o bairro Claphan e estava no processo de fazer amigos, um dia ela recebeu algumas mães para almoçar quando seus filhos estavam na escola. As amizades resistiram àquele dia, e Tara tem bastante certeza de que foi graças ao segredo por trás desta receita de cebola roxa.
A doçura natural das cebolas roxas é acentuada quando elas são grelhadas ou assadas, e isso dá a elas característica suficiente para ser o ingrediente principal do prato. Elas também funcionam muito bem em sanduíches ou acompanhando outros pratos, como um aperitivo. Algumas sementes de romã, polvilhadas por cima de cada porção, irão acrescentar uma vivacidade especial e uma crocância gostosa e doce.

Preaqueça o forno a 220 °C.

Descasque as cebolas e corte as pontas. Corte cada cebola, no sentido da largura, em 3 fatias de cerca de 2 cm de espessura e coloque em uma assadeira. Pincele com azeite, salpique com ¼ de colher (chá) de sal e um pouco de pimenta-do-reino, depois asse por cerca de 40 minutos, até as cebolas ficarem cozidas e douradas na parte superior. Se elas não assumirem muita cor, grelhe por alguns minutos. Reserve para que esfriem um pouco.

Enquanto a cebola está cozinhando, coloque todos os ingredientes para o molho em uma tigela pequena, adicione ¼ de colher (chá) de sal, misture e reserve.

Para servir, coloque a rúcula e a salsa em uma tigela grande. Adicione a cebola morna, o queijo e metade do molho, misturando delicadamente sem deixar que as cebolas se separem. Divida entre quatro pratos rasos, coloque o molho restante por cima e sirva.

SERVE 4 PESSOAS

SALADA DE COUVE-FLOR, UVA E QUEIJO CHEDDAR

1 couve-flor grande, partida
em pedaços médios (900 g)
90 ml de óleo de canola
2 colheres (sopa) de vinagre
de xerez
1 colher (chá) de mostarda
de Dijon
½ colher (chá) de mel
30 g de uvas-passas
40 g de avelãs tostadas e
picadas grosseiramente
100 g de uvas roxas,
cortadas ao meio e sem
sementes
80 g de cheddar maturado,
ralado grosso
20 g de salsa picada
grosseiramente
sal e pimenta-do-reino

Esta receita — uma entrada maravilhosa para servir no outono — foi inspirada em um prato que comi no NoMad, um restaurante ótimo em Nova York comandado pelo brilhante Daniel Humm, do Eleven Madison Park. Sami, que já comeu muitos pratos deliciosos e não é um homem dado a hipérboles, twittou depois de comer recentemente no NoMad, dizendo: "Uma das melhores refeições da minha vida".

Preaqueça o forno a 220 ºC.

Misture aos pedaços de couve-flor a metade do óleo de canola, ½ colher (chá) de sal e um pouco de pimenta-do-reino. Espalhe-os em uma assadeira e asse por 20 a 25 minutos, mexendo uma ou duas vezes, até dourarem. Retire do forno e deixe esfriar.

Para fazer o molho, misture o óleo restante com o vinagre, a mostarda, o mel e ¼ de colher (chá) de sal. Adicione as uvas-passas e deixe marinar por, pelo menos, 10 minutos.

Logo antes de servir, transfira a couve-flor para uma tigela grande com todos os outros ingredientes. Despeje sobre ela o molho com as uvas-passas, misture tudo, transfira para uma travessa grande e sirva.

BERINJELAS COM GRÃO-DE-BICO AMASSADO E IOGURTE DE ERVAS

SERVE 4 PESSOAS
como entrada

Toda vez que eu experimento uma receita antiga, eu a modifico. Não faço ideia do motivo; tudo o que sei é que o que tinha um sabor perfeito há dois anos parece "levemente desequilibrado" este ano, ou "salgado demais", "sem vigor", "um pouco entediante" ou "um pouco previsível". É por isso que as receitas evoluem. Esta receita levava, sobre as berinjelas e o grão-de-bico, um molho de pimentão vermelho e tomate, cozido lentamente com vinagre e páprica defumada, em vez do iogurte de ervas. Senti que precisava refrescar um pouco a receita, mas você pode sempre reassumir o antigo molho vermelho para uma alternativa vegana: simplesmente refogue, em bastante azeite, um pouco de cebola, alho e pimentão vermelho picados, durante uns 30 minutos; adicione tomates enlatados e cozinhe lentamente por mais 1 hora, adicionando vinagre de xerez e páprica defumada bem no final. Deixe esfriar antes de consumi-lo.

O grão-de-bico precisa ficar bem macio. Se estiver usando o grão--de-bico seco, vai precisar começar com 100 g para render os 240 g de grãos cozidos da receita, e certifique-se de cozinhá-los em água até o momento em que começarem a se desfazer. Se usar o enlatado, cozinhe-os no próprio líquido, e adicione um pouco mais de água, durante cerca de 30 minutos.

Quando for assar as berinjelas (e não somente nesta receita), recomendo colocar uma assadeira com água no chão do forno para liberar vapor e impedir que as berinjelas ressequem.

3 berinjelas grandes, cortadas em fatias largas de 2 cm (1,2 kg)

120 ml de azeite

240 g de grão-de-bico cozido e macio (*veja ao lado*), além de um pouco do líquido onde foi cozido

1 e ½ colher (chá) de sementes de cominho torradas e levemente amassadas

1 limão-siciliano pequeno sem casca, sem membrana e sem semente, com os gomos cortados grosseiramente (35 g)

100 g de iogurte grego

10 g de hortelã picada grosseiramente

15 g de salsinha picada grosseiramente

sal e pimenta-do-reino

....

Preaqueça o forno a 250 ºC (ou na temperatura mais alta).

Coloque as fatias de berinjela em uma tigela grande, com 4 colheres (sopa) de azeite, ¾ de colher (chá) de sal e uma boa pitada de pimenta--do-reino. Misture bem e espalhe em uma única camada, em uma ou duas assadeiras forradas com papel-manteiga, e asse no forno por cerca de 40 minutos, até as berinjelas dourarem e cozinharem. Retire e deixe esfriar.

Enquanto isso, coloque o grão-de-bico em uma tigela com as sementes de cominho, os gomos de limão-siciliano, 3 colheres (sopa) de azeite, 2 colheres (sopa) do líquido de cozimento, ½ colher (chá) de sal e um pouco de pimenta-do-reino. Amasse bastante usando um garfo ou um espremedor de batata, adicionando um pouco mais do líquido de cozimento, se necessário, até obter uma pasta homogênea e cremosa.

Coloque o iogurte na tigela pequena do processador de alimentos com a colher (sopa) restante de azeite, 2 colheres (sopa) de água, as ervas, ¼ de colher (chá) de sal e um pouco de pimenta-do-reino. Bata para misturar bem. O iogurte deve ficar ralo para que você possa regar o prato. Portanto, adicione 1 ou 2 colheres (sopa) de água ou de azeite, se for preciso.

Para servir, espalhe as fatias de berinjela numa travessa ou em pratos individuais. Coloque a pasta de grão-de-bico amassado por cima, seguida de um fio do iogurte.

ASSAR **179**

SALADA DE CENOURA E FEIJÃO-MUNGO

SERVE 4 PESSOAS

O feijão-mungo é o ABBA do mundo da comida: profundo e saudável, mas intrinsecamente sem graça e encalhado eternamente nos anos 1970. Vou deixar que os fãs do ABBA defendam a banda, mas a reputação do feijão-mungo eu posso ajudar a redirecionar. Se usado de forma correta, o feijão-mungo fica cheio de sabor, surpreende e tem um gosto fantástico. Para que a receita fique sem lactose, dispense o queijo feta.

Preaqueça o forno a 220 °C.

Coloque água para ferver em uma caçarola média, adicione o feijão e cozinhe por 20 a 25 minutos, até que estejam cozidos, mas ainda al dente. Escorra, agite bem e transfira para uma tigela grande. Cerca de 3 minutos antes de os feijões estarem cozidos, aqueça 2 colheres (sopa) de azeite em uma frigideira pequena e acrescente as sementes de cominho, de alcaravia e de erva-doce. Cozinhe em fogo médio, mexendo sempre, até que as sementes comecem a pular — cerca de 3 minutos. Despeje o azeite e as sementes sobre o feijão quente, e adicione o alho, o vinagre, a pimenta calabresa e ½ colher (chá) de sal. Reserve para esfriar.

Enquanto o feijão estiver cozinhando, misture as cenouras em uma tigela, com 150 ml de água, o azeite restante, o açúcar e ½ colher (chá) de sal. Coloque-as no forno, numa assadeira média (20 cm × 30 cm) e alta, por 25 a 30 minutos, até que a água evapore e as cenouras estejam assadas e levemente caramelizadas. Retire do forno e acrescente as cenouras e o coentro picado aos feijões. Mexa delicadamente. Transfira para uma travessa grande, salpique com as raspas de limão, coloque o queijo feta, regue com um fio de azeite e sirva.

---

140 g de feijão-mungo verde e seco

60 ml de azeite (e mais um pouco, para finalizar)

1 colher (chá) de sementes de cominho

1 colher (chá) de sementes de alcaravia

1 colher (chá) de sementes de erva-doce

2 dentes de alho amassados

2 colheres (sopa) de vinagre de vinho branco

½ colher (chá) de pimenta calabresa

3 cenouras grandes, descascadas e cortadas em palitos de 5 cm × 1 cm (320 g)

½ colher (chá) de açúcar refinado

20 g de coentro picado

raspas de 1 limão-siciliano

140 g de queijo feta picado em pedaços de 2 cm

sal

ASSAR

SERVE 4 PESSOAS

COUVE-DE-BRUXELAS ASSADA COM POMELO E ANIS-ESTRELADO

100 g de açúcar refinado

2 ramas de canela

5 anises-estrelados

3 colheres (sopa) de caldo de limão-siciliano

1 pomelo (900 g no total; 300 g depois de descascar e partir)

600 g de couve-de-bruxelas aparada

250 g de cebolas pequenas, descascadas

75 ml de azeite

10 g de folhas de coentro

sal e pimenta-do-reino

Por que alguém achou, um dia, que ferver a couve-de-bruxelas era uma boa ideia, quando existe a opção de assá-la, é um dos grandes mistérios da vida. Para aqueles que já experimentaram a versão assada, não há como voltar atrás. Para aqueles com dúvidas, eu lhes dou mais uma chance: assim como com a couve-de-bruxelas, você jamais ficará amargo novamente. Se não conseguir encontrar pomelo (veja mais explicações na introdução da receita de salada de pomelo, na p. 31), *use pedaços de toranja, mas com uma quantidade menor de caldo de limão-siciliano. Não descarte o que sobrar da calda de açúcar: você pode incrementar sua salada de frutas com ela.*

Coloque o açúcar, a canela e o anis-estrelado em uma caçarola pequena com 100 ml de água e ferva no fogo brando. Cozinhe por 1 minuto, mexendo até que o açúcar se dissolva, retire a calda do fogo, adicione 1 colher (sopa) de caldo de limão e deixe esfriar.

Remova a casca grossa do pomelo e descarte. Divida em segmentos, separando o gomo da membrana, corte em pedaços e coloque em uma tigela, tomando cuidado para remover toda a parte branca amarga da membrana. Quando a calda esfriar um pouco, derrame-a sobre o pomelo. Deixe marinar por pelo menos 1 hora, mexendo de vez em quando.

Preaqueça o forno a 220 °C.

Coloque uma panela grande de água salgada para ferver, acrescente a couve-de-bruxelas e as cebolas e retire depois de 2 minutos. Escorra, refresque na água gelada e seque delicadamente. Corte as couves ao meio, no sentido do comprimento, e divida as cebolas ao meio ou em quatro (elas devem ficar com tamanho similar ao da couve). Coloque tudo em uma tigela com 3 colheres (sopa) de azeite, ½ colher (chá) de sal e um pouco de pimenta-do-reino. Espalhe numa assadeira e asse no forno por cerca de 20 minutos, até que a couve esteja dourada e ainda al dente. Deixe esfriar.

Antes de servir a salada, remova a canela e o anis-estrelado da tigela, escorra o pomelo e guarde o suco. Na hora de servir, coloque as cebolas, a couve, o pomelo e o coentro numa tigela grande. Adicione as 2 colheres (sopa) de azeite restantes, o caldo de limão, 1 colher (sopa) do suco marinado de pomelo e ¼ de colher (chá) de sal. Mexa com delicadeza e verifique o tempero — pode precisar de outra colher (sopa) do marinado — e sirva.

BETERRABA DEFUMADA COM IOGURTE E MACADÂMIA CARAMELIZADA

SERVE 4 PESSOAS

Como a beterraba crua já é um ingrediente controverso, a sociedade terá de se preparar para discutir sobre a versão defumada. De qualquer forma, fazer o seu próprio defumado requer nada além de uma grande panela wok ou uma panela que tenha tampa, e um rolo de papel-alumínio. Um alarme é essencial (pois o sabor fica forte demais se defumar por muito tempo) e um exaustor, recomendável. Esta é uma salada sensacional — tanto em sabor quanto em aparência — e uma maneira fantástica de começar uma refeição requintada.

....

Preaqueça o forno a 270 °C (ou na temperatura mais alta).

Forre uma frigideira grande ou panela wok com duas folhas grandes de papel-alumínio, deixando as bordas generosamente pendendo para os lados. Adicione o arroz, as raspas de limão e o tomilho e mexa com 2 colheres (sopa) de água. Coloque as beterrabas por cima do arroz e sele a frigideira com uma tampa grande. Puxe o papel-alumínio e dobre-o de volta por cima da tampa para lacrar completamente, pois eventuais lacunas irão dificultar o processo de defumação. Coloque a panela em fogo muito alto e, quando começar a sair um pouco de fumaça, depois de 3 ou 4 minutos, deixe defumar por exatamente 8 minutos. Retire do fogo.

Descarte o arroz, as raspas de limão e o tomilho, e transfira as beterrabas para uma assadeira. Asse por 45 a 50 minutos no forno, ou até que uma faca afiada perfure-as facilmente. Retire do forno, deixe esfriar e, em seguida, descarte a pele queimada. Corte as beterrabas em fatias de 2 mm e coloque-as em uma tigela grande com o xarope de Maple, 1 colher (sopa) de azeite, ½ colher (chá) de sal e um pouco de pimenta-do-reino. Misture tudo e reserve.

Abaixe o forno para 160 °C.

Para caramelizar as macadâmias, coloque-as em uma assadeira e asse-as por 15 minutos. Retire do forno. Coloque o açúcar em uma caçarola pequena e cozinhe em fogo brando. Não mexa — para que o açúcar derreta e comece a caramelizar e dourar. Adicione cuidadosamente as macadâmias e mexa com delicadeza, até que fiquem totalmente envoltas pela calda. Despeje-as em uma assadeira forrada com papel-manteiga e deixe esfriar. Em seguida, pique-as e reserve. Misture o iogurte com o restante do azeite e separe.

Para servir, espalhe as fatias de beterraba em uma travessa grande, sobrepondo-as delicadamente. Coloque o iogurte por cima, polvilhe com as macadâmias picadas e finalize com a pimenta calabresa, o coentro e um fio de azeite.

---

250 g de arroz de grão longo

raspas de 1 limão-siciliano

5 ramos de tomilho

12 beterrabas médias com pele (1,2 kg)

1 colher (chá) de xarope de Maple

2 colheres (sopa) de azeite (e mais um pouco, para finalizar)

50 g de macadâmia

35 g de açúcar refinado

150 g de iogurte grego

½ colher (chá) de flocos de pimenta Aleppo (ou pimenta calabresa)

5 g de folhas de coentro, selecionadas e picadas

sal e pimenta-do-reino

SERVE 4 PESSOAS

BATATA-DOCE COM BITTER DE LARANJA

350 ml de suco de laranja feito na hora (4-5 laranjas)

80 g de açúcar mascavo

60 ml de vinagre de vinho tinto

60 ml de bitter Angostura

1 e ½ colher (sopa) de azeite

4-5 batatas-doces com casca, cortadas pela metade no sentido da largura e, depois, em pedaços de 2,5 cm (1,5 kg)

2 pimentas chilis com uma fenda aberta ao longo do centro

3 galhos de sálvia (15 g)

10 ramos de tomilho (10 g)

2 cabeças de alho com casca, cortadas no sentido da largura

90 g de *chèvre* (queijo de cabra) partido em pedaços

sal e pimenta-do-reino

Um dos meus grandes ídolos é Ruth Reichl, uma escritora inteligente que administra lindamente a abordagem da comida com o equilíbrio certo entre a dureza e o senso de humor, sendo o último uma raridade entre autores "sérios". Eu adoro as receitas de Reichl, sua maneira de contar histórias, e sempre me beneficio de seu vasto conhecimento. Esta receita — uma deliciosa combinação de doce, amargo e salgado — é baseada em uma receita dela, publicada no Gourmet Today, *uma seleção da infelizmente extinta revista* Gourmet, *que Reichl editou durante muitos anos.*

Preaqueça o forno a 220 ºC.

Coloque o suco de laranja em uma caçarola média com o açúcar e o vinagre. Leve para ferver em fogo alto, depois reduza o fogo para médio-alto por cerca de 20 minutos, até que o líquido tenha engrossado e reduzido para 200 ml (a quantidade de cerca de uma taça grande de vinho). Adicione o bitter e o azeite com ½ colher (chá) de sal.

Em uma tigela grande, coloque as batatas com as pimentas, a sálvia, o tomilho e o alho, e cubra com o molho reduzido. Misture bem, para que tudo fique coberto, e espalhe em uma assadeira grande o suficiente para acomodar as batatas em uma única camada, cerca de 30 cm × 40 cm.

Coloque no forno e asse por 50 a 60 minutos, virando as batatas a cada 15 minutos. Elas precisam estar cobertas com o líquido para caramelizar, portanto adicione mais suco de laranja se estiverem secando. No final, as batatas devem estar escuras e pegajosas. Retire do forno e deixe esfriar antes de arrumar em uma travessa e polvilhar com o queijo de cabra. Sirva quente ou em temperatura ambiente.

VEGETAIS DE RAIZ ASSADOS AO CURRY COM FOLHAS E CALDO DE LIMÃO

SERVE 4 PESSOAS

Os supermercados estão começando a ter folhas de curry frescas, o que é uma ótima notícia. O sabor que elas trazem ao prato é completamente diferente das variedades secas. Para o curry em pó, normalmente uso "Rajah" ou "East End", que são medianos, mas, se quiser algo mais apimentado, faça a sua aposta. Quando estiver com seu freezer lotado de folhas de curry e de limão — ambas congelam perfeitamente —, este prato simples e rápido poderá facilmente virar básico. Tudo o que você vai precisar é de um arroz fresco ao vapor para servir junto.

Preaqueça o forno a 240 °C.

Coloque as cenouras, as pastinacas e o nabo-da-suécia em uma assadeira larga, de cerca de 30 cm × 40 cm. Adicione o azeite, a metade do caldo de limão, o curry em pó, 1 e ¼ de colher (chá) de sal e uma boa pitada de pimenta-do-reino. Misture bem e leve ao forno para assar por 30 minutos, virando os vegetais uma ou duas vezes durante o cozimento. Acrescente as folhas de limão, as folhas de curry e as cebolinhas, então asse por mais 10 minutos. Os vegetais devem ficar dourados e as cebolinhas, macias. Retire do forno, despeje o caldo de limão restante, polvilhe com o coentro e sirva quente ou em temperatura ambiente.

- 3 cenouras grandes, descascadas e cortadas em palitos de 6 cm × 2 cm (350 g)
- 2 pastinacas grandes, descascadas e cortadas em palitos de 6 cm × 2 cm (400 g)
- 1 nabo-da-suécia pequeno, descascado e cortado em palitos de 6 cm × 2 cm (400 g)
- 60 ml de azeite
- 3 colheres (sopa) de caldo de limão
- 2 colheres (chá) de curry em pó
- 6 folhas de limão kafir picadas, frescas ou congeladas
- 2 maços de folhas de curry (cerca de 30 folhas), mantidas no maço
- 6 cebolinhas, em fatias de 6 cm (85 g)
- 3 colheres (sopa) de coentro picado
- sal e pimenta-do-reino

ASSAR

SERVE 4 PESSOAS

SALADA DE BETERRABA E RUIBARBO

800 g de beterrabas de
vários tipos (se não
for possível, use uma
variedade só)
300 g de ruibarbo aparado,
cortado na diagonal, em
pedaços de 2,5 cm
30 g de açúcar refinado
2 colheres (chá) de vinagre
de xerez
¾ de colher (sopa) de
melaço de romã
2 colheres (sopa) de xarope
de Maple
2 colheres (sopa) de azeite
½ colher (chá) de pimenta-
-da-jamaica moída
1 cebola roxa pequena
cortada em fatias finas
(75 g)
20 g de folhas de salsa
100 g de gorgonzola
cremoso ou um queijo
azul similar, picado em
pedaços pequenos
sal e pimenta-do-reino

Para aqueles que não cresceram comendo ruibarbo, este vegetal (ou caule?) é uma pequena estranheza. Acho que o mesmo poderia ser dito da alcachofra, que possui espinhos, mas comer um galho espesso, esverdeado e avermelhado será sempre muito mais esquisito para mim do que zombar de uma flor espinhosa. Cada louco com sua mania, eu diria.

Uma das minhas melhores memórias do ruibarbo é da época dos primeiros anos do Ottolenghi, quando uma de nossas assistentes de vendas, a amável Alexandra, do México, costumava vir à cozinha, durante seus intervalos, com uma xícara de cappuccino cheia de açúcar refinado e um galho de ruibarbo para passar no açúcar, como sobremesa. Bastante incomum mas, como eu disse, cada louco com sua mania.

Durante a temporada de colheita da beterraba, as variedades oferecem uma excelente oportunidade de brincar com as cores e sabores sutis. Se conseguir encontrar beterraba amarela, vermelha, branca e listrada, pode misturá-las; caso contrário, um único tipo está perfeito.

Preaqueça o forno a 220 ºC.

Envolva as beterrabas individualmente em papel-alumínio, coloque-as em uma assadeira e asse no forno entre 40 e 70 minutos, dependendo do tamanho, até que estejam cozidas. Deixe esfriar antes de tirar a casca e cortá-las em cubos de 2 cm.

Misture o ruibarbo com o açúcar, espalhe-o em uma assadeira pequena forrada de papel-alumínio e asse por 12 minutos — ou até que os pedaços estejam macios, mas não murchos. Reserve para esfriar.

Em uma tigela, misture o vinagre, o melaço, o xarope de Maple, o azeite e a pimenta-da-jamaica com ½ colher (chá) de sal e uma boa pitada de pimenta-do-reino. Adicione a cebola e deixe descansar alguns minutos para amolecer. Acrescente a salsa e a beterraba e mexa bem. Antes de servir, adicione o queijo gorgonzola e o ruibarbo, junto com o suco. Misture tudo com delicadeza e sirva imediatamente.

ABÓBORA COM IOGURTE DE PIMENTA E MOLHO DE COENTRO

SERVE 4 PESSOAS

O molho doce de pimenta vem ganhando popularidade em receitas há um tempo, mas a demanda crescente pelo molho picante e salgado sriracha — *originário do leste da Tailândia e feito com pimenta chili e alho, secos ao sol e moídos numa pasta cremosa — aponta na direção de uma demanda crescente pelo picante. Recentes ameaças de escassez criaram um pequeno pânico nos viciados. Misturar* sriracha *com iogurte grego e regar sobre um prato como este é uma forma rápida de alcançar a profundidade do sabor doce-picante. A pasta de ervas frescas traz uma nova camada de refrescância, junto a um visual incrível. Esta talvez seja a receita mais simples do livro, se eu estivesse apostando, com potencial para virar uma favorita.*

....

Preaqueça o forno a 220 °C.

Corte a abóbora na metade, no sentido do comprimento, descarte as sementes e corte em pedaços de 2 cm de largura por 7 cm de comprimento, mantendo a casca. Coloque em uma tigela grande com a canela, 2 colheres (sopa) de azeite, ¾ de colher (chá) de sal e uma boa pitada de pimenta-do-reino. Misture bem para que a abóbora fique coberta pelos temperos. Coloque a abóbora em duas assadeiras com as cascas viradas para baixo e asse por 35 a 40 minutos até que fiquem macias e douradas por cima. Retire do forno e deixe esfriar.

Para fazer a pasta de ervas, coloque, em um processador pequeno, o coentro, o alho, as 4 colheres (sopa) de azeite restantes e uma generosa pitada de sal. Bata até formar uma pasta e reserve.

Reduza a temperatura do forno para 180 °C. Coloque as sementes de abóbora em uma assadeira e asse por 6 a 8 minutos. A pele externa irá abrir, e ela ficará clara e crocante. Remova do forno e deixe esfriar.

Quando estiver na hora servir, misture o iogurte e o molho *sriracha*. Disponha as abóboras em uma travessa, coloque o molho picante de iogurte por cima e depois a pasta de ervas (pode também misturar o molho de iogurte com a pasta de ervas, se quiser). Polvilhe com as sementes de abóbora e as folhas de coentro, então sirva.

1 abóbora manteiga grande (1,4 kg no total)
1 colher (chá) de canela em pó
90 ml de azeite
50 g de coentro, incluindo folhas e talos (e mais um pouco, para salpicar)
1 dente de alho pequeno amassado
20 g de sementes de abóbora
200 g de iogurte grego
1 e ½ colher (chá) de *sriracha* (ou outro molho salgado de pimenta)
sal e pimenta-do-reino

FRITAR

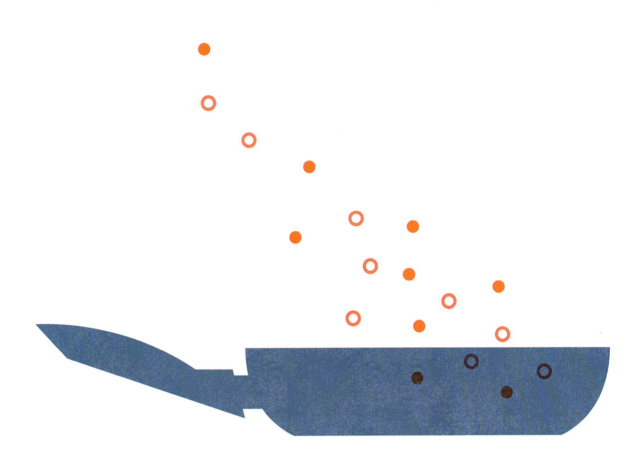

SERVE 4 PESSOAS
como prato principal;
mas preferencialmente
como entrada ou lanche

3 colheres (sopa) de azeite

6 cebolas pequenas picadas
bem fino (300 g)

1 colher (sopa) de vinagre
de vinho branco

700 g de ervilhas
descongeladas

20 g de folhas de hortelã,
rasgadas em pedaços
pequenos

1 dente de alho amassado

4 ovos

100 g de farinha de trigo

150 g de farinha de rosca
ou *panko* (uma espécie de
farinha de rosca vendida
em lojas de produtos
asiáticos)

óleo de girassol para fritar

sal e pimenta-do-reino

Para o molho

1 colher (chá) de hortelã
seca

120 g de *sour cream*

1 colher (sopa) de azeite

CROQUETES DE ERVILHA E HORTELÃ

Durante um tempo, nós tivemos um trio barra-pesada comandando as noites na cozinha do Ottolenghi, em Islington. Tom, Sam e Myles eram conhecidos por trabalhar muito e brincar muito — em muitos sentidos —, mas infelizmente não posso revelar detalhes. Todos os três tinham duas coisas em comum: uma bochecha rosada irresistível e uma paixão incomum pelo que cozinhavam. Estes croquetes são criação deles, e são dignos do esforço. Eles podem ser feitos com antecedência até o estágio em que são envolvidos na farinha de rosca e congelados. Você, então, pode descongelá-los em porções e fritar a quantidade que quiser.

A receita rende dezesseis generosos croquetes, que servem quatro pessoas. Para atender mais pessoas, ou para servir como lanche ou entrada, faça bolinhas menores, que pesem cerca de 40 g cada. (Foto na página seguinte.)

....

Para o molho, coloque todos os ingredientes em uma tigela com ¼ de colher (chá) de sal e uma pitada de pimenta-do-reino. Misture bem e leve à geladeira até a hora de servir.

Coloque o azeite em uma panela média em fogo médio. Adicione as cebolas e refogue por 15 a 20 minutos, mexendo de vez em quando, até que fiquem macias. Acrescente o vinagre, cozinhe por mais 2 minutos e retire do fogo.

Bata as ervilhas no processador. Cuidado: é preciso que elas estourem, sem se transformarem numa pasta cremosa. Transfira para uma tigela e misture as cebolas, a hortelã, o alho, 1 ovo, ½ colher (chá) de sal e pimenta. Forre uma assadeira — que caiba no freezer — com papel-manteiga e molde a mistura em 16 bolinhos (com cerca de 60 g cada), de cerca de 7 cm de diâmetro e 2 cm de espessura. Congele por 2 horas para ficar firme.

Em uma tigela, coloque os ovos restantes e bata levemente. Em outra tigela, coloque a farinha de trigo e, em uma terceira, a farinha de rosca. Retire os croquetes do freezer e, um por um, passe na farinha, depois no ovo e, por último, na farinha de rosca. Você pode voltá-los para a geladeira até que estejam parcialmente descongelados. É importante que os bolinhos não estejam completamente congelados na hora de fritar para que eles cozinhem por dentro sem queimar a casquinha de fora.

Preaqueça o forno a 220 ºC. Coloque óleo de girassol em uma frigideira média, o suficiente para chegar a 2,5 cm de altura nas laterais. Ligue o fogo médio-alto e deixe por 5 minutos, até que o óleo fique bem quente. Reduza o fogo para médio e frite os croquetes em levas, por cerca de 4 minutos, virando uma vez, até que os dois lados estejam dourados.

Transfira para uma assadeira e deixe no forno por 5 minutos, para aquecê-los. Sirva com o molho por cima ou servido separadamente.

CRISPS DE POLENTA COM ABACATE E IOGURTE

SERVE DE 6 A 8 PESSOAS
como aperitivo

Por toda a sua versatilidade, a polenta é um daqueles ingredientes que passa muito do seu tempo no fundo do armário da cozinha, na prateleira do "ninguém sabe exatamente o que fazer comigo". A polenta com cozimento rápido põe um fim a julgamentos errados e, portanto, não há razão para deixá-la abandonada e em desuso. Esses crisps *não são rápidos e fáceis como muitos dos meus pratos de polenta, mas são divertidos e valem o esforço. Mesmo assim, se você procura por um resultado veloz, pare depois de ter cozinhado a polenta, antes do momento de abri-la em uma tábua; coloque em uma tigela grande e cubra com ovos levemente cozidos e um pouco de pesto.*

750 ml de caldo de legumes
160 g de polenta de cozimento rápido
10 g de cebolinha-francesa picada
30 g de queijo parmesão ralado
100 g de semolina grossa
cerca de 300 ml de óleo de girassol para fritar
sal e pimenta-do-reino branca

Para o molho de abacate

2 abacates pequenos, cortados pela metade (180 g)
100 g de iogurte grego
1 e ½ colher (sopa) de caldo de limão
1 colher (chá) de raspas de casca de limão
1 colher (chá) de óleo de avelã ou azeite

Coloque todos os ingredientes do molho em uma tigela pequena de um processador de alimentos, com ⅓ de colher (chá) de sal e um pouco de pimenta branca moída. Bata até formar uma pasta lisa e reserve.

Em uma caçarola média, coloque o caldo de legumes para ferver. Adicione a polenta e cozinhe em fogo alto por cerca de 5 minutos, mexendo sempre, até que todo o líquido tenha sido absorvido e a mistura esteja espessa. Acrescente a cebolinha e o queijo parmesão, misture por 30 segundos e transfira a mistura para duas tábuas de cortar grandes, ou tabuleiros, medindo cerca de 25 cm × 40 cm. Use uma espátula para espalhar a polenta em uma camada muito fina. Não se preocupe se a superfície ficar ligeiramente irregular: no mundo ideal, deve ter entre 1 e 3 mm de espessura. Deixe descansar por cerca de 20 minutos e use uma espátula ou faca para cortar e retirar a polenta do tabuleiro em pedaços de 5 cm × 7 cm. Mergulhe cada pedaço na semolina — para que todos os lados fiquem cobertos — e reserve. Se as polentas estiverem frágeis e tendendo a quebrar-se, polvilhe com semolina dos dois lados enquanto eles ainda estão na tábua.

Em uma frigideira grande, despeje óleo suficiente para que chegue a 1 cm de altura nas laterais. Coloque em fogo médio-alto e frite a polenta em levas, por cerca de 5 minutos, virando uma vez, até que dourem. As bordas devem ficar crocantes e douradas, enquanto o centro permanece macio e levemente dourado. Transfira para um prato forrado com papel-toalha e polvilhe com um pouco de sal. Sirva quente com o molho ao lado.

SERVE 4 PESSOAS

COGUMELOS *GIROLLE* COM ARROZ NEGRO GLUTINOSO

2 e ½ colheres (sopa) de azeite (e mais um pouco, para finalizar)

6 cebolas pequenas picadas (100 g)

2 limões-sicilianos com a casca raspada em tiras longas, além de ½ colher (chá) de raspas da casca (e mais um pouco, para finalizar)

4 ramos de tomilho

1 folha de louro

200 g de arroz negro glutinoso, deixado de molho durante a noite

600 g de cogumelos *girolle*, limpos e escovados (ou substitua por shimeji preto)

1 e ½ colher (chá) de óleo de trufa

1 colher (chá) de manteiga sem sal

2 colheres (chá) de caldo de limão-siciliano

2 colheres (sopa) de estragão picado

120 g de coalhada de queijo de cabra, ou queijo de cabra macio (opcional)

sal e pimenta-do-reino

Eu adoro todo tipo de arroz, mas realmente amo este. Com uma aparência maravilhosa, ele é, como os outros tipos de arroz de grão curto, al dente e com um pouco de gosto de nozes, macio, com bastante amido. Cada grão mantém a sua integridade quando é cozido, então fica bem al dente também. Você pode usar o arroz italiano, se for o único que encontrar, mas para o prato real, procure pelo arroz ketan hitam *em lojas de produtos asiáticos ou on-line. O arroz negro glutinoso é muito famoso no Sudeste da Ásia, onde é cozido em leite de coco para virar pudim ou servido com pedaços de manga ou banana, ou junto com diversos pratos salgados. Lembre-se de deixar o arroz de molho na água durante a noite anterior, ou ele vai demorar muito para cozinhar. Se quiser deixar a receita sem lactose, faça sem a coalhada de queijo de cabra. O cogumelo* girolle, *que não é fácil de achar, pode ser substituído por shimeji preto.*

Coloque 1 colher (sopa) de azeite em uma caçarola média. Adicione as cebolas, as tiras da casca do limão, o tomilho, a folha de louro, ½ colher (chá) de sal e um pouco de pimenta-do-reino, e leve ao fogo médio-alto. Cozinhe por 5 a 6 minutos, até que as cebolas fiquem macias. Escorra o arroz negro e acrescente à panela. Cubra com 400 ml de água, deixe ferver, reduza para fogo brando e cozinhe por 35 a 40 minutos, mexendo de tempos em tempos, até que o arroz esteja bem cozido e consistente. Retire o limão, o tomilho e o louro e mantenha o arroz em algum lugar aquecido até servir.

Em uma panela grande, coloque o azeite restante e adicione os cogumelos com ¼ de colher (chá) de sal e um pouco de pimenta-do-reino. Refogue por cerca de 5 minutos, mexendo para que todos os lados ganhem cor. Retire do fogo e acrescente o óleo de trufa, a manteiga, as raspas de limão, o caldo de limão e o estragão.

Sirva uma colher do arroz negro em pratos individuais. Cubra com os cogumelos e, em seguida, acrescente a coalhada de queijo de cabra, se estiver usando. Finalize com um fio de azeite e um pouco mais das raspas de limão e sirva.

MIX DE VEGETAIS E IOGURTE COM AZEITE DE PIMENTA-VERDE

SERVE 4 PESSOAS

Esta é uma receita que aprendi em uma visita a Istambul. Comi em um restaurante de kebab, mas, para mim, o melhor do prato eram os vegetais. Tente ignorar o fato de eles serem fritos; a receita ainda assim tem um sabor extremamente fresco, graças ao iogurte e às ervas. Sirva com a fava (veja na p. 233) *e com as cenouras amassadas com* harissa *e* pistache *(veja na p. 242), como um trio perfeito de aperitivos, junto com um pão fresco.*

Preaqueça o forno a 170 °C.

Coloque as abobrinhas e a berinjela em uma peneira, com 1 colher (chá) de sal. Reserve por 1 hora, resfrie com água e depois escorra.

Espalhe os tomates em uma assadeira, polvilhe com ¼ de colher (chá) de sal e leve ao forno para assar por 40 minutos, para secar um pouco. Retire e reserve para esfriar.

Para fazer o azeite de pimenta e ervas, coloque todos os ingredientes em um processador de alimentos com uma pitada de sal e processe até obter um molho espesso.

Despeje o óleo de girassol em uma panela média, cobrindo 5 cm das laterais, e coloque em fogo médio-alto. Quando o óleo estiver quente, reduza o fogo para médio. Seque as abobrinhas e a berinjela com papel-toalha, misture com os pimentões vermelhos e frite em levas, por 12 a 15 minutos cada. A abobrinha pode demorar um pouco mais que os outros vegetais: ela deve ficar dourada. Escorra em uma peneira, polvilhe com sal e deixe esfriar.

Para finalizar, em uma tigela média, misture o iogurte com o alho, a hortelã fresca e a hortelã seca, o caldo de limão e bastante pimenta-do-reino. Adicione os vegetais e os tomates e mexa com muita delicadeza. Sirva com o azeite de pimenta e ervas por cima.

3 tomates grandes, cada um cortado em 6 pedaços (300 g)
óleo de girassol para fritar
2 abobrinhas médias cortadas em pedaços de 2 cm (400 g)
1 berinjela grande cortada em pedaços de 2 cm (450 g)
2 pimentões vermelhos grandes cortados em pedaços de 2 cm (420 g)
150 g de iogurte grego
1 dente grande de alho amassado
1 colher (sopa) de hortelã fresca picada
1 e ½ colher (chá) de hortelã seca
1 e ½ colher (chá) de caldo de limão-siciliano
sal e pimenta-do-reino

Para o azeite de pimenta e ervas

1 pimenta dedo-de-moça verde picada grosseiramente
20 g de salsa
1 colher (sopa) de hortelã picada
1 colher (chá) de cominho em pó
60 ml de azeite

SERVE 4 PESSOAS

CHIPS DE POLENTA DEFUMADA

375 ml de caldo de legumes

60 g de polenta de
  cozimento rápido

20 g de manteiga sem sal

60 g de queijo *scamorza
  affumicata* ralado grosso

3 tomates grandes (320 g)

2 colheres (sopa) de azeite

½ cebola média em fatias
  finas (100 g)

2 dentes de alho amassados

⅛ de colher (chá) de
  pimenta calabresa

1 colher (chá) de extrato de
  tomate

¾ de colher (chá) de açúcar
  refinado

óleo vegetal para fritar

50 g de farinha de trigo

sal e pimenta-do-reino

Defumada, crocante ou com queijo e um rico molho de tomate: minha versão frita com ketchup é, possivelmente, ainda mais deliciosa. Eu usei um queijo italiano defumado, scamorza affumicata, *para dar a essa polenta um sabor mais profundo e uma bela textura derretida, mas você pode substituir, sem problema algum, por outro queijo com sabor substancial, como provolone italiano ou cheddar defumado.*

....

Em uma caçarola pequena, coloque o caldo de legumes para ferver. Adicione a polenta lentamente, mexendo com uma colher de pau. Cozinhe, em fogo brando, por 5 a 7 minutos, mexendo sempre. Retire a panela do fogo e misture a manteiga, o queijo, ½ colher (chá) de sal e uma boa pitada de pimenta-do-reino. Quando o queijo e a manteiga derreterem na mistura, transfira para uma assadeira pequena quadrada, de cerca de 22 cm e 3 cm de profundidade, forrada com filme. Use uma espátula molhada para alisar e nivelar a polenta em uma camada uniforme de cerca de 1,5 cm. Cubra com filme para que não forme uma casca e deixe descansar por, pelo menos, 30 minutos, até esfriar completamente.

Enquanto isso, faça o molho de tomate. Coloque uma frigideira antiaderente grande em fogo alto. Quando estiver quente, adicione os tomates e deixe por 15 minutos, mexendo de vez em quando. A pele dos tomates precisa ficar escura, por isso não retire do fogo muito cedo. Transfira os tomates quentes para uma tigela e quebre-os com uma colher. Quando esfriarem, remova a pele com as mãos e descarte.

Aqueça o azeite em uma panela pequena, junte a cebola e cozinhe em fogo médio por 5 a 6 minutos. Adicione o alho e cozinhe por mais 4 minutos, antes de transferir a mistura para os tomates, com a pimenta calabresa, o extrato de tomate, o açúcar e ½ colher (chá) de sal. Use um mixer ou a tigela pequena do processador de alimentos para bater até formar uma pasta espessa. Reserve até voltar à temperatura ambiente.

Quando a polenta estiver pronta, remova-a da assadeira e corte-a em fatias de 1,5 cm de espessura e 6 cm de comprimento. Encha uma panela média com óleo vegetal suficiente para cobrir 2 cm das laterais e aqueça em fogo médio-alto.

Passe os pedaços de polenta na farinha até ficarem totalmente cobertos, retire o excesso e coloque-os, com cuidado, no óleo quente. Frite por 6 minutos até dourarem e transfira para um papel-toalha, para tirar o excesso de óleo. Não frite muitos de uma vez: se a panela estiver cheia, a temperatura do óleo diminui e a polenta não fica crocante.

Sirva quente. O molho pode ser despejado por cima da polenta frita, ou separado numa tigela ao lado.

206 FRITAR

QUIABO COM CROSTA DE *BUTTERMILK* E MOLHO DE TOMATE E PÃO

SERVE 4 PESSOAS

Uma pessoa não deveria ter preferências, mas, assim como filhos, alguns simplesmente brilham um pouco mais em alguns dias. Esta refeição foi, para mim, uma revelação. Eu estava inspirado para fazer essa massa depois de uma viagem ao icônico restaurante californiano Chez Panisse, onde o chef Cal Peternell usou uma massa similar com algumas cebolinhas. Você vai obter mais azeite de manjericão do que o necessário para a receita: guarde o que sobrar na geladeira e use sobre vegetais assados ou carnes brancas grelhadas. Você pode substituir os 200 ml de buttermilk *por 330 ml de leite.*

....

Você pode fazer o molho de tomate e o azeite de manjericão com antecedência. Aqueça o azeite para o molho em uma frigideira grande e adicione o alho. Deixe refogar por 2 minutos antes de adicionar os dois tipos de tomates e 300 ml de água. Deixe cozinhar delicadamente por 30 minutos para engrossar. Misture o manjericão, $1/3$ de colher (chá) de sal, um pouco de pimenta-do-reino e o pão. Adicione um pouco de água, se necessário, para que o pão absorva o molho e se desintegre quando você mexer a mistura. O molho deve ser grosso, mas líquido o suficiente para escorrer pela colher.

Coloque todos os ingredientes para o azeite de manjericão em um processador de alimentos, com uma pitada de sal, e bata até ficar cremoso.

Logo antes de servir, faça a massa para fritar. Em uma tigela grande, misture a farinha, a polenta, o açúcar, ¼ de colher (chá) de sal e um pouco de pimenta-do-reino. Adicione o *buttermilk* e a água, e bata com um *fouet* para alisar.

Em uma panela média, despeje o óleo de girassol para fritar o quiabo. Para acelerar o processo, dobre a quantidade de óleo e use duas panelas simultaneamente. Aqueça o óleo no fogo médio-alto e, em seguida, reduza o fogo para médio para que o quiabo não frite tão rápido. Mergulhe o quiabo na massa, retire o excesso e frite por 2 minutos, virando uma vez, até dourar. Escorra em papel-toalha, polvilhe com sal e mantenha aquecido no forno, em temperatura baixa, enquanto cozinha o resto.

Reaqueça o molho e sirva nos pratos. Coloque o quiabo por cima e finalize com o *sour cream* e o azeite de manjericão. Sirva em seguida.

.

75 g de farinha de trigo
25 g de polenta
¼ de colher (chá) de açúcar refinado
200 ml de *buttermilk*
3 colheres (sopa) de água com gás
cerca de 350 ml de óleo de girassol para fritar
250 g de quiabo limpo
4 colheres (sopa) de *sour cream*
sal e pimenta-do-reino

Para o molho de tomate
2 colheres (sopa) de azeite
1 dente de alho fatiado
200 g de tomates frescos branqueados, descascados e picados grosseiramente
200 g de tomates italianos enlatados
12 folhas grandes de manjericão, rasgadas grosseiramente
1 fatia pequena de pão de *levain* ou outro bom pão branco sem casca (25 g)

Para o azeite de manjericão
25 g de manjericão
3 colheres (sopa) de azeite
1 dente grande de alho amassado

FRITAR **209**

SERVE 4 PESSOAS

UPMA FRITA COM OVO POCHÉ

100 g de *chana dhal*

1 e ½ colher (sopa) de óleo de girassol (e mais um pouco, para untar a assadeira)

1 cebola pequena picada (90 g)

2 colheres (chá) de sementes de cominho

30 g de gengibre fresco descascado e picado finamente

1 pimenta dedo-de-moça verde pequena, sem sementes, em fatias finas

20 folhas de curry fresco (cerca de 3 hastes)

2 colheres (chá) de sementes de mostarda--preta torradas

⅓ de colher (chá) de curry em pó

¼ de colher (chá) de cúrcuma em pó

30 g de amendoim sem sal, torrado e picado grosseiramente

200 g de semolina grossa

cerca de 60 g de *ghee* (manteiga clarificada)

4 ovos

1 colher (sopa) de vinagre de vinho branco

100 g de conserva de limão indiano (*Pataks* ou outra variedade industrializada), opcional

120 g de iogurte grego

sal

Upma, um mingau espesso à base de semolina, é um prato típico do sul da Índia, para tomar no café da manhã ou incluir nas marmitas diárias. Sinta-se à vontade para apimentar um pouco mais ou aumentar a quantidade de especiarias para sabores mais fortes. A compota de limão é opcional, porque tende a mascarar levemente o humilde sabor maravilhoso da upma. *Mesmo assim, eu amo tanto pimenta que não resisto em colocar um pouco. Tenho certa fama na cozinha de teste de não devolver os tupperwares quando levamos algo para casa na noite anterior. Isso é totalmente injusto, é claro, mas penso sobre a tradição indiana de marmitas individuais — cada um responsável por seus tupperwares — seria o ideal para mim.*

Coloque uma pequena panela de água para ferver e adicione o *chana dhal*. Cozinhe por 30 minutos, ou até que esteja cozido. Escorra, refresque com água fria e reserve.

Aqueça o óleo em uma frigideira grande, em fogo médio. Adicione a cebola e o cominho e cozinhe por 4 minutos. Acrescente o gengibre, a pimenta, as folhas de curry, as sementes de mostarda-preta, o curry em pó e a cúrcuma e cozinhe por mais 2 minutos, mexendo sempre. Adicione o amendoim, o *chana dhal* cozido e 1 colher (chá) de sal e frite por mais 1 minuto, mexendo de vez em quando. Adicione a semolina, despeje 400 ml de água e cozinhe por 2 minutos finais, mexendo sempre.

Unte uma assadeira de 20 cm × 20 cm com óleo e espalhe o mix de semolina. Use um garfo para assentar e deixe descansar por cerca de 20 minutos para esfriar. Use uma faca para cortar a *upma* em 4 pedaços e então corte cada pedaço ao meio, na diagonal, formando triângulos. Em uma frigideira, coloque o *ghee* e leve ao fogo alto. Acrescente os triângulos e frite por cerca de 6 minutos, virando uma vez para que ambos os lados fiquem dourados e crocantes. Faça isso em duas levas, portanto mantenha-os aquecidos no forno, em temperatura baixa, e adicione mais *ghee*, se for preciso.

Para finalizar, faça o ovo poché: encha uma caçarola com água suficiente para caber um ovo inteiro aberto. Adicione o vinagre e deixe ferver. Para fazer cada ovo poché, quebre-o cuidadosamente em uma xícara e coloque-o, com delicadeza, na água fervente. Remova a panela do fogo, imediatamente, e reserve. Depois de cerca de 4 minutos, o ovo deve estar escalfado com perfeição. Use uma escumadeira para transferir o ovo, com todo cuidado, para uma tigela de água quente e impedir que esfrie. Quando todos os ovos estiverem prontos, seque-os com papel-toalha.

Ponha 2 triângulos de *upma* em cada prato, apoiados um sobre o outro. Por cima, coloque o ovo poché, alguns limões em conserva e, se gostar, um pouco de iogurte. Sirva imediatamente.

FRITAR

SERVE 4 PESSOAS

COUVE-FLOR FRITA COM HORTELÃ E MOLHO DE TAMARINDO

120 g de farinha de rosca

1 dente de alho pequeno amassado

1 colher (chá) de gengibre em pó

1 e ¼ de colher (chá) de cominho em pó

2 colheres (chá) de curry em pó

1 e ½ colher (chá) de sementes de coentro

1 e ½ colher (chá) de sementes de mostarda--preta

1 colher (chá) de pimenta calabresa

1 e ½ colher (chá) de açúcar refinado

3 ovos batidos

90 g de farinha de trigo

1 couve-flor média, dividida em pedaços de 3 cm (600 g)

cerca de 1 litro de óleo de girassol para fritar

sal

Para o molho

40 g de folhas de salsa

25 g de folhas de coentro

10 g de folhas de hortelã

1 colher (sopa) de pasta de tamarindo

1 colher (chá) de xarope de Maple

1 colher (sopa) de azeite

2 colheres (chá) de caldo de limão

Para mim, couve-flor frita é uma das comidas mais reconfortantes que existem. Provavelmente tem a ver com a minha infância — quando meu pai simplesmente afundava a couve-flor em ovo e farinha de rosca, fritava e servia para nós com maionese caseira —, ou talvez seja simplesmente porque couve-flor frita é mesmo algo delicioso.

O molho aqui não é essencial — uma gota de limão fica perfeito —, mas dá um frescor fantástico. De alguma forma, eu simplesmente sei que você fará esse molho muitas e muitas vezes, e vai querer colocar em tudo, desde carne grelhada a vários curries e ensopados.

Coloque todos os ingredientes para o molho, menos o caldo de limão, em uma pequena tigela de um processador de alimentos, com ½ colher (chá) de sal e 2 colheres (sopa) de água. Processe até ficar completamente liso e reserve.

Junte a farinha de rosca, o alho, as especiarias em pó, as sementes, a pimenta calabresa e o açúcar na tigela pequena do processador de alimentos, com ½ colher (chá) de sal. Bata algumas vezes até que os temperos estejam misturados e a farinha de rosca tenha se quebrado: não queremos que a textura fique muito fina. Transfira essa mistura para uma tigela.

Coloque os ovos em uma tigela separada e a farinha de trigo em uma terceira tigela com ½ colher (chá) de sal. Mergulhe um pedaço de couve-flor na farinha de trigo, até que fique totalmente coberto. Em seguida, mergulhe no ovo e, depois, na farinha de rosca picante, virando para que todos os lados fiquem cobertos. Separe em uma grande travessa, enquanto continua mergulhando os outros pedaços de couve-flor.

Despeje óleo suficiente em uma panela média, que cubra 3 a 4 cm das laterais. Coloque em fogo médio-alto e, quando estiver quente, mergulhe com cuidado cerca de 8 pedaços de couve-flor. Frite por 2 a 3 minutos até dourar. Use uma escumadeira para transferi-los para um prato forrado com papel-toalha e mantenha em algum lugar quente, enquanto você continua com a couve-flor restante. (O óleo pode ser reutilizado.) Misture o caldo de limão no molho, antes de servi-lo ao lado da couve-flor frita.

COUVE-DE-BRUXELAS COM ALHO CARAMELIZADO E CASCA DE LIMÃO

SERVE 4 PESSOAS

Há algumas receitas do livro Plenty *que parecem ter feito bastante sucesso, já que muitas pessoas me dizem que as experimentaram. Eu as chamo de "Top 10". Uma delas é a minha torta de alho caramelizado, que aparentemente foi uma revelação para muitos amantes de alho. Nesta receita, ocorre uma transformação surpreendentemente semelhante: os dentes de alho, de fortes e abrasivos, tornam-se suaves e doces, permitindo que você utilize toneladas de alho sem correr o risco de causar alguma reação adversa a si mesmo ou aos seus queridos.*

Há alguns elementos nesta receita natalina que serão bastante úteis em qualquer lugar. O alho caramelizado é um excelente condimento para adicionar à lentilha e a vegetais assados, e o limão adoçado pode ser usado para decorar sobremesas cremosas ou saladas de folhas. Empanar brotos também é uma ótima maneira de cozinhá-los: o sabor vem à tona e a textura saudável se mantém.

200 g de alho (5 cabeças de tamanho médio ou 3 grandes), com dentes separados e descascados

cerca de 120 ml de azeite

2 colheres (chá) de vinagre balsâmico

3 colheres (sopa) de açúcar refinado

1 limão médio

600 g de couve-de-bruxelas

1 pimenta dedo-de-moça sem semente e picada bem fino

20 g de folhas de manjericão picadas

sal e pimenta-do-reino

Comece com o alho: ferva água em uma caçarola média, adicione o alho e branqueie por 3 minutos. Escorra, seque a panela e despeje 2 colheres (sopa) de azeite. Volte o alho para a panela e refogue em fogo alto por 2 minutos, mexendo sempre, até dourar. Acrescente o vinagre, 1 colher (sopa) de açúcar, 90 ml de água e ¼ de colher (chá) de sal. Deixe ferver e cozinhe em fogo médio por 10 a 15 minutos, até que não reste mais nenhum líquido, apenas os dentes de alho caramelizados e um xarope espesso. Separe.

Use um descascador de legumes para cortar tiras largas da casca do limão; evite a parte branca. Corte as tiras em fatias de 1 a 2 mm e coloque em uma panela pequena. Esprema o limão e faça um caldo de 100 ml, adicionando água. Despeje o caldo sobre as tirinhas da casca de limão, acrescente 2 colheres (sopa) de açúcar e ferva delicadamente. Cozinhe por 12 a 15 minutos, até que a mistura reduza para cerca de um terço. Reserve para esfriar e descarte a calda.

Ao mesmo tempo, apare os brotos das couves-de-bruxelas e corte-os no sentido do comprimento. Aqueça 3 colheres (sopa) de azeite em uma panela grande e pesada. Adicione a metade das couves, ¹/₈ de colher (chá) de sal e uma boa pitada de pimenta-do-reino. Cozinhe em fogo alto por 5 minutos, mexendo uma ou duas vezes, para que fiquem torradinhas, mas sem quebrar; adicione mais azeite, se necessário. Os brotos devem ficar macios, mas manter alguma firmeza. Transfira para uma tigela e repita com o restante do azeite e das couves.

Quando estiverem cozidos, misture a pimenta, o alho e seu xarope. Mexa e deixe descansar por 10 minutos. Junte o manjericão e a casca do limão e sirva quente ou em temperatura ambiente.

FRITAR

BOLINHOS DE ALHO SELVAGEM E QUINOA COM MOLHO *SALVITXADA*

SERVE 4 PESSOAS

rende 16 bolinhos

Como qualquer pessoa que lê o blog 101 Cookbooks, de Heidi Swanson, saberá, ela é a campeã de todas as coisas vegetarianas. Ela é também a fonte de inspiração para esses bolinhos de quinoa, que são ótimos com algumas simples gotas de limão-siciliano, mas são um sonho com o molho salvitxada. *Tara, que foge de farinha de rosca sempre que pode, faz os bolinhos com sementes de linhaça para aqueles que querem uma opção sem glúten. Faça mais do que precisa desse molho* salvitxada — *um molho catalão semelhante ao romesco —, pois é maravilhosamente versátil. Guarde na geladeira por até uma semana, para servir com qualquer prato à base de arroz ou vegetais, carne ou peixe grelhados.*

....

Preaqueça o forno a 220 °C.

Primeiro faça o molho. Coloque o pimentão, as pimentas e os dentes de alho em uma assadeira e asse por 10 minutos. Retire as pimentas e o alho, vire o pimentão e asse por mais 20 minutos. Quando o pimentão estiver assado, retire-o do forno e coloque-o em uma tigela coberta com filme. Quando esfriar, descasque e tire as sementes. Faça o mesmo com as pimentas dedo-de-moça e com o alho.

Reduza a temperatura do forno para 200 °C.

Coloque as amêndoas em uma tigela pequena do processador de alimentos e bata até formar um pó grosso. Acrescente o pimentão assado, as pimentas dedo-de-moça, o alho e os tomates, e continue a processar até formar uma pasta. Adicione o vinagre de xerez, ¼ de colher (chá) de sal e, em seguida, vá colocando lentamente o azeite, até formar um molho espesso.

Ferva uma panela média de água, adicione a quinoa e cozinhe por 9 minutos, até ficar macia, mas ainda al dente. Escorra em uma peneira fina. Resfrie em água fria e reserve, para secar completamente.

Em uma tigela grande, ponha todos os ingredientes restantes, exceto o azeite e o limão-siciliano. Acrescente 1 colher (chá) de sal e uma boa pitada de pimenta-do-reino. Adicione a quinoa, mexa bem e modele a mistura em bolinhos de 60 g cada, com cerca de 6 cm de diâmetro por 2 cm de espessura.

Aqueça metade do azeite em uma frigideira antiaderente, em fogo médio. Frite os bolinhos em levas, por 3 minutos de cada lado, até dourarem. Acrescente azeite, se necessário. Transfira para uma assadeira e finalize no forno por 8 minutos. Sirva quente com um chuvisco do caldo de limão (se estiver usando), ou com o molho *salvitxada* em cima ou ao lado.

250 g de quinoa

40 g de folhas de alho selvagem, cortadas em fatias finas (alternativa: 6 cebolinhas)

1 cebola roxa pequena cortada em cubos (100 g)

2 ovos ligeiramente batidos

2 pimentas dedo-de-moça verdes, sem sementes e cortadas em cubos finos

120 g de queijo cottage

30 g de cheddar maturado, ralado grosso

60 g de farinha de rosca

2 colheres (chá) de cominho em pó

60 ml de azeite para fritar

1 limão-siciliano grande cortado em fatias largas (opcional)

sal e pimenta-do-reino

Molho salvitxada

1 pimentão vermelho médio (150 g no total)

2 pimentas dedo-de-moça

5 dentes de alho com casca

40 g de lascas de amêndoas torradas

4 tomates maduros, branqueados, descascados e sem sementes, picados grosseiramente (250 g)

2 colheres (chá) de vinagre de xerez

100 ml de azeite

SERVE 4 PESSOAS
como prato principal; mas
preferencialmente como
entrada ou acompanhamento

3 cebolinhas
25 g de gengibre fresco,
  descascado e cortado
  em fatias finas
2 berinjelas pequenas
  (500 g no total)
250 ml de óleo de girassol,
  além de 1 colher (sopa)
  adicional para fritar
6 cebolas pequenas picadas
  em fatias finas (100 g)
2 dentes de alho amassados
120 g de nozes, levemente
  tostadas e picadas
  grosseiramente
50 g de pasta de missô doce
  e branca
150 ml de *dashi* vegetariano
  ou caldo de legumes
  em cubo
3 colheres (sopa) de saquê
  mirin
2 colheres (sopa) de shoyu
1 colher (sopa) de açúcar
  refinado
1 colher (sopa) de saquê
  (opcional)
250 g de macarrão *udon*
½ pepino com casca, cortado
  em fatias bem finas (150 g)
sal

MACARRÃO *UDON* COM BERINJELA FRITA, NOZES E MISSÔ

O missô virou um produto básico na minha despensa, desde que escrevi o Plenty. *É uma maneira fantástica de consumir toneladas do rico sabor* umami *em pratos vegetarianos, sendo adicionado a marinadas, molhos, sopas ou temperos.*

Um dashi *vegetariano digno pode ser feito de* kombu, *uma alga comestível usada na culinária asiática, cozida em apenas 5 minutos depois da fervura.* Kombu *pode ser encontrado em lojas de produtos naturais e em alguns mercados de comida oriental.*

Corte cada cebolinha em fatias de 5 cm de comprimento. Divida cada fatia no sentido do comprimento e corte cada metade em finas faixas, o mais fino que conseguir. Coloque as cebolinhas e 10 g de gengibre em uma tigela de água gelada e leve à geladeira.

Use um descascador de batatas para descascar 4 a 5 tiras da casca das berinjelas, de cima para baixo, de modo que fique um padrão de tiras. Corte as berinjelas em discos de 2,5 cm de espessura; em seguida, corte cada disco em quatro. Aqueça 250 ml de óleo em uma panela média, em fogo médio-alto. Quando estiver bem quente, adicione a berinjela em pequenas levas e frite por cerca de 4 minutos, até ficar dourada e cozida. Transfira para uma peneira, polvilhe com um pouco de sal e deixe escorrer.

Coloque as cebolas e 1 colher (sopa) de óleo de girassol em uma panela e refogue em fogo médio. Quando as cebolas estiverem macias, depois de cerca de 2 minutos, adicione o gengibre restante e o alho e deixe cozinhar em fogo baixo por 5 minutos. Acrescente as nozes e a berinjela frita e reserve.

Em uma tigela, misture os ingredientes restantes, exceto o macarrão e o pepino, e adicione-os à panela com as nozes e a berinjela.

Cozinhe o macarrão conforme as instruções da embalagem. Enquanto isso, aqueça o molho e a berinjela, deixando o molho evaporar para engrossar um pouco, mas não muito. Sirva porções individuais de macarrão quente, coberto no centro com o molho de nozes. Escorra e seque a cebolinha e o gengibre, espalhando-os por cima, e salpique com as finas fatias de pepino.

BOLINHOS CROCANTES DE AÇAFRÃO E CUSCUZ

SERVE 4 PESSOAS
rende 20 bolinhos

Esta receita foi inspirada por Ana Sortun, amiga e dona do famoso restaurante Oleana, em Cambridge, Massachussetts. Os bolinhos originais de Ana são feitos para ter a textura do tah-dig, a base levemente frita e crocante do arroz iraniano. Minha versão substitui o arroz por cuscuz e tem um gosto doce e salgado, que a torna bastante popular entre as crianças. É o iogurte e o ovo que deixam a receita gostosa e crocante. Para os adultos, sirva os bolinhos com chutney de tomate ou relish e salada verde. Se preferir, acrescente ervas frescas como endro, salsinha ou hortelã à mistura.

Se não conseguir encontrar bérberis, use groselha, de molho por 20 minutos em caldo de limão-siciliano.

½ colher (chá) de pistilo
   de açafrão
275 g de cuscuz
30 g de bérberis
50 g de açúcar refinado
140 g de iogurte grego
2 ovos ligeiramente batidos
20 g de cebolinha-francesa
   picada
100 g de queijo feta, picado
   em pedaços de 1 cm
cerca de 4 colheres (sopa)
   de *ghee* (manteiga
   clarificada)
sal e pimenta-do-reino

Coloque o açafrão em uma tigela grande e despeje sobre ele 500 ml de água fervente. Deixe em infusão por 1 ou 2 minutos e, em seguida, adicione o cuscuz. Misture com um garfo, cubra a tigela com filme e deixe descansar por 15 minutos.

Em uma panela pequena, coloque as bérberis e o açúcar. Acrescente 120 ml de água e deixe ferver em fogo brando. Mexa até dissolver o açúcar e retire do fogo. Quando esfriar, escorra as bérberis e seque-as em papel-toalha.

Solte o cuscuz com um garfo e adicione o iogurte, os ovos, a cebolinha, o queijo feta, as bérberis, ¼ de colher (chá) de sal e um pouco de pimenta-do-reino. Misture bem e use as mãos para moldar o cuscuz em bolinhos redondos e firmes, com cerca de 1,5 cm de espessura e pesando 55 g cada. Pressione e compacte-os bem, para que eles não se desintegrem durante o cozimento.

Aqueça 2 colheres (sopa) de *ghee* em uma frigideira grande em fogo médio-alto. Abaixe o fogo para médio e frite os bolinhos em levas, acrescentando mais manteiga, se necessário. Cozinhe cada leva por 5 minutos, virando uma vez, até ficarem crocantes e dourados. Transfira para um papel-toalha e mantenha em algum lugar quente, enquanto cozinha o restante. Sirva imediatamente.

FRITAR

BERINJELA, BATATA, TOMATE

SERVE DE 4 A 6 PESSOAS

Tentei pensar em um título mais inspirador para esta receita. Todos ficaram muito longos, quando tentava mencionar batata frita, tomate apimentado e ovos pochés. Voltando ao básico, resolvi listar os ingredientes.

Para todos os amantes de shakshuka, *esta é mais uma receita dedicada a um café da manhã mais longo no fim de semana, apesar de demorar um pouco para fazer, já que os diferentes componentes que têm de ser preparados separadamente. Você pode prepará-los com antecedência, e só juntar tudo no último minuto. Este prato pode ser servido direto da frigideira. Eu sempre recomendo misturar o tahine no pote antes de usá-lo.*

....

Coloque os tomates em uma peneira por 30 minutos, para sair um pouco da água. Transfira para uma tigela média e adicione a cebola, o vinagre, a salsa, o molho *sriracha* e ¼ de colher (chá) de sal. Misture com delicadeza e reserve.

Misture as berinjelas com 1 e ½ colher (chá) de sal, coloque em uma peneira e reserve por meia hora sobre uma tigela, para drenar o excesso de líquido. Transfira para um prato forrado com papel-toalha e seque. Coloque 200 ml de azeite em uma frigideira de 26 cm, junto com o óleo de girassol: precisa cobrir 1 cm da lateral da panela. Então coloque mais óleo, se necessário. Coloque em fogo médio-alto e, quando estiver quente, adicione as berinjelas em levas. Frite por 3 a 4 minutos, até dourar. Retire com uma escumadeira, transfira para um prato forrado com papel-toalha e reserve, em algum lugar quente, enquanto repete o processo com o restante das berinjelas. Deixe o óleo esfriar, despeje em um frasco — você poderá reutilizá-lo em futuras frituras — e passe um papel-toalha na panela.

Ferva uma panela média de água, acrescente as batatas e cozinhe por 3 minutos. Escorra, refresque em água fria e deixe secar. Adicione 2 colheres (sopa) de azeite na frigideira e coloque em fogo médio-alto. Acrescente as batatas e frite por 10 minutos com ¼ de colher (chá) de sal e uma pitada de pimenta-do-reino, até estarem cozidas e douradas, agitando a panela de tempos em tempos. Retire a panela do fogo e reserve.

Coloque o tahine, 60 ml de água, 1 e ½ colher (sopa) de caldo de limão, o alho e uma pitada de sal em uma tigela média e misture até obter uma consistência grossa. Derrame metade de uma colher do molho sobre as batatas e espalhe as berinjelas em cima. Jogue por cima o restante do tahine e cubra com os tomates. Faça os ovos poché pouco antes de servir e coloque-os sobre os tomates com um fio de azeite, uma pitada de sumagre e o coentro, e o restante do caldo de limão. Leve a panela para a mesa.

Ingredientes

- 4 tomates médios cortados em cubos de 1 cm (400 g)
- ½ cebola roxa pequena picada em pedaços pequenos (40 g)
- 2 colheres (sopa) de vinagre de vinho branco
- 15 g de salsa picada
- 1 colher (sopa) de molho *sriracha* (ou outro molho salgado de pimenta chili)
- 2 berinjelas médias cortadas em pedaços de 3 cm (600 g)
- 250 ml de azeite para fritar
- cerca de 300 ml de óleo de girassol
- 600 g de batatas, descascadas e cortadas em fatias de 3 mm
- 80 g de pasta de tahine
- 2 e ½ colheres (sopa) de caldo de limão-siciliano
- 1 dente de alho pequeno amassado
- 6 ovos pochés (*veja as instruções na p. 210*)
- 1 colher (chá) de sumagre
- 1 colher (sopa) de coentro picado
- sal e pimenta-do-reino

FRITAR 219

SERVE 4 PESSOAS

AZEITONAS EMPANADAS COM IOGURTE PICANTE

1 pimenta dedo-de-
-moça verde picada
grosseiramente

¼ de colher (chá) de
cardamomo em pó

⅛ de colher (chá) de
cravo-da-índia em pó

¾ de colher (chá) de
açúcar refinado

20 g de coentro picado
grosseiramente

20 g de salsa picada
grosseiramente

45 g de limão-siciliano em
conserva (pele e gomos),
picado grosseiramente

60 ml de azeite

80 g de farinha de rosca

50 g de farinha de trigo

2 ovos batidos

160 g de azeitonas verdes
sem caroço

óleo de girassol para fritar

300 g de iogurte grego

Esta receita é um pouco baseada no fantástico livro de receitas do ainda mais fantástico restaurante Balaboosta, no Soho, em Nova York. O talentoso chef, Einat Admoni, é o rosto da cena, cada vez mais popular, da comida israelita. Empanar e fritar azeitonas individualmente pode parecer, a princípio, um pouco trabalhoso, mas elas podem ser preparadas com antecedência, no momento de lazer; o resultado do aperitivo pré-jantar é, para aqueles que não aguentam mais blinis de salmão defumado, muito especial.

No liquidificador, coloque a pimenta, as especiarias, o açúcar, o coentro, a salsa, o limão em conserva e o azeite, batendo até formar uma pasta áspera. Despeje em uma tigela pequena e reserve.

Coloque a farinha de rosca, a farinha de trigo e os ovos em três tigelas pequenas separadas.

Escorra as azeitonas de seu líquido e seque com papel-toalha. Quando estiverem secas, mergulhe uma azeitona na farinha de trigo, em seguida no ovo e, para finalizar, na farinha de rosca. Coloque em um prato e repita o processo com as outras azeitonas.

Despeje óleo de girassol em uma caçarola pequena, o suficiente para cobrir 3 cm da lateral, e coloque em fogo médio-alto. Quando o óleo estiver quente, adicione algumas azeitonas empanadas. Elas devem demorar 1 minuto para dourar, e você deve virá-las durante o processo. Se escurecerem muito rapidamente, abaixe o fogo. Com uma escumadeira, retire as azeitonas do óleo e coloque em um papel-
-toalha. Repita o procedimento com as azeitonas restantes.

Coloque uma colher de iogurte em uma tigela rasa e jogue a pasta verde por cima (não misture completamente). Empilhe as azeitonas no centro, quentes ou em temperatura ambiente, e sirva.

CEVADA E LENTILHAS COM COGUMELOS E ESPECIARIAS

SERVE 4 PESSOAS

Eu sempre usei a cevadinha na cozinha, portanto a cevada bruta foi uma grande revelação, depois de Diana Henry sugerir que eu a usasse no lugar do arroz, em uma receita de mijadra de lentilha. Ao contrário da cevadinha — cuja natureza sem casca, polida e macia recebe muito bem sabores mais robustos —, a cevada bruta, com sabor inerente de nozes e al dente, permite ser mais independente no prato. Ela leva mais tempo para cozinhar do que a cevadinha, mas deixá-la de molho em água gelada, na noite anterior, irá acelerar o processo. É um grão robusto e versátil, que pode ser usado como substituto para massa, arroz, cuscuz ou triguilho. No momento, tenho encontrado todo tipo de desculpa para comê-la com todas as refeições — salgadas e doces (veja o pudim de cevada, laranja e gergelim, na p. 337). (Foto na página anterior.)

....

Coloque o cogumelo *porcini* seco em uma tigela, cubra com 400 ml de água fervente e deixar descansar por 1 hora. Quando esfriar, retire os cogumelos e coe o líquido com uma peneira forrada com um pano, para remover toda a terra. Volte os cogumelos para o líquido.

Escorra e lave a cevada em água fria, coloque-a em uma caçarola grande e acrescente as lentilhas. Despeje água fria por cima — deve cobrir 5 cm acima da cevada e das lentilhas — e leve ao fogo alto para ferver. Abaixe o fogo para médio-alto e cozinhe por 15 a 20 minutos, até que as lentilhas e a cevada estejam cozidas, mas ainda mantenham a sua forma. Escorra, transfira para uma tigela média e deixe esfriar.

Em uma tigela pequena, coloque as fatias de cebola, adicione a farinha e misture. Despeje o óleo em uma caçarola média, cobrindo 2 cm da lateral da panela. Coloque em fogo alto e, quando o óleo estiver quente, adicione a metade da cebola e frite por 3 a 4 minutos, até dourar. Transfira para um prato forrado com papel-toalha. Repita com o restante da cebola fatiada e deixe esfriar.

Coloque os pedaços de cebola em uma panela grande em fogo alto, acrescente o azeite e frite por 5 minutos, mexendo sempre, até a cebola ficar tostada e macia. Misture as especiarias e cozinhe por mais 30 segundos, antes de adicionar os cogumelos shitake, as tiras de limão, o açúcar e ½ colher (chá) de sal. Frite por 3 minutos, mexendo de vez em quando, até que os cogumelos comecem a amolecer e ganhar um pouco de cor. Adicione os cogumelos *porcini* e todo o seu líquido, e ferva por 5 minutos, até sobrar cerca de 6 colheres (sopa) do líquido na panela. Abaixe o fogo e acrescente as lentilhas e a cevada com a hortelã seca, ¾ de colher (chá) de sal e uma pitada generosa de pimenta-do-reino. Mexa para ficar homogêneo e deixe cozinhar por mais 1 minuto. Retire do fogo e misture o caldo de limão, o endro, a salsa e a cebola crocante. Transfira para uma travessa grande ou para pratos individuais e sirva quente. Se quiser, adicione uma colher de *sour cream* por cima.

Ingredientes

- 20 g de cogumelo *porcini* seco
- 120 g de cevada embebida em água fria durante a noite
- 170 g de lentilhas marrons
- 2 cebolas médias (240 g no total): uma descascada, cortada ao meio e picada em fatias finas; a outra descascada, cortada ao meio e depois em pedaços de 2 cm
- 2 colheres (sopa) de farinha de trigo
- cerca de 600 ml de óleo de girassol para fritar
- 2 colheres (sopa) de azeite
- 1 e ½ colher (chá) de cominho em pó
- 1 colher (chá) de pimenta-da-jamaica em pó
- 1 colher (chá) de canela em pó
- 3 cogumelos shitake grandes cortados em tiras de 1 cm (250 g)
- 1 limão-siciliano, descascado em tiras finas e longas
- ½ colher (chá) de açúcar refinado
- 1 colher (sopa) de hortelã seca
- 1 colher (sopa) de caldo de limão-siciliano
- 10 g de endro picado grosseiramente
- 10 g de salsa picada grosseiramente
- 60 g de *sour cream* (opcional)
- sal e pimenta-do-reino

SERVE 4 PESSOAS

BERINJELA *PAHI*

cerca de 400 ml de óleo
  de sementes de uva ou
  de girassol para fritar
2 berinjelas grandes, cortadas
  ao meio no sentido do
  comprimento, e cada metade
  cortada em fatias de
  2,5 cm × 5 cm (750 g)
1 colher (chá) de cúrcuma
  em pó
3 cebolas médias descascadas
  e cortadas em 8 pedaços
  (420 g)
4 pimentas romano (ou
  ramiro), sem as sementes,
  cortadas ao meio no sentido
  do comprimento, depois
  em tiras de 2 cm (480 g)
1 pimenta dedo-de-moça,
  cortada em quatro e sem
  sementes
10 g de gengibre fresco
  descascado e picado
  grosseiramente
4 dentes de alho picados
  grosseiramente
1 e ½ colher (chá) de curry
  em pó
¼ de colher (chá) de
  cravo-da-índia em pó
¼ de colher (chá) de
  cardamomo em pó
1 colher (chá) de canela em pó
2 colheres (chá) de sementes
  de mostarda
10 cm de folha de pândano
  picada grosseiramente
  (opcional)
3 cm de capim-limão picado
  grosseiramente
cerca de 12 folhas frescas
  de curry
60 ml de vinagre de maçã
2 e ½ colheres (chá)
  de açúcar refinado
sal

Este curry do Sri Lanka é um acompanhamento maravilhoso para arroz, vegetais assados ou simplesmente um frango cozido. Pode ser servido quente, mas fica ainda mais gostoso no dia seguinte, em temperatura ambiente. Não se assuste se parecer um pouco oleoso: qualquer arroz ou pão ficará feliz em se misturar a ele. Jennifer Gomes — uma arquiteta australiana originalmente do Sri Lanka, que me deu esta receita — diz que a maneira que mais gosta de servi-lo é na baguete, com rosbife. Eu não poderia concordar mais. Também é delicioso com um pouco de tahine ou iogurte grego. Se guardado em um pote hermético, ele dura até duas semanas na geladeira.

Despeje o óleo em uma frigideira grande ou numa caçarola, em fogo médio-alto. Enquanto isso, misture as berinjelas e a cúrcuma numa tigela. Adicione ao óleo e frite em levas por cerca de 8 minutos, virando uma vez, até dourar. Use uma escumadeira para transferir as berinjelas para uma peneira forrada com papel-toalha, polvilhe com ¼ de colher (chá) de sal e deixe escorrer.

Acrescente as cebolas ao óleo e frite-as por 8 minutos, virando uma vez, até dourar. Em seguida, adicione-as à tigela com as berinjelas, com mais ¼ de colher (chá) de sal. Frite as pimentas por 5 minutos, até que as bordas comecem a escurecer, e acrescente ao restante com ¼ de colher (chá) de sal. Deve ter cerca de 1 colher (sopa) de óleo na panela — senão, adicione ou remova, conforme necessário.

Bata, em uma tigela pequena do processador de alimentos, ou em um moedor de especiarias, o gengibre, o alho, as especiarias, a folha de pândano (se estiver usando), o capim-limão e as folhas de curry, até formar uma pasta. Frite esta pasta no restante do óleo em fogo médio por 2 a 3 minutos, até que comece a ganhar cor. Volte todos os vegetais para a panela, junto com o vinagre, 60 ml de água fervente e o açúcar. Mexa com delicadeza e reduza o fogo, cozinhando por 8 minutos até que o líquido evapore. Sirva quente ou em temperatura ambiente.

**SERVE DE 4
A 6 PESSOAS**

PURÊ DE RAIZ COM CEBOLAS BRASEADAS NO VINHO

80 g de lentilhas
½ cabeça grande de
  aipo-rábano, descascado
  e cortado em pedaços
  grandes (300 g)
2 cenouras grandes,
  descascadas e cortadas em
  pedaços grandes (300 g)
½ abóbora japonesa, ou
  outro tipo, descascada
  e cortada em pedaços
  grandes (300 g)
2 batatas-doces,
  descascadas e cortadas em
  pedaços grandes (600 g)
70 g de manteiga sem sal,
  em cubos
2 colheres (sopa) de xarope
  de Maple
1 e ½ colher (chá) de
  cominho em pó
sal e pimenta-do-reino

Para as cebolas braseadas
2 colheres (sopa) de azeite
600 g de cebolas pequenas,
  descascadas
400 ml de vinho tinto
200 ml de caldo de legumes
2 folhas de louro
1 colher (chá) de
  pimenta-do-reino em grãos
4 ramos de tomilho
1 colher (sopa) de açúcar
  refinado
30 g de manteiga sem sal

Seria quase um sacrilégio servir esta receita sem uma ave assada de acompanhamento. Mas, graças às lentilhas robustas e às cebolas cozidas lentamente, ela pode facilmente ser servida como um prato vegetariano, para alimentar uma galera faminta.

Comece com as cebolas. Coloque o azeite em uma panela média no fogo alto e adicione as cebolas inteiras para fritar por cerca de 5 minutos, mexendo de vez em quando, até ficarem bem douradas. Adicione o vinho, o caldo de legumes, o louro, a pimenta em grãos, o tomilho, o açúcar e ¾ de colher (chá) de sal. Tampe, abaixe o fogo e cozinhe delicadamente por 1 hora. Retire a tampa, aumente o fogo e deixe ferver por cerca de 8 minutos, até que o líquido reduza pela metade. Use uma escumadeira para retirar as cebolas da panela e mantenha-as em algum lugar quente. Misture a manteiga no molho e reserve.

Ferva uma panela com água, adicione as lentilhas, reduza o fogo para médio e cozinhe até ficarem macias — isso leva cerca de 25 minutos. Escorra e reserve.

Para o purê, cubra a metade de uma panela média com água e deixe ferver. Acrescente o aipo-rábano e as cenouras e cozinhe por 10 minutos. Adicione a abóbora e as batatas-doces e cozinhe por mais 10 a 15 minutos, até que todos os vegetais estejam cozidos.

Escorra os vegetais, retirando o máximo de líquido possível, e amasse bem com um espremedor de batatas. Acrescente a manteiga, o xarope de Maple, o cominho, as lentilhas cozidas, 1 colher (chá) de sal e bastante pimenta-do-reino. Misture bem e divida o purê quente em pratos individuais. Cubra o purê com as cebolas, coloque o molho por cima e sirva imediatamente.

FAVA

SERVE DE 4 A 6 PESSOAS

Eu achei que sabia tudo o que se pudesse saber sobre pastas feitas de legumes variados, até alguns verões passados, quando eu estava passando as férias na charmosa ilha grega de Kea (ou Tzia), em Cyclades, e me deparei com esta variação, que não se parece em nada com o homus ou outras pastas semelhantes. A fava é uma ervilha dividida ao meio e achatada; e é para comer quente, coberta com alcaparras e cebola caramelizada, servida com carne ou peixe, ou como entrada. É cremosa e muito excitante, e me fez raspar muitos pratos, durante essas férias. Na Grécia, a fava é feita com ervilhas amarelas. Quando é feita com fava seca, é chamada de koukofava. *Uma mina de ouro!*

....

Descasque e corte uma cebola em quatro, e coloque em uma caçarola média. Adicione as ervilhas, as folhas de louro e a cúrcuma, cobrindo com bastante água. Espere ferver, reduza o fogo e deixe cozinhar por 50 minutos a 1 hora, até que as ervilhas estejam macias, mas ainda mantendo a forma. Adicione mais água enquanto cozinham, se necessário. Coe as ervilhas — guarde o líquido do cozimento — e descarte as folhas de louro, deixando a cebola na panela. Deixe esfriar um pouco.

Enquanto as ervilhas cozinham, descasque e corte as 2 cebolas restantes em fatias de 0,5 cm de espessura. Aqueça 1 colher (sopa) de azeite em uma caçarola grande em fogo médio-alto. Acrescente as cebolas e cozinhe por 15 a 20 minutos, até dourarem e ficarem doces e caramelizadas. Retire do fogo e reserve.

Retire 100 g das ervilhas cozidas e separe. Coloque o restante em uma tigela do processador de alimentos com o alho, o caldo de limão, o azeite restante, ¾ de colher (chá) de sal, $1/8$ de colher (chá) de pimenta-do-reino branca e 3 colheres (sopa) do caldo de cozimento. Bata até ficar cremoso, transfira para uma tigela grande e junte com as ervilhas reservadas, metade das cebolinhas-francesas e metade da cebola caramelizada. Coloque em uma tigela rasa e use uma espátula para mexer a mistura. Cubra com as cebolas restantes, as alcaparras e o resto das cebolinhas-francesas. Finalize com um fio de azeite.

---

3 cebolas grandes (600 g no total)

300 g de ervilhas amarelas secas

2 folhas de louro

¼ de colher (chá) de cúrcuma em pó

100 ml de azeite (e mais um pouco, para finalizar)

2 dentes de alho amassados

2 colheres (sopa) de caldo de limão-siciliano

35 g de alcaparras, picadas grosseiramente

10 g de cebolinhas-francesas em fatias finas

sal e pimenta-do-reino branca

AMASSAR

**SERVE DE 4
A 6 PESSOAS**
como entrada

1 cabeça de alho (10
dentes), com os dentes
separados, com casca
125 ml de azeite
240 g de ricota
3 colheres (sopa) de
sour cream
2 limões-sicilianos —
a casca de um em tiras
longas, e 2 colheres (chá)
das raspas da casca do
outro
600 g de fava (400 g, se já
estiver descascada)
1 e ½ colher (sopa) de caldo
de limão-siciliano
15 g de folhas de hortelã
picadas, além de 1 colher
(sopa) de folhas de hortelã
rasgadas para decorar
sal e pimenta-do-reino

PATÊ DE FAVA COM RICOTA DE ALHO ASSADO

Uma porção extra de ajudantes para descascar aqui! Não desanime com a necessidade de começar descascando fava: compre-as já sem casca (já vi em alguns mercados de produtos orientais). Ou então, é uma tarefa divertida e terapêutica para delegar a ajudantes — pequenos ou grandes. Esta receita é uma das favoritas dos gêmeos da Tara, Scarlett e Theo, que fazem competição para ver quem consegue catapultar os grãos primeiro e, principalmente, fazê-los voar para a tigela designada. Sirva com pão de levain *torrado, como entrada. (Foto nas páginas seguintes.)*

Preaqueça o forno a 220 °C.

Misture os dentes de alho com 1 colher (chá) de azeite, coloque em uma assadeira e asse por 15 minutos, até que estejam macios. Retire do forno e, quando frios, remova a casca de cada dente com um garfo. Descarte a casca e coloque os dentes de alho em uma tigela pequena, junto com a ricota, o *sour cream*, ¼ de colher (chá) de sal e um pouco de pimenta-do-reino: use um *fouet* para misturar bem e reserve.

Coloque o azeite restante em uma panela pequena com as tiras da casca de limão. Leve ao fogo médio, deixe ferver delicadamente, retire do fogo e deixe em infusão (depois, você vai descartar a casca e usar apenas o azeite).

Ferva uma panela grande de água, adicione a fava, branqueie por 1 minuto, escorra e então as retire da casca. Amasse os grãos com um garfo e adicione o restante dos ingredientes: o caldo de limão, a hortelã picada, ½ colher (chá) de sal e um pouco de pimenta-do-reino (exceto o óleo de infusão do limão). Misture.

Espalhe uma fina camada da mistura de ricota na base de cada prato individual ou em um prato grande. Com uma colher, coloque a mistura da fava por cima, espalhando delicadamente para cobrir quase toda a ricota. Polvilhe com a hortelã em pedaços e finalize com um fio do azeite de infusão de limão, depois de ter descartado as cascas do limão.

SERVE 2 PESSOAS

como prato principal (ou
4 pessoas como entrada)

200 g de lentilhas

30 g de manteiga sem sal

2 colheres (sopa) de azeite
(e mais um pouco, para
finalizar)

3 dentes de alho amassados

1 colher (chá) de cominho
em pó

4 tomates médios
branqueados, sem pele e
cortados em cubos de 1 cm
(330 g)

25 g de folhas de coentro
picadas

60 g de pasta de tahine

2 colheres (sopa) de caldo
de limão-siciliano

⅓ de cebola roxa pequena,
em fatias finas (25 g)

2 ovos cozidos cortados em
quatro

½ colher (chá) de páprica
para decorar (opcional)

sal e pimenta-do-reino

LENTILHAS AMASSADAS COM TAHINE E COMINHO

Esta receita passou por várias encarnações até terminar estranhamente semelhante a uma variação de homus tipicamente árabe que eu costumava comer na minha infância: homus quente, coberto com grão-de-bico integral e servido com cebola crua e ovo cozido. Aqui é feito com lentilha e tomates, mas, essencialmente, estamos falando de um conjunto semelhante de sabores energéticos que tanto podem te preparar para um dia longo, quanto podem fazer parte de um jantar leve. Para obter uma opção sem lactose, substitua a manteiga por mais azeite. Sirva com pão pita ou sem nada.

Coloque uma panela média de água para ferver. Adicione as lentilhas e cozinhe por 20 a 30 minutos, até que estejam completamente cozidas. Escorra e reserve.

Coloque a manteiga e o azeite em uma panela grande em fogo médio. Quando a manteiga derreter, adicione o alho e o cominho e cozinhe por cerca de 1 minuto. Acrescente os tomates, 20 g de coentro e as lentilhas cozidas. Continue cozinhando e mexa, por alguns minutos, antes de adicionar o tahine, o caldo de limão e 70 ml de água, com 1 colher (chá) de sal e uma boa pitada de pimenta-do-reino. Reduza o fogo para médio, sem parar de mexer. Cozinhe delicadamente por cerca de 5 minutos, até a mistura ficar bem quente e espessa. Amasse as lentilhas grosseiramente, com um espremedor de batatas, para que algumas se abram e a mistura adquira a consistência de um mingau encorpado.

Espalhe as lentilhas em uma travessa plana e coloque por cima a cebola, o restante de coentro e um fio de azeite. Sirva quente com os ovos cozidos ao lado e salpique com a páprica para finalizar, se preferir.

PURÊ DE FEIJÃO-BRANCO COM COGUMELOS EM CONSERVA E *CROÛTONS* DE PÃO PITA

SERVE 4 PESSOAS
como entrada

Comece a preparar este prato com um dia de antecedência, com o feijão, a cebola e o cogumelo em conserva. A espera vale a pena, pois é uma das entradas mais gloriosas, em sabor e em aparência. As conservas funcionam perfeitamente sem a pasta de missô; portanto, não se preocupe se não encontrá-la: simplesmente adicione uma colher (sopa) extra de açúcar ao líquido da conserva.

....

Prepare a conserva no dia anterior. Coloque o açúcar, o vinagre, o missô e 180 ml de água em uma panela média, com 1 colher (chá) de sal. Quando ferver, despeje a cebola, as pimentas e as folhas de louro, junto com os cogumelos, em uma tigela à prova de calor. Espere esfriar, cubra e deixe à noite na geladeira. Retire da geladeira no mínimo 1 hora antes de servir.

No dia seguinte, escorra o feijão, coloque em uma panela grande e cubra com bastante água. Leve à fervura e deixe cozinhar delicadamente por 30 a 60 minutos (o tempo de cozimento do feijão varia muito), adicionando água, se necessário, até que fique completamente macio: será preciso retirar a espuma da superfície algumas vezes durante o cozimento. Escorra — guarde um pouco do líquido do cozimento — e transfira para o processador, junto com o tahine, 4 colheres (sopa) de azeite, o alho, o caldo de limão, ¾ de colher (chá) de sal e ½ colher (chá) de pimenta-do-reino branca. Bata bastante, até formar uma pasta cremosa, e separe. Na hora de servir, adicione um pouco do líquido de cozimento, se quiser obter uma consistência macia e fofinha (como de purê).

Em uma frigideira, coloque os 40 ml de azeite restantes e o óleo de girassol, e leve ao fogo alto. Quando estiver bem quente, adicione o pão pita e frite por cerca de 3 minutos, sacudindo a panela de tempos em tempos, até que o pão esteja dourado e crocante. Transfira para um prato com papel-toalha e polvilhe com uma pitada de sal.

Quando for servir, espalhe o purê em um prato grande. Coloque os cogumelos e a cebola por cima, junto com algumas colheres (sopa) do líquido da conserva e 1 ou 2 colheres (chá) dos aromáticos. Acrescente, ainda, os *croûtons* de pão pita (sirva o restante em uma tigela separada), decore com a salsinha e sirva imediatamente.

250 g de feijão-branco seco, deixado de molho em água durante a noite, com 2 colheres (chá) de bicarbonato de sódio

50 g de pasta de tahine

100 ml de azeite

1 dente de alho amassado

2 colheres (sopa) de caldo de limão-siciliano

3 colheres (sopa) de óleo de girassol

2 pães pita rasgados em pedaços de 3 cm (120 g)

1 colher (sopa) de salsinha picada, para decorar

sal e pimenta-do-reino branca

Para o cogumelo em conserva

2 colheres (sopa) de açúcar refinado

160 ml de vinagre de maçã

1 colher (sopa) de missô marrom

80 g de cogumelo-de-paris, cortados em fatias de 0,5 cm

½ cebola roxa média cortada em fatias muito finas (60 g)

½ colher (chá) de grãos de pimenta-preta

½ colher (chá) de grãos de pimenta vermelha

½ colher (chá) de grãos de pimenta-da-jamaica

3 folhas de louro

AMASSAR **241**

SERVE 4 PESSOAS
como entrada

CENOURA AMASSADA COM *HARISSA* E PISTACHE

1 colher (sopa) de azeite
(e mais um pouco, para
finalizar)
15 g de manteiga sem sal
1 kg de cenouras,
descascadas e cortadas
em fatias de 2 cm
200 ml de caldo de legumes
raspas da casca de 1 laranja
1 dente de alho amassado
2 colheres (chá) de pasta
de *harissa*
raspas da casca de
1 limão-siciliano
200 g de iogurte grego
1 colher (sopa) de caldo de
limão-siciliano
25 g de pistache sem sal,
descascado e picado
grosseiramente
sal e pimenta-do-reino

O adocicado da cenoura faz com que ela seja o vegetal mais vendido no norte da África, onde a combinação do doce com o amargo e o apimentado é usada para fazer algumas criações harmoniosas atípicas: tagines que misturam carnes pesadas com frutas secas, uma pasta colorida de vegetais para abrir uma refeição robusta, e diversos recheios salgados dentro de massas finíssimas. As cenouras são candidatas ideais para todos esses pratos, assim como para muitas sobremesas com caldas. Aqui, as cenouras cozidas são amassadas para fazer uma pasta marcante e apimentada, que pode ser levada à mesa como entrada, em um prato grande, com pão pita morno. Sinta-se à vontade para adicionar mais harissa, *se quiser ainda mais apimentado.*

Em uma panela grande, coloque o azeite e a manteiga em fogo médio-alto. Acrescente as cenouras e refogue por 6 minutos, mexendo um pouco; elas precisam ficar macias e um pouco douradas. Adicione o caldo de legumes, reduza o fogo para médio-baixo, cubra a panela e deixe cozinhar por mais 25 minutos, até que as cenouras estejam completamente macias e quase não haja mais líquido na panela. Transfira as cenouras para o processador, adicione ¾ de colher (chá) de sal e bata rapidamente para formar uma pasta espessa. Deixe esfriar, depois adicione as raspas de laranja, o alho, a *harissa*, a metade das raspas de limão e um pouco de pimenta-do-reino. Misture.

Em uma tigela, misture o iogurte, o caldo de limão, as raspas de limão restantes e ¼ de colher (chá) de sal.

Espalhe o iogurte em um prato de servir e coloque a mistura de cenouras por cima. Polvilhe com o pistache, regue com um fio de azeite e sirva.

SERVE 4 PESSOAS
como entrada ou lanche

BOLINHOS DE BATATA COM RECHEIO APIMENTADO

1 kg de batatas descascadas e cortadas pela metade

1 colher (chá) de cúrcuma em pó

1 colher (sopa) de sementes de mostarda-preta torradas

60 g de coentro

40 g de folhas de hortelã

2 pimentas dedo-de--moça verdes, picadas grosseiramente

2 colheres (sopa) de pasta de tamarindo

2 dentes de alho

½ colher (chá) de açúcar refinado

óleo de girassol para fritar

1 limão-siciliano cortado em pedaços, ou um chutney doce, para servir

sal

Massas fritas de quase qualquer coisa são normalmente vencedoras no meu livro, mas bolinho de purê de batata cremoso (com bastante pimenta e ervas frescas) é imbatível e, deliciosamente, impossível de parar de comer. O tamarindo — assim como a pasta de missô e o queijo parmesão — tem um gosto pungente e forte, o que pode adicionar um sabor realmente profundo em pratos vegetarianos. A pasta de tamarindo é fácil de encontrar, se não conseguir a polpa para fazer em casa. Pode ser que deixe a desejar no sabor profundo da fruta e no equilíbrio entre o doce-salgado-amargo da verdadeira pasta de tamarindo, mas é um substituto válido. Os níveis de acidez variam muito de uma marca para outra, portanto, certifique-se de provar e avaliar, antes de acrescentar à receita a quantidade integral, e ajuste da maneira que julgar ideal.

Ferva água com sal em uma panela grande. Adicione as batatas e cozinhe por 15 minutos, até que amoleçam. Escorra bem e transfira para uma tigela, junto com a cúrcuma, as sementes de mostarda e ¼ de colher (chá) de sal. Misture bastante e deixe esfriar.

Coloque em um processador o coentro, a hortelã, as pimentas, a pasta de tamarindo, o alho, o açúcar e 1/4 de colher de sal e bata até formar uma pasta cremosa e seca.

Faça bolas da mistura da batata — de cerca de 40 g. Coloque cada bola na palma de uma das mãos e, com o polegar da outra mão, pressione formando um buraco com espaço suficiente para caber 1 colher (chá) da mistura apimentada. Depois de colocar o recheio, feche em formato de bola novamente e amasse entre as mãos, para que virem pequenos bolinhos de 1,5 cm de espessura. Repita o procedimento com o restante da massa e do recheio, até obter cerca de 20 bolinhos, e deixe-os na geladeira por cerca de 20 minutos.

Com um pincel, passe um pouco de óleo de girassol na base de uma frigideira grande antiaderente. Coloque em fogo médio-alto e frite os bolinhos por 5 a 8 minutos, virando uma vez, até que estejam leves, dourados e crocantes. Sirva imediatamente, com um pedaço de limão--siciliano ou um pouco de chutney para acompanhar.

SERVE 4 PESSOAS

PASTA DE IOGURTE E FOLHA DE LIMÃO KAFIR

1 abobrinha pequena ralada
   (150 g)
½ pepino ralado (150 g)
4 folhas de limão kafir
   frescas (ou 12 secas),
   picadas grosseiramente
250 g de iogurte grego
20 g de manteiga sem sal
1 e ½ colher (chá) de caldo
   de limão
1 colher (sopa) de folhas de
   hortelã picadas
1 dente de alho amassado
sal

Não há nada, de fato, em purê aqui, mas o pepino e a abobrinha ralados, junto com o iogurte cremoso, darão aquele efeito semelhante que tanto adoro. Se houvesse uma outra palavra para "pasta" ou "patê", eu iria patenteá-la. Enquanto isso não acontece, temos que transcender às conotações questionáveis e abraçar este prato, que, com algumas fatias de pão de massa azeda e azeite, talvez seja a maneira perfeita de abrir uma refeição. Obrigado a Gena Deligianni, uma das nossas cozinheiras no início do NOPI, por esta receita.

....

Misture a abobrinha e o pepino ralados com ½ colher (chá) de sal e coloque em um escorredor. Deixe escorrer por cerca de 20 minutos, e então esprema com as mãos para retirar o máximo de líquido possível. Transfira para uma tigela.

Passe as folhas de limão em um moedor de pimenta para formar um pó (você também pode picá-las em pedaços bem pequenos com a faca ou amassá-las usando um pilão) e adicione quase a quantidade inteira à abobrinha e ao pepino, junto com o iogurte.

Derreta a manteiga em uma panela pequena e cozinhe por cerca de 3 a 4 minutos, até que comece a ficar marrom e a exalar um aroma de nozes. Adicione quase toda a manteiga à mistura, com os ingredientes restantes, misture bem e espalhe em um prato. Regue com o restante da manteiga, polvilhe com o que sobrou das folhas de limão e sirva.

SERVE 6 PESSOAS

CRESPÉOU

15 ovos levemente batidos
(cerca de 900 g)

200 g de queijo feta em
pedaços

80 ml de creme de leite

2 colheres (sopa) de azeite

sal e pimenta-do-reino

Para o mix vermelho

60 ml de azeite

1 cebola roxa pequena
cortada em fatias finas
(100 g)

2 colheres (chá) de extrato
de tomate

2 pimentões vermelhos
grandes cortados em tiras
de 0,5 cm (300 g)

¾ de colher (chá) de
coentro em pó

¾ de colher (chá) de açúcar
refinado

Para o mix amarelo

60 ml de azeite

1 cebola grande cortada em
fatias finas (180 g)

2 colheres (chá) de cúrcuma
em pó

Para o mix verde

4 cebolinhas cortadas em
fatias finas (60 g)

25 g de folhas de
manjericão picadas

15 g de estragão picado

¾ de colher (chá) de
cominho em pó

1 pimenta dedo-de-moça
verde sem sementes e
cortada em fatias finas

O fato de esta receita ser praticamente um sinônimo dos piqueniques retrô estilo anos 1970 me deixou com tremendo receio de incluí-la aqui. Afinal, não é o estilo que resume a minha culinária e facilmente ficaria datada. Mesmo assim, mantenho a minha cabeça erguida alto o suficiente para enxergar a última camada deste bolo salgado, que é — vou confessar — absolutamente delicioso e, de fato, um prato perfeito para piqueniques.

Misture os ovos, o queijo feta e o creme de leite e reserve. Comece com o mix vermelho: coloque o azeite em uma panela média antiaderente, em fogo médio. Adicione a cebola e refogue por 10 minutos até ficar macia. Acrescente o extrato de tomate, os pimentões, o coentro, o açúcar, ¼ de colher (chá) de sal, um pouco de pimenta-do-reino e continue cozinhando por mais 5 a 7 minutos, mexendo sempre. Transfira para uma tigela e deixe esfriar. Depois, derrame um terço da mistura de ovos, creme de leite e queijo feta. Misture.

Para a mistura amarela, limpe a panela, coloque o azeite e refogue a cebola por 5 minutos em fogo alto, até dourar e ficar crocante. Reduza para fogo baixo, adicione ¼ de colher (chá) de sal, um pouco de pimenta-do-reino e a cúrcuma, e cozinhe por cerca de 5 minutos. Transfira para uma tigela e deixe esfriar. Depois, misture o segundo terço da mistura de ovos, creme de leite e queijo feta. Limpe a panela.

Em uma tigela, misture todos os ingredientes do mix verde com ¼ de colher (chá) de sal, e o restante da mistura de ovos, creme de leite e queijo feta.

Preaqueça o forno a 170 ºC.

Volte a panela limpa para o fogo médio. Despeje ¼ de colher (chá) de azeite para fazer uma omelete rasa com metade da mistura vermelha. Um pouco antes de ficar pronta — cerca de 4 a 5 minutos —, transfira para uma assadeira forrada com papel-manteiga. Repita o processo com as misturas amarela e verde — demandará um tempo de cozimento menor, cerca de 3 minutos —, colocando as omeletes umas por cima das outras, alternando as cores e formando uma pilha de seis unidades. Leve ao forno e asse por 12 minutos. Retire do forno e deixe esfriar um pouco.

Ainda morno, coloque um prato invertido sobre a pilha de omeletes e vire. Mantenha a forma natural ou use uma faca afiada para aparar as arestas e ter uma espécie de torta, com diferentes camadas. Sirva quente ou em temperatura ambiente.

KUKU DE BERINJELA

SERVE 6 PESSOAS

Em retrospectiva, muitos dos ingredientes em que me baseei para o livro Plenty *foram colocados para escanteio em favor destes novos. As amarenas secas, por exemplo, agora padecem à sombra de novos ingredientes, como as bérberis. Essa pequenina fruta iraniana doce e azeda tem uma precisão espetacular que, magicamente, acentua outros sabores do prato. Há uma razão para parecerem pequenas pedras preciosas. Groselha embebida em caldo de limão-siciliano ou mesmo a velha amarena seca picada podem ser usadas como alternativa, mas, se você puder, vale procurar pelas bérberis nos mercados de produtos orientais. Não se surpreenda com a natureza levemente "molhada" do meu* kuku: *é como deve ser; portanto, sirva com uma boa quantidade de pão.*

....

Preaqueça o forno a 210 ºC.

Coloque o óleo em uma panela grande e pesada e aqueça bem. Refogue as cebolas em fogo médio por 7 minutos ou até ficarem macias, mas não deixe ficar marrom.

Enquanto as cebolas refogam, corte as berinjelas ao meio, no sentido da largura, e corte cada metade em fatias de 1 cm de espessura. Em seguida, corte cada fatia em tiras de 1 cm e, no final, terá fatias longas de 7 a 8 cm de comprimento e 1 cm de espessura. Adicione à cebola, com ½ colher (chá) de sal, e cozinhe em fogo médio-alto, mexendo de vez em quando com delicadeza, para que as berinjelas não se desintegrem, por 12 a 14 minutos ou até que as berinjelas estejam completamente macias. Reserve para esfriar.

Em uma tigela grande, com um *fouet*, misture os ovos, a farinha de trigo, o fermento, a farinha de rosca, a salsinha, o açafrão e sua água, o alho, ½ colher (chá) de sal e uma boa pitada de pimenta-do-reino. Quando estiver cremoso, junte as bérberis, a berinjela e a cebola.

Cubra a base e os lados de uma assadeira de bolo de 20 cm com papel-manteiga e pincele o papel com óleo. Coloque a mistura de ovos na assadeira e leve ao forno para assar por 35 minutos ou até dourar e cozinhar completamente. Insira um palito no meio da torta para garantir que o ovo está no ponto: ele deve sair limpo.

Retire do forno e deixe esfriar. Sirva quente ou em temperatura ambiente, polvilhando com a salsa picada, se quiser. Pode manter na geladeira por dois dias.

---

120 ml de óleo de girassol (e mais um pouco, para pincelar a torta)

4 cebolas pequenas cortadas em fatias finas (400 g)

3 berinjelas pequenas, sem o topo e descascadas (580 g)

5 ovos levemente batidos

25 g de farinha de trigo

1 e ½ colher (chá) de fermento em pó

35 g de farinha de rosca

25 g de salsa picada

½ colher (chá) de pistilo de açafrão, em infusão com 1 colher (sopa) de água quente

3 dentes de alho amassados

20 g de bérberis

sal e pimenta-do-reino

FRIGIR

SERVE 4 PESSOAS

CHEESECAKE DE BERINJELA

65 ml de azeite (e mais um
pouco, para pincelar)

2 berinjelas médias cortadas
no sentido da largura
em pedaços de 2 cm de
espessura (700 g)

150 g de queijo feta cortado
em pedaços grandes

150 g de *cream cheese*

3 ovos

60 ml de creme de leite

150 g de tomates-cereja
cortados ao meio

10 g de folhas de orégano
picadas

1 e ½ colher (chá) de *zaatar*

sal e pimenta-do-reino

*Nós não tínhamos certeza se teríamos espaço para incluir esta receita,
assim como a do* kuku *de berinjela* (veja na p. 253). *Contudo, o processo
de eliminação falhou completamente, então tivemos que encontrar espaço
para ambos. Sirva como um quadrado grande no almoço, ou corte
em pedaços menores para servir de aperitivo antes do jantar.*

Preaqueça o forno a 210 ºC. Cubra a base e as laterais de uma assadeira
funda e quadrada de 19 cm (ou um refratário redondo de 20 cm de
diâmetro) com papel-alumínio e pincele um pouco de azeite.

Coloque as berinjelas na assadeira forrada e pincele com 60 ml de azeite,
certificando-se de que ele foi absorvido. Polvilhe com ¼ de colher (chá)
de sal e uma generosa pitada de pimenta-do-reino e asse no forno por
40 minutos, até que as berinjelas fiquem macias e douradas. Deixe esfriar.
Reduza a temperatura do forno para 170 ºC.

Em uma tigela, coloque o queijo feta, o *cream cheese*, os ovos, o creme
de leite e um pouco de pimenta-do-reino em uma tigela e bata com um
fouet, para misturar o creme e engrossá-lo.

Organize as berinjelas: elas devem cobrir a assadeira e ficar quase
sobrepostas. Cubra os espaços vazios com as metades de tomate-cereja,
e salpique com a metade do orégano.

Coloque o mix de creme na assadeira, de modo que as berinjelas e
os tomates ainda fiquem expostos, salpique com o restante do orégano
e leve ao forno por 35 a 40 minutos, ou até que as beiradas estejam
douradas. Retire do forno e deixe em temperatura ambiente.

Remova o bolo da fôrma e corte em 4 pedaços (ou como em fatias
de pizza, se estiver usando uma fôrma redonda). Misture o *zaatar* com
a colher (chá) de azeite restante, pincele por cima e dos lados e sirva.

BOLINHOS FRITOS

SERVE 4 PESSOAS

O jogo mudou completamente quando troquei a pimenta dedo-de-moça verde desta receita — inicialmente planejada para ser colocada no centro de cada uma dessas panquecas adocicadas — para a opção menos picante, com pimenta padrón. Um ar de excitação ainda paira quando um prato dessas pimentas está sendo devorado: dizem as más línguas que, de vez em quando, uma muito forte vai aparecer no meio das outras — mas nunca vi ninguém alcançar o extintor de incêndio ainda. Este prato é ótimo para um brunch de fim de semana ou um jantar leve, com uma salada simples para acompanhar. A pimenta padrón não é tão fácil de encontrar quanto deveria ser, mas você vai vê-la em pacotes em balcões de delicatessens, açougues, peixarias ou em qualquer mercado espanhol ou corredor de supermercado. Se não encontrar, não se preocupe: o prato é delicioso mesmo sem ela.

3 ovos
120 ml de leite de coco
75 g de farinha de trigo com fermento
30 g de farinha de milho
¾ de colher (chá) de cominho em pó
1 e ½ colher (chá) de coentro em pó
½ colher (chá) de cúrcuma em pó
3 colheres (sopa) de sementes de coentro, torradas e amassadas
½ abóbora manteiga sem casca e ralada (225 g)
2 espigas grandes de milho
3 cebolinhas em fatias finas (30 g)
15 g de coentro picado
½ pimenta dedo-de-moça, sem sementes e cortada em fatias finas
250 ml de óleo de girassol
150 g de pimenta *padrón*
3 limões cortados em pedaços grandes
sal e pimenta-do-reino

Misture os primeiros oito ingredientes em uma tigela grande (incluindo as sementes de coentro) com 1 e ½ colher (chá) de sal e uma boa pitada de pimenta-do-reino. Bata com um *fouet* até formar uma pasta lisa. Adicione a abóbora, o milho, as cebolinhas, o coentro e a pimenta, mexendo bem.

Em uma frigideira média, coloque óleo suficiente (1 cm das laterais da panela), em fogo alto. Adicione 3 colheres (sopa) da massa líquida no óleo e frite por cerca de 2 minutos. Usando as mãos, pressione 1 a 3 pimentas (depende do tamanho) na superfície do bolinho e frite por mais 1 minuto. Vire o bolinho e frite por mais 3 minutos até dourar. Transfira para uma travessa com papel-toalha e deixe em local aquecido, enquanto continua o processo com o resto da massa. Sirva os bolinhos mornos, com uma rodela de limão ao lado.

FRIGIR

**SERVE DE 4
A 6 PESSOAS**

BOLINHO DE COUVE-FLOR

1 couve-flor pequena,
com as folhas externas
descartadas, cortada em
pedaços de 3 cm (450 g)

1 cebola roxa média (170 g)

75 ml de azeite

½ colher (chá) de alecrim
picado bem pequeno

7 ovos

15 g de manjericão picado

120 g de farinha de trigo
peneirada

1 e ½ colher (chá) de
fermento em pó

⅓ de colher (chá) de
cúrcuma em pó

150 g de queijo parmesão
ralado grosso (ou outro
queijo maturado)

manteiga derretida para
untar a fôrma

1 colher (sopa) de sementes
de gergelim brancas

1 colher (chá) de sementes
de nigela

sal e pimenta-do-reino

Como moro na Grã-Bretanha há mais de 16 anos, há alguns nomes e expressões com os quais estou perfeitamente familiarizado: Doctor Who, *"Ring a Ring o'Roses",* Curly Wurlies, Blue Peter *e queijo de couve-flor, para nomear só alguns; mas eu não faço a menor ideia do que significam. Isso é uma grande desvantagem, porque perco todo tipo de piada e referência, mas de vez em quando funciona perfeitamente para mim. Quanto ao queijo de couve-flor, por exemplo, se para mim soa como um prato indulgente e reconfortante, para o sistema escolar britânico tem um eco no estômago de pedaços moles e sombrios nadando numa poça de água engordurada. Portanto, quando se trata de couve-flor, particularmente, com queijo, preciso trabalhar ainda mais para convencer os meus leitores de que isso é algo que talvez eles queiram comer. Bem, acho que esta receita dá conta do recado.*

Sirva este bolo como um jantar leve, junto com uma salada de pepino fatiado, endro e hortelã, com molho de açúcar, vinagre de maçã e óleo de canola. Se guardado bem embalado, vai ter um gosto ainda melhor no dia seguinte.

Preaqueça o forno a 200 °C.

Coloque os pedaços de couve-flor em uma panela e adicione 1 colher (chá) de sal. Cubra com água e cozinhe por 15 minutos, até que os pedaços estejam macios: eles devem quebrar, quando pressionados com uma colher. Escorra e deixe descansar em uma peneira.

Corte 4 rodelas de 0,5 cm de espessura de uma cebola e separe. Pique o restante e coloque em uma panela pequena, com o azeite e o alecrim. Refogue por 10 minutos em fogo médio, mexendo de vez em quando, até que fique macia. Retire do fogo e deixe esfriar. Transfira a cebola refogada para uma tigela grande, adicione os ovos e o manjericão, bata bem com um *fouet* e então acrescente a farinha, o fermento, a cúrcuma, o queijo parmesão, 1 colher (chá) de sal e bastante pimenta-do-reino. Bata até que fique cremoso, antes de acrescentar a couve-flor e mexer delicadamente, tentando não quebrar os pedaços.

Forre a base e as laterais de uma fôrma de fundo removível de 24 cm com papel-manteiga. Unte as laterais com a manteiga derretida, misture as sementes de gergelim e de nigela e polvilhe-as ao redor, para que grudem nas laterais. Despeje a mistura com a couve-flor e decore com as rodelas de cebola por cima. Coloque a fôrma no centro do forno e asse por 45 minutos, até que esteja dourado e cozido: uma faca inserida no meio deverá sair limpa. Retire do forno e deixe descansar por, pelo menos, 20 minutos. Este bolo deve ser servido morno, ou em temperatura ambiente. Quente, não.

QUICHE DE MARMELADA E QUEIJO STILTON

SERVE 6 PESSOAS

Esta quiche, servida em forma de canapé, foi um dos itens mais famosos em nosso menu de catering do Ottolenghi alguns anos atrás. A combinação do gosto preciso do queijo com o adocicado intenso da marmelada cria uma maravilhosa sensação de satisfação na boca. No Natal, é a refeição perfeita para os vegetarianos. A marmelada pode ser encontrada em muitas lojas de queijos e supermercados.

Preaqueça o forno a 220 °C.

Misture a abóbora, o azeite, ¼ de colher (chá) de sal e um pouco de pimenta-do-reino, e espalhe em uma assadeira. Asse por 30 minutos, virando uma vez, até que fique dourada. Retire do forno e deixe a abóbora esfriar, mas mantenha o forno ligado a 190 °C.

Abra a massa em uma superfície com farinha, deixe com uma espessura de cerca de 3 mm, e transfira para uma fôrma de quiche de 24 cm de diâmetro. Quando a estiver colocando na fôrma, deixe um pouco de massa para além das laterais. Faça alguns furos na base dela, com um garfo, e deixe por 20 minutos na geladeira. Coloque papel-manteiga por cima da massa, jogue feijões por cima para fazer peso, e leve ao forno por 30 minutos. Retire os feijões e o papel, depois asse por mais 10 minutos, até que a massa esteja dourada. Retire do forno e deixe esfriar.

Espalhe a abóbora assada por cima da massa da quiche, coloque o queijo no meio e polvilhe com a marmelada por cima de tudo. Em uma tigela, misture os ovos, o creme de leite, o creme de leite fresco, ¼ de colher (chá) de sal e um pouco de pimenta-do-reino. Bata com um *fouet* e derrame este creme por cima do recheio da quiche, deixando um pouco do recheio exposto. Leve ao forno por cerca de 40 minutos, até que o creme esteja cozido. Retire do forno e deixe descansar antes de desenformar. Sirva morno ou em temperatura ambiente.

- 1 abóbora manteiga média, descascada e cortada em cubos de 2 cm (700 g)
- 1 e ½ colher (sopa) de azeite
- 250 g de sua massa de quiche preferida
- farinha de trigo, para abrir a massa
- 200 g de queijo Stilton ou outro queijo tipo gorgonzola em pedaços
- 75 g de marmelada (pasta de marmelo), cortada em cubos de 1 cm
- 3 ovos
- 150 ml de creme de leite com alto teor de gordura
- 150 ml de creme de leite fresco
- sal e pimenta-do-reino

FRIGIR

**SERVE DE 4
A 6 PESSOAS**

rende 15 panquecas

6 espigas de milho sem
casca (900 g)

½ colher (sopa) de azeite

5 cebolinhas picadas bem
fino (70 g)

1 pimenta dedo-de-
-moça verde picada
grosseiramente

1 colher (chá) de cominho
em pó

1 e ½ colher (chá) de açúcar
mascavo

2 ovos

100 g de farinha de trigo

120 g de *ghee* (manteiga
clarificada)

2 limões cortados em fatias
largas

sal e pimenta-do-reino

PANQUECAS DE MILHO E CEBOLINHA

*Não tenho certeza se algo que já existe há tanto tempo quanto as fritadas
de milho pode reivindicar um padrinho dos tempos modernos, mas o crédito
desta receita é de Bill Granger, por colocá-la no radar do café da manhã das
pessoas. De todas as panquecas de milho que já provei em todos esses anos,
estas são, certamente, as mais bem-sucedidas: fofinhas e aeradas, mas nada
bobas quanto ao sabor.*

Coloque uma panela-grill no fogo alto e esquente até sair fumaça. Passe
azeite em uma espiga de milho e grelhe por 5 minutos. Vire regularmente
até que esteja toda grelhada. Reserve.

Retire o milho das outras 5 espigas, segurando-as em pé e passando uma
faca afiada de cima para baixo em todos os lados. Coloque os grãos em
um processador, com a metade das cebolinhas, a pimenta dedo-de-moça,
o cominho, o açúcar, 1 ovo, ¾ de colher (chá) de sal e uma boa pitada de
pimenta-do-reino. Bata por 1 minuto, até que forme uma pasta, e transfira
para uma tigela. Pegue o outro ovo, separe sua gema da clara e adicione
à pasta somente a gema, além da farinha e o restante da cebolinha. Retire
os grãos da espiga de milho grelhada e acrescente-os. Bata a clara em
neve e adicione delicadamente à mistura.

Numa panela grande, em fogo médio-alto, derreta a metade da manteiga.
Adicione 2 colheres (sopa) generosas da mistura e frite por cerca de
2 minutos de cada lado, até as panquecas ficarem douradas. Prepare-as
em levas de três ou quatro — não encha demais a panela —, e as
mantenha em local morno até terminar de preparar todas. Acrescente
mais manteiga, se precisar. Sirva quente, junto com as fatias de limão.

OVOS MEXIDOS PICANTES

SERVE 4 PESSOAS

Muitos dos meus pratos de brunch foram inventados "a.c." (antes das crianças); portanto, ao cozinhar nas manhãs de domingo, o que eu tinha em mente era comida-para-satisfazer. Algumas receitas permaneceram parte do repertório de café da manhã do fim de semana desde que começamos a dormir cedo no sábado à noite: esta é uma delas.

Coloque em fogo médio, de preferência em uma frigideira grande antiaderente, o óleo, o cominho, a alcaravia, a cebola, o gengibre e a pimenta dedo-de-moça. Cozinhe por 8 minutos, mexendo ocasionalmente, até a cebola ficar macia. Adicione os temperos em pó, o extrato de tomate e ¾ de colher (chá) de sal, e cozinhe, mexendo por 2 minutos. Acrescente os tomates e cozinhe por mais 8 a 10 minutos, até que a maior parte do líquido tenha evaporado.

Acrescente os ovos, reduza o fogo para médio-baixo e, contínua e muito delicadamente, raspe a base da panela com uma espátula de madeira. O que queremos aqui é mexer em colheradas largas, para que os ovos fiquem macios e bastante úmidos. Cozinhe por cerca de 3 minutos no total.

Polvilhe com as cebolinhas, o coentro e a pimenta calabresa, então sirva imediatamente.

- 2 colheres (sopa) de óleo de girassol
- ¾ de colher (chá) de sementes de cominho
- ½ colher (chá) de sementes de alcaravia
- 1 cebola pequena cortada em pequenos cubos (100 g)
- 10 g de gengibre fresco, sem casca e picado em pedaços pequenos
- 1 pimenta dedo-de-moça média, sem sementes e picada em pedaços pequenos
- ¼ de colher (chá) de cúrcuma em pó
- ¼ de colher (chá) de cardamomo em pó
- ½ colher (chá) de extrato de tomate
- 4 tomates médios, sem casca e cortados em cubos de 2 cm (300 g)
- 8 ovos batidos
- 3 cebolinhas cortadas em fatias finas (50 g)
- 10 g de coentro picado
- ½ colher (chá) de flocos de pimenta urfa ou ¼ de colher (chá) de pimenta calabresa
- sal

FRIGIR **265**

SERVE 4 PESSOAS
rende 8 panquecas

PANQUECA DE COUVE-PORTUGUESA E QUEIJO

50 g de couve-portuguesa,
   sem os caules, picada
   em fatias finas
170 g de farinha de trigo
   com fermento
1 colher (chá) de raspas
   de limão-siciliano
1 gema de ovo
150 ml de leite integral
80 g de manteiga sem sal
   derretida
150 g de queijo cottage
50 g de queijo Stilton ou
   tipo gorgonzola, picado
   em pedaços de 1 cm
15 g de endro picado
   grosseiramente
2 claras batidas em neve
sal

Para o molho
1 colher (sopa) de azeite
¼ de colher (chá) de
   pimenta calabresa
100 g de *sour cream*

O Dia da Panqueca me pega de surpresa todo ano. Eu não sou o tipo de pessoa que se abstém de comida e, definitivamente, não pratico nenhum tipo de negação religiosa — mas é sempre um prazer ter uma desculpa para misturar todas as coisas que, supostamente, teremos que abrir mão até o fim do mês. Panquecas, scones, panquecas escocesas: o nome depende de quem está cozinhando. Em todo caso, elas são macias e fofinhas, podendo ser requentadas, em qualquer época do ano.

....

Preaqueça o forno a 200 °C.

Ferva água em uma panela média. Adicione a couve-portuguesa e branqueie por 1 minuto. Escorra bem, certificando-se de tirar toda a água. Reserve.

Para o molho, coloque o azeite em uma panela pequena, junto com a pimenta calabresa. Cozinhe em fogo médio-alto por 1 minuto antes de transferir para uma tigelinha. Deixe esfriar. Depois, misture o *sour cream* e $^1/_8$ de colher (chá) de sal e leve à geladeira até a hora de servir.

Em uma tigela grande, misture a farinha e as raspas de limão com $^1/_3$ de colher (chá) de sal. Faça um buraco no meio e adicione a gema e o leite. Use uma colher de pau para mexer, começando pelo meio e alcançando as bordas, até que a massa fique espessa. Adicione a couve-portuguesa, metade da manteiga, o queijo cottage, o queijo Stilton e o endro. Misture tudo antes de, finalmente, com uma espátula, acrescentar delicadamente as claras em neve.

Aqueça a metade da manteiga restante em uma frigideira grande, antiaderente, em fogo médio. Quando começar a espumar, use a metade da massa para fazer 4 panquecas redondas, de cerca de 9 cm de diâmetro e 1,5 cm de espessura. Frite por cerca de 5 minutos em fogo baixo, virando uma vez, até que os dois lados estejam dourados. Transfira para uma assadeira grande e repita o processo com o restante da manteiga e da massa. Leve ao forno por 10 minutos, até que as panquecas estejam cozidas. Coloque 2 panquecas em cada prato e sirva quente, com uma generosa colherada de molho por cima ou ao lado.

266 FRIGIR

AO FORNO

SERVE 4 PESSOAS
como prato principal

TORTA DA CÓRSEGA COM FLORES DE ABOBRINHA

½ cebola roxa pequena, cortada em fatias finas (85 g)

3 talos de aipo com folhas, cortados em fatias finas (220 g)

8 folhas grandes de acelga suíça, sem os talos brancos, picadas grosseiramente (175 g)

2 dentes de alho cortados em fatias finas

2 colheres (sopa) de folhas de hortelã rasgadas

2 colheres (sopa) de salsa picada

2 colheres (chá) de sálvia picada

2 colheres (sopa) de azeite (e mais um pouco, para pincelar)

75 g de queijo feta em pedaços

50 g de queijo pecorino ralado

15 g de *pinoli* levemente tostados

raspas da casca de 1 limão--siciliano

350 g de massa folhada amanteigada

farinha de trigo para abrir a massa

100 g de queijo *brocciu* ou ricota

4-6 flores de abobrinha, cortadas ao meio no sentido do comprimento, se grandes, ou 6 tiras longas da abobrinha crua (opcional)

1 ovo levemente batido

sal e pimenta-do-reino

Cozinhar em locação externa é um processo longo. Normalmente, só para montar a cozinha e acertar a iluminação, o som e os ângulos da câmera, levamos 1 ou 2 horas; às vezes, muito mais. Quando estamos prontos para filmar, todo mundo já está com fome e cansado; então, nossos generosos anfitriões geralmente nos mimam com lanchinhos e bebidas. A preparação para a cena da acelga suíça, quando estávamos filmando meu programa Mediterranean Island Feast [Banquete das Ilhas Mediterrâneas], *demorou mais do que o normal, porque tivemos que esperar os clientes dos restaurantes terminarem o almoço e partirem, antes de sequer começarmos a montar a locação. No meio-tempo, Monique, a chef e dona do famoso restaurante Chez Seraphin, nos agradou com embutidos locais fabulosos e muito, muito vinho tinto. Na hora em que tudo estava pronto para começar, todo mundo estava bem exausto e completamente desfocado. O resultado foi uma letargia completa, e a filmagem foi transferida para o fim da tarde, quando, é claro… Já era hora de comer de novo.*

Nesta receita, você pode usar uma grande variedade de verduras selvagens, cultivadas ou compradas no supermercado. Leve em consideração a urtiga, a beterraba, o nabo, o espinafre ou o agrião para substituir a acelga. A combinação fica a seu critério, portanto escolha o que você mais gosta. As flores de abobrinha têm uma aparência maravilhosa, mas você pode deixá-las de fora ou substituí-las por longas tiras de abobrinha, se preferir. O queijo brocciu, *produzido na ilha de Córsega e considerado uma comida nacional, é um queijo branco fresco, feito de leite de cabra ou de ovelha. Eu não poderia omiti-lo dos ingredientes — Monique jamais me perdoaria! —, mas a ricota italiana, mais fácil de encontrar, pode substituí-lo perfeitamente. (Foto na página anterior.)*

Coloque uma panela grande em fogo médio-alto e refogue a cebola, o aipo, a acelga, o alho, a hortelã, a salsa e a sálvia no azeite. Cozinhe por 15 minutos, mexendo continuamente, até que as verduras murchem e o aipo esteja completamente macio. Retire do fogo e misture os queijos feta e pecorino, os *pinoli*, as raspas de limão, ¼ de colher (chá) de sal e uma boa pitada de pimenta-do-reino. Deixe esfriar.

Preaqueça o forno a 220 °C. Abra a massa sobre uma superfície com farinha até ficar com 3 mm de espessura. Em seguida, corte em um círculo com cerca de 30 cm de diâmetro e coloque em uma assadeira forrada com papel--manteiga. Espalhe o recheio sobre a massa, deixando uma borda de 3 cm em toda a volta. Preencha o recheio com pedaços grandes de queijo *brocciu* ou ricota e cubra com as flores de abobrinha (ou as tiras de abobrinha). Puxe a massa para cima do recheio e comprima as bordas firmemente para formar uma borda segura e decorativa por cima da torta. Como alternativa, pressione com um garfo. Pincele a massa com ovo e leve à geladeira por 10 minutos.

Asse a torta por 30 minutos, até que a massa esteja dourada e cozida na base. Retire do forno e pincele com azeite. Sirva quente ou em temperatura ambiente.

NINHOS DE MASSA *KADAIFI* COM BERINJELA

SERVE 4 PESSOAS
como entrada
ou almoço leve

Kadaifi — *que você pode comprar on-line ou em lojas de produtos gregos, árabes ou turcos — é um tipo de massa de fios; você pode pensar nela como aquele cereal matinal "Shredded wheat", mas só que dez vezes mais saboroso. O molho de pimentão não é essencial, mas é delicioso. Consuma-o moderadamente, para não mascarar o sabor da berinjela e do queijo, e deixe uma porção extra na geladeira, que vai durar até cinco dias, para usar em vegetais assados. Se você não for fazer o molho, o limão-siciliano será um condimento essencial.* (Foto na página seguinte.)

Preaqueça o forno a 250 °C. Perfure as berinjelas em alguns lugares, usando uma faca afiada. Asse em uma assadeira por 1h30, virando de vez em quando, até que elas escureçam. Retire do forno e, quando esfriarem o suficiente para que possa manusear, remova a casca das berinjelas e coloque em uma peneira. Deixe escorrer por, pelo menos, 30 minutos.

Enquanto as berinjelas estiverem assando, prepare o molho: coloque o pimentão, a pimenta e o alho em uma assadeira e leve ao forno, na prateleira de baixo, por 10 minutos. Retire a pimenta e o alho, vire o pimentão e asse por mais 20 minutos. Quando a pele estiver enrugada, coloque o pimentão em uma tigela e cubra com filme. Quando esfriar, descasque e tire as sementes, tanto do pimentão quanto da pimenta, e descasque o alho. Corte metade dos tomates em cubos de 1 cm e reserve. Tire as sementes dos tomates restantes e coloque em uma pequena tigela de um processador de alimentos, junto com o pimentão, a pimenta e o alho. Bata até formar uma pasta, adicione o vinagre e ¾ de colher (chá) de sal. Acrescente lentamente o azeite para fazer um molho espesso. Transfira para uma tigela, adicione os cubos de tomate e a cebola, mexa com delicadeza e reserve.

Em uma tigela, misture as berinjelas drenadas com a ricota, o queijo pecorino, a salsa, o ovo, ¾ de colher (chá) de sal e uma boa pitada de pimenta-do-reino.

Reduza a temperatura do forno para 220 °C. Misture a manteiga derretida e o óleo. Remova 20 g de massa *kadaifi* do pacote e coloque em uma tigela pequena. Acrescente 1 colher (sopa) de manteiga derretida e óleo e misture para que a massa absorva a gordura. Transfira a massa para uma bancada de trabalho e espalhe-a em uma superfície retangular de aproximadamente 15 cm × 5 cm. Coloque 1 e ½ colher (sopa) da mistura de berinjela em uma extremidade da massa, depois a enrole e cubra todo o recheio. Repita com a massa e o recheio restantes e organize os 12 ninhos recheados em um prato ou bandeja refratária de 31 cm × 23 cm, untada com manteiga, para que eles apenas encostem um no outro. Regue com o restante da manteiga e do óleo. Leve ao forno por 25 a 30 minutos, até que a parte de cima dos ninhos estejam douradas e crocantes. Sirva em seguida, com o molho de tomate ao lado.

Ingredientes

4 berinjelas médias (1,2 kg no total)
200 g de ricota
65 g de queijo pecorino maturado, ralado grosso
25 g de salsa picada
1 ovo levemente batido
110 g de manteiga sem sal derretida (e mais um pouco, para untar a fôrma)
80 ml de óleo de girassol
240 g de massa *kadaifi*
sal e pimenta-do-reino

Para o molho de pimentão vermelho e tomate

1 pimentão vermelho médio (160 g no total)
1 pimenta dedo-de-moça
3 dentes de alho com casca
4 tomates branqueados e descascados (400 g)
2 colheres (chá) de vinagre de xerez
50 ml de azeite
¼ de cebola roxa média picada em cubos muito pequenos (30 g)

AO FORNO

SERVE DE 6 A 8 PESSOAS

FONDUE DE PÃO E ABÓBORA

350 g de pão de *levain*, cortado em pedaços de 1,5 cm de espessura

1 abóbora média, descascada e cortada em pedaços de 2 cm (800 g)

2 nabos pequenos, descascados e cortados em pedaços de 2 cm (200 g)

170 g de queijo gruyère ralado grosso

170 g de queijo emmenthal ralado grosso

2 e ½ colheres (chá) de mostarda inglesa em pó

400 ml de creme de leite

350 ml de vinho branco seco

1 dente grande de alho amassado

½ colher (chá) de noz-moscada ralada na hora

10 g de folhas de sálvia, picadas grosseiramente

sal e pimenta-do-reino branca

Esta receita foi inspirada no truque brilhante de Ruth Reichl (aprenda mais sobre ela na introdução da receita de batata-doce com bitter de laranja, na p. 186), onde ela usa uma abóbora inteira para servir de "casa" para a abóbora fresca, o creme de queijo e o pão em crosta que ela coloca dentro. Apesar de a minha versão utilizar um prato, ela compartilha a ideia original de ser uma espécie de fondue que não precisará de "pescaria" em uma piscina de queijo para um monte de pedaços de pão.

Preaqueça o forno a 210 °C. Coloque o pão em uma assadeira e leve ao forno por 10 minutos, até ficar levemente torrado. Retire do forno e reserve.

Em uma tigela grande, misture os vegetais com 120 g do queijo gruyère, 120 g do queijo emmenthal e 1 colher (chá) da mostarda em pó. Espalhe a mistura em um prato fundo de 23 cm × 33 cm.

Aqueça o creme de leite e o vinho em uma panela, em fogo médio. Misture delicadamente com um *fouet* e adicione o alho, a noz-moscada, a sálvia, ½ colher (chá) de sal, ¼ de colher (chá) de pimenta-do-reino branca e o restante da mostarda em pó. Deixe esfriar um pouco e, depois, despeje este creme por cima da mistura de vegetais e queijo, no prato fundo.

Cubra o prato com papel-alumínio, leve ao forno e asse por 45 minutos.

Remova o papel-alumínio e coloque uma camada de pão por cima, de modo que cada pedaço esteja sobreposto ao outro. Pressione o pão para que ele absorva um pouco do líquido. Salpique com o restante do queijo por cima, cubra novamente com papel-alumínio e deixe cozinhar por mais 15 minutos. Retire o papel-alumínio e asse por mais 15 minutos, até que a cobertura esteja dourada e crocante. Retire do forno e deixe descansar por 10 minutos, antes de servir.

SERVE 6 PESSOAS
generosamente

PITHIVIER DE COGUMELOS E ESTRAGÃO

300 ml de caldo de legumes

50 g de cogumelos *porcini* secos

3 colheres (sopa) de azeite

45 g de manteiga sem sal

400 g de cebolas pequenas inteiras, descascadas

200 g de cogumelos-de--paris cortados em quatro

150 g de shitakes cortados ao meio

150 g de shimejis pretos cortados em quatro

150 g de shimejis brancos divididos em aglomerados

200 g de creme de leite fresco

2 colheres (sopa) de licor uzo ou outro licor de anis

15 g de estragão picado

15 g de salsa picada

900 g de massa folhada amanteigada

farinha de trigo para abrir a massa

1 ovo batido

sal e pimenta-do-reino

Muitas pessoas se recusam a acreditar que eu estudei na escola de culinária Cordon Bleu. Não há realmente nada francês na minha comida. Na realidade, eu normalmente a descrevo como antifrancesa, ou pelo menos antifrancesa clássica. Isso provavelmente tem a ver com o fato de eu não ser muito fã de caldos, não cortar os vegetais à brunoise, usar menos carne e mais vegetais na minha culinária e ter uma tendência de me preocupar mais com a ideia de cozinhar com perfeição o conteúdo do que com a ideia de atingir uma forma perfeita.

Mesmo assim, eu não quero menosprezar nada do que aprendi na lendária instituição culinária. Ela me deu todas as ferramentas básicas de que eu precisava para estabelecer uma carreira no mundo da comida. Eu lembro, particularmente, da minha satisfação ao fazer uma torta pithivier — uma versão doce com creme de amêndoas —, usando minha própria massa folhada. Foi a primeira coisa com cara de "profissional" que fiz, e me enchi de orgulho. Esta versão salgada é maravilhosamente rica e com gosto de anis, e só precisa de uma salada verde simples para acompanhar.

Aqueça o caldo de legumes no fogo brando e adicione os cogumelos *porcini*. Retire do fogo e deixe descansar, para amolecerem.

Coloque 1 colher (sopa) de azeite em uma panela grande, de base pesada, com um terço da manteiga. Acrescente as cebolas e cozinhe em fogo médio-alto por 10 minutos, mexendo de tempos em tempos, até ficarem macias e douradas. Transfira para uma tigela e reserve.

Adicione outra colher (sopa) de azeite e metade da manteiga restante em uma panela. Em fogo médio-alto, acrescente os cogumelos-de-paris e shitake, deixando-os por 1 minuto sem mexer. Então, mexa e deixe cozinhar por mais 2 minutos antes de adicioná-los às cebolas.

Coloque o restante do azeite e da manteiga na panela e repita o processo com os cogumelos que sobraram. Volte com as cebolas e os outros cogumelos cozidos para a panela e cozinhe-os com o caldo de legumes, os cogumelos *porcini*, ¾ de colher (chá) de sal e uma boa pitada de pimenta-do-reino. Deixe ferver vigorosamente por 8 minutos ou até que o caldo esteja reduzido a um terço. Abaixe o fogo, adicione o creme de leite fresco e cozinhe por mais 8 minutos. Quando restar só um pouco do molho — cerca de 2 a 3 colheres (sopa) —, acrescente o licor, o estragão e a salsa. Cozinhe por mais 1 minuto e transfira para uma tigela, para deixar esfriar.

Preaqueça o forno a 220 °C. Divida a massa em 2 partes e abra cada uma delas em uma superfície com farinha, em um quadrado de 3 mm de espessura. Deixe descansar na geladeira por 20 minutos e, em seguida, corte em círculos: um de 28 cm de diâmetro, o outro de 30 cm. Deixe descansar na geladeira novamente por, pelo menos, 10 minutos.

Coloque o círculo menor em uma assadeira forrada com papel-manteiga.

278 AO FORNO

Espalhe o recheio de cogumelos por cima, deixando uma borda de 2 cm ao redor. Pincele a borda com ovo, coloque o outro círculo em cima e sele as bordas. Use um garfo para fazer linhas paralelas decorativas, em torno da borda. Pincele a torta com ovo e use a ponta afiada de uma faca pequena para criar linhas circulares que partem do centro para a borda, apenas para marcar a massa, mas não a cortar.

Asse no forno por 35 minutos ou até que o topo fique dourado e a base, cozida. Retire do forno e deixe descansar por, pelo menos, 10 minutos. Sirva quente ou em temperatura ambiente.

PIMENTÃO RECHEADO COM *FONDANT* DE NABO-DA-SUÉCIA E QUEIJO DE CABRA

SERVE 6 PESSOAS

Esta receita foi inspirada em um prato que o Scully fez quando nós estávamos prestes a abrir o NOPI, no início de 2011. Todas as decisões e loucuras que nos rondavam, como as escolhas dos guardanapos, mesas, receitas, suprimentos, copos e processadores de alimentos pararam, por um instante, enquanto sentávamos e devorávamos o prato delicioso do Scully: fondant *de nabo-da-suécia com queijo derretido e repolho salgado. A típica comida reconfortante. Aqui usei o mesmo método de cozimento do nabo-da-suécia para fazer um recheio rico e amanteigado. Você pode servir o nabo sozinho, sem o pimentão e o queijo, como acompanhamento para rosbife ou porco.*

150 g de manteiga sem sal

1 nabo-da-suécia, descascado e cortado em cubos de 1 cm (1 kg)

10 g de folhas de tomilho

100 g de queijo parmesão ralado bem fino

2 dentes de alho amassados

40 g de alcaparras picadas grosseiramente

3 pimentões amarelos pequenos (280 g no total)

3 pimentões vermelhos pequenos (280 g no total)

2 colheres (sopa) de azeite

180 g de *chèvre* (queijo de cabra) cortado em pedaços de 1 cm

10 g de salsinha picada grosseiramente

sal e pimenta-do-reino

Derreta a manteiga em uma panela grande, em fogo médio. Adicione o nabo-da-suécia e o tomilho, junto com 1 e ½ colher (chá) de sal e uma boa pitada de pimenta-do-reino. Reduza para fogo baixo e cozinhe, com a panela destampada, por cerca de 50 minutos, molhando o nabo com colheradas da manteiga derretida, de tempos em tempos, até que o nabo esteja completamente macio e caramelizado. Use uma escumadeira para tirar o nabo da manteiga e adicione-o em uma tigela grande com o queijo parmesão, o alho e as alcaparras. Deixe descansar até a hora de servir. (A sobra de manteiga, na panela, pode ser usada para cozinhar cenouras ou abobrinhas, se gostar.)

Preaqueça o forno a 250 ºC (ou à temperatura mais alta).

Corte os pimentões na metade, no sentido do comprimento, mantendo o cabo. Retire as sementes e o miolo branco e coloque-os com o lado aberto virado para cima em uma assadeira grande, forrada com papel-manteiga. Regue com um fio de azeite, polvilhe com uma pitada de sal e leve ao forno por 30 a 35 minutos, até que os pimentões estejam ligeiramente chamuscados e completamente macios. Retire-os do forno e reduza sua temperatura para 220 ºC.

Preencha cada pimentão com a mistura de nabo e salpique com os pedaços de queijo de cabra. Volte a assadeira ao forno por mais 10 a 15 minutos, até que o queijo doure. Retire do forno e deixe esfriar por cerca de 5 minutos, antes de servir morno ou à temperatura ambiente, com um pouco de salsinha por cima, para decorar.

AO FORNO

SERVE 4 PESSOAS

SALADA DE ALCACHOFRA ASSADA COM ESPELTA PEROLADA

3 alcachofras grandes
   (1,2 kg no total)
100 ml de caldo de limão-
   -siciliano (cerca de 2
   limões grandes)
2 folhas de louro
2 ramos de tomilho
4 dentes de alho amassados
1250 ml de vinho branco
60 ml de azeite
150 g de ervilhas frescas ou
   congeladas
100 g de espelta perolada
   (ou cevada lavada)
20 g de salsinha picada
   grosseiramente
1 alface *baby*, cortada pela
   metade, depois em 3 ou
   4 pedaços (140 g)
1 e ½ colher (chá) de flocos
   de pimenta urfa ou ½
   colher (chá) de pimenta
   calabresa
sal e pimenta-do-reino

O "perolado" da espelta que aparece no título da receita é um processo de polimento feito na camada de fora do grão. Você pode usar espelta integral ou semiperolada, mas para obter uma textura aveludada (e um tempo de cozimento muito menor), a perolada é melhor. A espelta é, muitas vezes, confundida com o farro (veja na p. 151), *que é a palavra italiana para o* Triticum dicoccum. *A confusão é fácil de ocorrer — ambas são variedades de grãos antigos com uma textura al dente —, mas a espelta tem mais proteína, o que a torna preferida daqueles que ficam de olho na ingestão de trigo. De qualquer forma, ambos são ótimos — extremamente versáteis e muitos bons para incrementar sabores mais robustos.*

Os flocos de pimenta urfa são uma variedade turca, médios na ardência, mas enormes em aroma. São doces e defumados, têm uma cor escura vermelho-arroxeada fantástica e combinam com quase tudo. São facilmente encontrados em lojas virtuais, mas podem ser substituídos por outros tipos de pimenta em flocos, como a pimenta calabresa.

Preaqueça o forno a 220 °C.

Para limpar as alcachofras, retire a maior parte do caule e remova as folhas de fora com as mãos. Quando alcançar as folhas mais macias, tire 2 ou 3 cm do topo, com uma faca de serra afiada. Corte a alcachofra pela metade, no sentido do comprimento, para chegar ao coração e raspe-o com uma faca pequena. Pincele o coração com uma colher (chá) de caldo de limão, para não perder a cor. Corte cada metade em fatias de 0,5 cm de espessura. Em uma tigela, misture água fria e 1 colher (sopa) de caldo de limão.

Escorra a alcachofra e espalhe em uma assadeira de cerca de 21 cm × 23 cm. Adicione o caldo de limão restante, o louro, o tomilho, o alho, o vinho e o azeite. Cubra com papel-alumínio e asse por 30 a 35 minutos, ou até que fique macia. Retire o papel-alumínio e deixe esfriar.

Encha uma caçarola com água e leve à fervura. Adicione as ervilhas e branqueie por 30 segundos. Use uma escumadeira para colocá-las em uma tigela de água gelada — você ainda vai reutilizar a água fervente —, escorra-as e deixe secar. Acrescente a espelta à caçarola e deixe cozinhar em fogo brando, até ficar al dente — a espelta leva 20 minutos; a cevada, 30. Escorra, refresque em água corrente e deixe descansar.

Escorra as alcachofras, preservando o líquido do cozimento em uma tigela pequena. Coloque as alcachofras, com 4 colheres (sopa) do líquido, em uma tigela grande. Adicione as ervilhas, a espelta ou cevada, a salsinha e a alface, junto com ¾ de colher (chá) de sal e uma boa pitada de pimenta-do-reino. Misture delicadamente, acrescentando 1 ou 2 colheres (sopa) do líquido do cozimento, se necessário. Polvilhe com flocos de pimenta e sirva.

GRATIN DE AÇAFRÃO DE INVERNO

SERVE 4 PESSOAS
generosamente

Podemos usar diferentes combinações de vegetais sazonais nesta receita. A mistura que escolhi tem um equilíbrio de texturas e sabores doces que adoro, mas sinta-se livre para acrescentar, omitir ou substituir os ingredientes, conforme sua preferência, usando cenoura, nabo, salsifi, aipo-rábano, beterraba ou batata-doce. Só lembre-se de manter a quantidade (em peso) da receita.

Preaqueça o forno a 180 °C.

Ferva uma panela grande de água, adicione os vegetais fatiados e branqueie-os por 1 minuto. Escorra e reserve.

Coloque o leite e 300 ml de água em uma caçarola pequena, adicione o açafrão e deixe em fogo médio. Cozinhe por cerca de 4 minutos, até que esteja quente, mas sem deixar ferver. Desligue e deixe em infusão por 5 minutos.

Em uma panela pequena, derreta a manteiga em fogo médio, adicione a farinha e mexa para formar uma massa. Cozinhe delicadamente por 2 minutos, mexendo o tempo todo. Acrescente o açafrão em infusão de leite e água e mexa com um *fouet* para engrossar o líquido. Continue cozinhando e mexendo por mais 2 minutos, antes de retirar do fogo.

Adicione o creme de leite, misture e, então, acrescente as ervas picadas, 60 g de queijo parmesão, ¾ de colher (chá) de sal e ¼ de colher (chá) de pimenta. Mexa até que fique cremoso e jogue por cima dos vegetais. Misture bem e coloque em um refratário untado que possa ir ao forno (20 cm × 20 cm). Não tente deixar impecável, é para ter uma aparência rústica. Cubra com papel-alumínio e leve ao forno por 40 minutos.

Retire o papel e polvilhe com o queijo restante e a farinha de rosca. Aumente a temperatura para 210 °C e leve de volta ao forno, por cerca de 15 minutos, até que a crosta esteja dourada. Retire do forno e deixe esfriar por 10 minutos, antes de servir.

- 250 g de alcachofra de Jerusalém, descascada e cortada em fatias finas
- 250 g de nabo-da-suécia, descascado, em fatias finas
- 250 g de couve-rábano, descascada, em fatias finas
- 250 g de pastinaca, descascada, em fatias finas
- 100 ml de leite integral
- ½ colher (chá) de pistilo de açafrão
- 30 g de manteiga sem sal (e mais um pouco, para untar a fôrma)
- 35 g de farinha de trigo
- 150 g de creme de leite fresco
- 60 g de salsinha picada
- 60 g de manjericão picado
- 2 colheres (sopa) de estragão picado
- 90 g de queijo parmesão ralado
- 15 g de farinha de rosca
- sal e pimenta-do-reino branca

AO FORNO   283

SERVE 8 PESSOAS

TORTA DE TOMATE E AMÊNDOAS

140 g de manteiga sem sal,
  em temperatura ambiente

2 ovos batidos

65 g de *croûtons* frescos

80 g de amêndoa em pó

2 dentes de alho amassados

100 g de ricota

20 g de queijo parmesão
  ralado bem fino

15 g de folhas de tomilho

375 g de massa folhada

farinha de trigo para abrir
  a massa

óleo de girassol para untar

1 kg de tomates médios
  (cerca de 10 tomates),
  cortados no sentido da
  largura em fatias de 1 cm

24 azeitonas pretas (50 g)
  sem caroço

2 colheres (sopa) de azeite

sal e pimenta-do-reino

Esta é uma versão salgada da torta francesa frangipana com fruta. Assim como na versão doce, a massa de amêndoas absorve o suco e o sabor da fruta para criar uma camada suculenta que mistura o gosto adocicado com o sabor da noz. É perfeita para um lanche da tarde, junto com a salada primavera (veja na p. 40) ou com qualquer salada verde. Você pode usar anchovas em vez de azeitonas.

....

Preaqueça o forno a 240 °C.

Bata a manteiga na batedeira até que fique leve e aerada. Adicione os ovos lentamente, sem parar de bater, na velocidade média. Se a mistura não estiver homogênea, acrescente alguns *croûtons* para dar liga e continue acrescentando os ovos. Desligue a batedeira ou mixer, adicione os *croûtons*, a amêndoa e o alho e misture até que tudo esteja homogêneo.

Acrescente a ricota, o queijo parmesão, a metade das folhas de tomilho e ¼ de colher (chá) de sal. Mexa delicadamente, misturando bem, e reserve.

Abra a massa em uma superfície polvilhada com farinha até que obtenha duas folhas grossas, de cerca de 20 cm × 30 cm. Unte 2 assadeiras com um pouco de óleo de girassol e coloque a massa por cima, deixando sobrar uma borda de 2 cm. Distribua as fatias de tomate em 3 fileiras, sobreponha-os generosamente. Salpique com azeitona por cima e o restante do tomilho. Regue os tomates com a metade do azeite e tempere com ¼ de colher (chá) de sal e uma boa pitada de pimenta.

Leve ao forno e asse por 15 minutos. Reduza a temperatura para 200 °C e continue assando por mais 8 a 10 minutos, até que a base fique dourada. Se estiver fazendo em forno convencional, troque as assadeiras de lugar para se certificar de que ambas as tortas ficarão iguais. Quando prontas, retire do forno e deixe esfriar levemente. Regue com o azeite restante e sirva.

PUDIM DE PÃO COM RICOTA E ALECRIM

SERVE 4 PESSOAS

A lista objetiva de ingredientes mascara o número de vezes que esta receita foi testada até que ficássemos satisfeitos com o resultado. Justo quando estávamos imaginando se valia a pena ou não todo esse esforço, o prato deu certo e ficou perfeito. Faça um brinde de Bloody Mary ao poder da perseverança, a cada vez que servir este prato no almoço de sábado. Funciona muito bem como um prato principal vegetariano, mas também fica muito bom acompanhado de frango assado com limão. O nabo acrescenta um belo toque apimentado, mas pode deixá-lo de fora, se preferir.

....

Preaqueça o forno a 100 °C.

Espalhe as fatias de massa lêveda em uma assadeira e leve ao forno por 30 minutos, virando uma vez, até secar.

Em uma panela média, junte o leite, o creme de leite, os ramos de alecrim, a cebola e a noz-moscada e ferva levemente. Retire do fogo e deixe esfriar. Quando estiver morno, coe e descarte a cebola e o alecrim. Coloque os ovos em uma tigela e bata com um *fouet*, enquanto joga a mistura que estava na panela, até formar um creme pasteleiro. Acrescente ½ colher (chá) de sal e ¼ de colher (chá) de pimenta.

Enquanto isso, branqueie as fatias de nabo em água fervente por 2 minutos. Escorra, refresque em água fria, escorra novamente e deixe secar. Cubra, com elas, a base de um refratário de cerca de 22 cm × 30 cm.

Misture a ricota, o queijo parmesão, o alecrim picado e a cebolinha-francesa e espalhe sobre cada fatia de pão. Coloque as fatias no refratário, sobrepondo-as levemente, com o queijo para cima. Com uma colher, jogue o creme pasteleiro sobre cada fatia e pressione delicadamente, para que o pão absorva bem. Deixe descansar por cerca de 1h30, pressionando o pão para baixo com delicadeza, de tempos em tempos.

Preaqueça o forno a 200 °C.

Cubra o pudim com papel-alumínio e asse por 20 minutos. Retire o papel-alumínio e continue assando por cerca de 30 minutos, até que fique dourado e crocante. Insira uma faca no meio e pressione com delicadeza. Se o creme não vier para a superfície, o pudim está pronto. Deixe descansar por 10 minutos antes de pincelar o azeite por cima e servir.

---

400 g de massa lêveda cortada em fatias de 2 cm
800 ml de leite integral
250 ml de creme de leite fresco
2 ramos de alecrim, além de 1 e ½ colher (chá) de alecrim picado
1 cebola grande, descascada e cortada em 4 pedaços (160 g)
¼ de colher (chá) de noz-moscada ralada na hora
8 ovos
2 nabos médios descascados e cortados em fatias de 1 cm (260 g)
200 g de ricota
90 g de queijo parmesão ralado
20 g de cebolinha-francesa, bem picada
azeite para finalizar
sal e pimenta-do-reino branca

SERVE 4 PESSOAS

RISONI ASSADO COM MOZARELA E ORÉGANO

100 ml de azeite

1 berinjela grande cortada em cubos de 2 cm (300 g)

4 cenouras médias, descascadas e cortadas em cubos de 1,5 cm (300 g)

4 talos de aipo picado em pedaços de 1,5 cm (200 g)

1 cebola grande cortada em pequenos cubos (170 g)

3 dentes de alho amassados

250 g de *risoni* lavado

1 colher (chá) de extrato de tomate

380 ml de caldo de legumes

3 colheres (sopa) de orégano fresco picado ou 1 e ½ colher (sopa) de folhas de tomilho

raspas de 1 limão-siciliano

120 g de mozarela cortada em cubos de 1 cm

40 g de queijo parmesão ralado

3 tomates médios cortados em fatias grossas de 1 cm (400 g)

1 colher (chá) de orégano seco

sal e pimenta-do-reino

Até a massa assada mais simples terá sempre um lugar no meu coração, pois elas me dão conforto e me lembram dos pratos que meu pai preparava. Mas isso não é uma viagem sentimental: é uma escolha orgulhosa, sofisticada e até luxuosa pelos assados. As pessoas podem se desanimar com a textura firme e sem cremosidade da mozarela vendida em peças. De fato, se consumida sem acompanhamento, é completamente diferente da mozarela de búfala, mas ela funciona perfeitamente para gratinar, se colocada em pequenos cubos, em um prato, ou assada desta forma.

Preaqueça o forno a 200 ºC.

Aqueça o azeite em uma panela grande e coloque a berinjela. Cozinhe por 8 minutos em temperatura média-alta, mexendo ocasionalmente, até que doure. Retire da panela com uma escumadeira e deixe descansar em papel-toalha. Adicione as cenouras e o aipo na panela e frite por 8 minutos. Transfira também para o papel-toalha. Reduza o fogo para médio e acrescente a cebola e o alho. Cozinhe por 5 minutos, mexendo um pouco. Adicione o *risoni* e o extrato de tomate e cozinhe por mais 2 minutos.

Retire a panela do fogo e adicione o caldo de legumes, o orégano fresco (ou tomilho) e as raspas de limão. Acrescente os vegetais cozidos, a mozarela, o queijo parmesão, 1 colher (chá) de sal e ½ colher (chá) de pimenta. Misture bem e transfira para um refratário retangular de 21 cm × 27 cm, ou um redondo de 27 cm de diâmetro. Arrume os tomates por cima e polvilhe com o orégano seco, ¼ de colher (chá) de sal e uma pitada de pimenta.

Asse no forno por 40 minutos, ou até que o líquido tenha sido absorvido e a massa esteja cozida. Retire do forno, deixe esfriar por 5 minutos e sirva.

SERVE 6 PESSOAS

ROCAMBOLE DE QUEIJO *TALEGGIO* E ESPINAFRE

Para a massa

160 ml de leite integral

2 colheres (chá) de
fermento biológico seco

350 g de farinha de trigo
para pão (e mais um
pouco, para abrir a massa)

1 colher (chá) de açúcar
refinado

50 ml de óleo de girassol
(e mais um pouco, para
pincelar)

1 ovo e 1 gema

sal

Para o recheio

80 g de creme de leite
fresco

100 g de folhas de espinafre
baby

20 g de folhas de
manjericão

100 g de queijo pecorino
ralado grosso

250 g de queijo *taleggio*,
cortado em pedaços de
2 cm

150 g de tomates secos
escorridos (ou 400 g de
tomate-cereja fresco,
assado no forno — leia a
introdução da receita)

Para finalizar

1 ovo batido

2 colheres (chá) de
sementes de papoula

Nem todos os queijos são iguais, no que diz respeito ao derretimento. O rei de todos eles, pelo menos nesse departamento, é definitivamente o taleggio, um queijo italiano de leite de vaca com um cheiro forte e a textura mais cremosa e delicada, principalmente quando derretido. Este prato é um pão recheado. Você pode servi-lo quente, como se fosse um pão recheado, ou em temperatura ambiente, se quiser um sanduíche portátil. Você pode fazer seus próprios tomates secos, partindo tomates-cereja pela metade e espalhando-os em uma assadeira, com o lado cortado virado para cima. Regue-os com azeite e um pouco de sal e asse em fogo médio (190 °C) por cerca de 50 minutos. Outra alternativa é comprá-los, marinados em azeite.

Coloque o leite em uma panela e aqueça delicadamente, até alcançar os 30 °C. Adicione o fermento biológico, mexa para dissolvê-lo e deixe descansar por 10 minutos. Em uma tigela, coloque o resto dos ingredientes da massa e bata, na batedeira, com ½ colher (chá) de sal. Adicione o leite com fermento e deixe a massa bater na velocidade baixa, por cerca de 2 minutos. Aumente a velocidade para alta e sove a massa por mais 7 minutos, ponto em que ela deve ter se tornado uma bola cremosa brilhante. Você também pode fazer isso com as mãos: mas terá que sovar a massa por mais 5 minutos.

Transfira a massa para uma tigela grande untada com um pouco de óleo, cubra com um pano de prato úmido e reserve em algum local morno. Depois de 45 minutos, quando a massa tiver dobrado de tamanho, forre uma assadeira de 30 cm × 40 cm com papel-manteiga. Transfira a massa para uma superfície polvilhada com farinha e abra-a até que chegue à medida da assadeira. Forre a assadeira com a massa, preenchendo também as quinas. Cubra com um pano de prato e deixe descansar por 30 minutos.

Quando a massa na assadeira tiver crescido um pouquinho, cubra com o recheio. Use uma espátula para espalhar o recheio por toda a superfície, polvilhe com ½ colher (chá) de sal, então acrescente o espinafre, o manjericão, o pecorino, o *taleggio* e os tomates secos. Escolha uma das pontas da massa e enrole-a como um rocambole. Cubra de novo a assadeira com o pano de prato e deixe descansar por mais 30 minutos.

Preaqueça o forno a 220 °C. Pincele a superfície do rocambole com o ovo batido e polvilhe com as sementes de papoula. Asse por 10 minutos, reduza a temperatura para 180 °C e deixe por mais 25 minutos. Não se preocupe se o rocambole rachar um pouquinho. Quando estiver pronto, ele deve ter uma bela crosta marrom-escura. Perfure no meio com uma faca para checar: a faca deve sair com um pouco de queijo, mas sem a massa. Retire o rocambole do forno e deixe esfriar um pouco antes de cortá-lo em fatias largas. Ou espere esfriar completamente e fatie-o como quiser.

SERVE 4 PESSOAS

BATATA *HARRA*

1 kg de batatas descascadas e cortadas em cubos de 2 cm

2 colheres (sopa) de azeite

3 colheres (sopa) de óleo de girassol

6 dentes grandes de alho, amassados

1 colher (chá) de *pul biber* (pimenta calabresa turca) ou ½ colher (chá) de pimenta calabresa comum

2 pimentões vermelhos grandes cortados em cubos de 2 cm (260 g)

30 g de coentro picado

raspas da casca de 1 limão--siciliano e 1 colher (sopa) de caldo do limão

sal e pimenta-do-reino

Este prato libanês e sírio é, provavelmente, o meu jeito preferido de comer batatas. Simples, apimentado e saboroso ao mesmo tempo, é maravilhoso sozinho ou como acompanhamento, consumido com peixe grelhado ou com algo à base de iogurte, como o mix de vegetais e iogurte com azeite de pimenta-verde (veja na p. 205) *ou a pasta de iogurte e folha de limão kafir* (veja na p. 246). *Você pode ajustar a quantidade de pimenta ao seu gosto; mas lembre-se: é para ser bem apimentado. A pimenta calabresa varia muito, por isso prove a sua antes de adicionar a quantidade recomendada.*

Preaqueça o forno a 260 ºC.

Ferva uma panela grande de água com sal, adicione as batatas e cozinhe por 3 minutos. Escorra e deixe descansar até secar completamente.

Forre uma assadeira média com papel-alumínio e espalhe as batatas. Coloque por cima o azeite e o óleo, com 1 e ½ colher (chá) de sal e um pouco de pimenta-do-reino. Misture delicadamente e asse no forno por 10 minutos. Adicione o alho, a pimenta calabresa, os pimentões vermelhos e a metade do coentro e volte ao forno por mais 25 minutos, mexendo na metade do tempo, até que as batatas estejam bem douradas e completamente macias.

Retire as batatas do forno e transfira para uma tigela grande. Adicione as raspas de limão e o caldo e mexa mais uma vez. Sirva morno ou em temperatura ambiente. Misture o coentro restante antes de servir.

BAIGAN CHOKA

SERVE DE 2 A 4 PESSOAS

Passados todos esses anos cozinhando e escrevendo receitas, eu ainda fico admirado quando comprovo como a precisão da variação de minutos de uma técnica pode fazer uma diferença espetacular. Este prato de berinjela originário de Trinidad e Tobago, servido com pão roti ou naam, me foi apresentado pela ex-colega de trabalho Tricia Jadoonanan. Na teoria, não é totalmente diferente do baba-ghanush ou de outras saladas de berinjela do Oriente Médio que cozinhei ao longo dos anos. Contudo, esta receita leva um azeite quente aromatizado com cebola, em uma mistura vigorosa que alcança uma maravilhosa cremosidade e sutileza, que fica a léguas de distância da intensidade dos antigos favoritos. Para que seja ainda mais suave, deixe o alho de fora e coloque menos pimenta, se preferir. Sirva esta pastinha como aperitivo, acompanhada de pão, ou como um acompanhamento de cordeiro, frango ou abóbora assados.

3 berinjelas médias (900 g no total)
1 pimenta dedo-de-moça suave
½ colher (sopa) de azeite
½ colher (sopa) de óleo de girassol
½ cebola pequena cortada em fatias finas (50 g)
1 dente de alho amassado
1 colher (sopa) de cebolinha-francesa picada
sal

Para cozinhar a berinjela no fogão a gás, que é ideal para obter um sabor defumado, use papel-alumínio ao redor das bocas e coloque as berinjelas diretamente no fogo médio. Torre-as por 15 minutos, virando sempre com uma pinça, até que a pele esteja queimada de todos os lados. Leve a pimenta também ao fogo, por 1 ou 2 minutos, até que estufe e queime um pouquinho.

Para cozinhar as berinjelas no forno, perfure-as várias vezes, com uma faca afiada. Forre uma assadeira com papel-alumínio e coloque-as diretamente no chão do forno. Cozinhe as berinjelas por 1 hora e 10 minutos, virando a cada 20 minutos, até que tenham murchado e a pele esteja toda queimada. Adicione a pimenta nos últimos 10 minutos, para que queime também.

Retire as berinjelas (do fogo ou do forno) e deixe que esfriem um pouco antes de separar o miolo e descartar a pele. Coloque o miolo em uma peneira e deixe escorrer por, pelo menos, 30 minutos. Tire a pele da pimenta, retire as sementes e pique o miolo em pedaços bem pequenos.

Coloque a berinjela e a pimenta em uma tigela grande e misture vigorosamente por 2 a 3 minutos, até que fique tudo leve e cremoso (você também pode usar um mixer elétrico).

Enquanto isso, aqueça o azeite e o óleo em uma panela pequena e adicione a cebola. Refogue em fogo alto por 2 minutos, mexendo de vez em quando, para cozinhar a cebola. Mas só um pouco, pois ela deve ficar levemente crocante. Jogue na tigela das berinjelas e continue batendo por mais 1 minuto. Acrescente o alho e a cebolinha-francesa, junto com ½ colher (chá) de sal, e bata um pouco mais. Prove, adicione mais sal, se quiser, e sirva.

AO FORNO

RENDE 6 UNIDADES

TORTINHAS DE VEGETAIS DE RAIZ

240 g de farinha de trigo (e mais um pouco, para abrir a massa)

190 g de manteiga sem sal, refrigerada e cortada em cubos

60 g de *sour cream*

3 colheres (sopa) de azeite

1 colher (chá) de curry em pó

2 colheres (chá) de sementes de alcaravia

2 colheres (chá) de sementes de mostarda--preta

½ colher (chá) de cardamomo em pó

1 cebola grande picada grosseiramente (180 g)

1 pimenta dedo-de-moça verde, sem sementes e picada em pedaços pequenos

1 colher (sopa) de folhas de tomilho picadas

2 dentes de alho amassados

1 batata pequena, descascada e cortada em cubos de 2 cm (160 g)

1 cenoura média, descascada e cortada em cubos de 2 cm (100 g)

1 pastinaca média, descascada e cortada em cubos de 2 cm (100 g)

250 ml de caldo de legumes

½ abóbora manteiga pequena, descascada e cortada em cubos de 2 cm (250 g)

¼ de colher (chá) de açúcar refinado

120 g de cheddar maturado, ralado grosso

15 g de coentro picado

1 ovo batido

sal e pimenta-do-reino

Sirva esta receita com uma salada verde no almoço, ou coma sozinha como lanche. O recheio puro também é delicioso sozinho, como acompanhamento vegetariano para um arroz, por exemplo. Requentadas, para serem consumidas no dia seguinte, também são ótimas. Portanto, não tenha medo de fazer a quantidade inteira, mesmo que não haja pessoas suficientes para comer de uma vez. Obrigado a Helen Goh!

Bata, em um processador, a farinha, a manteiga, o *sour cream* e 1 colher (chá) de sal, até que a mistura fique homogênea. Transfira para uma superfície com farinha e sove a massa delicadamente por 1 minuto, adicionando mais farinha, se preciso, até que fique macia e maleável. Envolva-a num filme e deixe descansar na geladeira por 30 minutos.

Em uma panela com tampa, em fogo médio-alto, coloque 2 colheres (sopa) de azeite e, quando estiver quente, adicione o curry em pó, as sementes de alcaravia, as sementes de mostarda e o cardamomo. Cozinhe por mais alguns segundos, mexendo e certificando-se de que os temperos não queimem. Adicione a cebola, a pimenta e o tomilho. Cozinhe por mais 4 minutos, acrescente o alho e cozinhe por mais 1 minuto, mexendo sempre. Adicione a batata, a cenoura e a pastinaca, mexa e então coloque o caldo de legumes. Reduza o fogo para médio, cubra e cozinhe por 5 minutos. Adicione a abóbora, o açúcar, ¾ de colher (chá) de sal e uma pitada generosa de pimenta-do-reino, e continue o cozimento, com a panela tampada, por 10 minutos, mexendo de vez em quando, até que os vegetais estejam cozidos e a maior parte do líquido tenha evaporado. Deve sobrar cerca de 3 colheres (sopa) do líquido. Adicione um pouco de água, se necessário. Destampe a panela, retire do fogo e deixe esfriar totalmente antes de colocar o queijo e o coentro.

Preaqueça o forno a 200 °C.

Use o azeite restante para pincelar as laterais e a base de uma fôrma extragrande para 6 muffins (cada um deve ter 6 cm de largura por 4 cm de profundidade). Forre com papel-manteiga e leve à geladeira. Abra a massa com uma espessura de 2 a 3 mm, corte em 6 círculos de 14 cm de diâmetro e coloque na fôrma, um círculo por abertura. Corte as bordas, juntando a massa que sobrar para depois abrir novamente. Corte mais 6 círculos, de 8 cm de diâmetro — estas serão as tampas das tortinhas.

Preencha cada torta com cerca de 120 g de recheio, pincele as bordas com ovo, pressione e feche as tortinhas com as tampas de massa. Pincele as bordas com o restante do ovo e passe o garfo em cima de cada tortinha.

Deixe descansar, na geladeira, durante 10 minutos. Leve ao forno e asse por 30 a 35 minutos. As tortinhas devem ser servidas mornas, ou em temperatura ambiente.

ADOÇAR

RENDE 6 UNIDADES

FRIANDS DE CASSIS

125 g de manteiga sem sal derretida (mais 20 g extra para untar a fôrma)

60 g de farinha de trigo (e mais um pouco, para sovar a massa)

60 g de amêndoas branqueadas

50 g de pistache sem sal (e mais 1 colher (chá) dele picado, para decorar)

¼ de colher (chá) de canela em pó

200 g de açúcar refinado

raspas da casca de 1 limão-siciliano

1 colher (sopa) de banana amassada

3 claras de ovo (100 g)

120 g de cassis fresco (ou descongelado), misturado com 2 colheres (chá) de farinha (e mais um pouco, para decorar)

sal

Para o glacê de limão (*opcional*)

50 g de caldo de limão-siciliano

200 g de açúcar de confeiteiro

Preciso ser incrivelmente sistemático no modo de arquivar minhas receitas, por escrever tantas receitas. Contudo, antes desta receita ser aperfeiçoada, ela desapareceu misteriosamente na rede do sistema e só foi lembrada anos depois. É como encontrar, no bolso da calça, um dinheiro que estava lá há semanas: a redescoberta tem gosto de presente, mesmo que ela já fosse sua. Friands são pequenos bolinhos franceses, populares na Austrália e na Nova Zelândia, assim como, é claro, em toda a França. A palavra francesa friand *significa "guloseima" ou um "gourmet que se delicia com sabores delicados". Eu gostaria de estender a definição, neste caso, a qualquer um com um paladar doce peculiar precisando de um tratamento de realeza.* (Foto nas páginas seguintes.)

Preaqueça o forno a 200 ºC.

Coloque uma fôrma de muffin com capacidade para 6 unidades (cada espaço com 6 cm de largura e 4 cm de profundidade) no freezer por 10 minutos. Derreta as 20 g de manteiga e pincele generosamente na fôrma; em seguida, polvilhe com farinha. Coloque um círculo de papel-manteiga em cada espaço para muffin, para prevenir que os bolinhos grudem na fôrma, e volte para o freezer.

Separe duas colheres (sopa) de açúcar. Adicione o restante a um processador, junto com a farinha, as amêndoas, o pistache e a canela. Bata até que fique com uma textura de farinha de rosca. Coloque a mistura em uma tigela e adicione a manteiga derretida, a raspa da casca de limão e a banana amassada. Mexa para ficar homogêneo.

Bata as claras de ovo com ⅛ de colher (chá) de sal e as 2 colheres (sopa) de açúcar restantes, até que fique firme — cerca de 6 minutos na batedeira. Delicadamente, incorpore um terço das claras batidas na mistura de amêndoas e banana. Depois, coloque gentilmente mais um terço, junto com o cassis. Por fim, incorpore o restante das claras.

Distribua a massa entre os espaços da fôrma de muffins — cada um deve estar ⅔ cheio. Leve ao forno por 20 a 25 minutos, até que um garfo ou palito espetado no meio da massa saia limpo. Retire do forno e deixe esfriar. Para desenformar, passe uma faca afiada pelas laterais e, delicadamente, bata no fundo da fôrma.

Quando as *friands* estiverem frias, faça o glacê, se for usá-lo. (Você também pode simplesmente salpicar com açúcar de confeiteiro.) Com um *fouet*, misture o caldo de limão e o açúcar em uma tigela pequena, adicionando um pouco mais dos dois ingredientes se necessário, para que o glacê fique firme, mas ainda escorra da colher. Jogue-o deliberadamente sobre os bolinhos, deixando cair pelos lados. Polvilhe com o pistache picado e coloque 3 ou 4 cassis no topo de cada bolinho, se tiver sobrado.

RUIBARBO ASSADO COM *LABNEH* DOCE

SERVE 4 PESSOAS

Eu estou levemente obcecado com labneh. *Gosto de comer puro, por cima de algum prato, regado com azeite, polvilhado com* zaatar *e pimenta calabresa e servido com pão pita quente. Também como com vegetais grelhados ou por cima de uma salada de pepino e tomate fresco. Sirvo com costela de cordeiro assada ou com peixe frito, ou até como sobremesa, adoçado com caldo de açúcar e laranja, acompanhado de frutas assadas.*

Se você não vem acompanhando minha doutrina sobre os méritos da coalhada seca — o que labneh *é, basicamente —, eu amorosamente lhe convido a se juntar ao clube. Superpopular ao redor de todo o Leste Mediterrâneo, é possível encontrá-lo em lojas de produtos árabes, seja em forma de pequenas bolinhas brancas marinadas em azeite (para usar em pratos salgados), seja como um iogurte cremoso e espesso, sendo vendido no balcão de queijos ou em potes na geladeira.*

Porém, o melhor é fazer seu próprio labneh, *drenando o iogurte durante a noite para obter uma textura rica e cremosa (mas 4 a 6 horas já é tempo suficiente). Esprema o pano com iogurte algumas vezes durante a drenagem, para acelerar o processo. Se for mais fácil, o iogurte grego tradicional vai funcionar muito bem: o resultado não será tão rico, mas ainda assim ficará maravilhosamente fresco.*

800 g de iogurte natural

80 g de açúcar de confeiteiro

400 g de ruibarbo aparado

100 ml de Muscat (ou outro vinho de sobremesa)

70 g de açúcar refinado

½ fava de baunilha, cortada ao meio, no sentido do comprimento, com as sementes raspadas

1 limão-siciliano (metade da casca raspada em lascas, metade ralada)

20 g de pistache sem sal picados grosseiramente

sal

....

Coloque o iogurte em uma tigela média com o açúcar de confeiteiro e ¼ de colher (chá) de sal. Misture bem e transfira para o meio de um pano de prato limpo. Amarre fazendo uma trouxinha, com um elástico ou barbante, e pendure sobre uma tigela na geladeira por até 18 horas, espremendo o pano de vez em quando.

Preaqueça o forno a 200 °C.

Corte o ruibarbo em tiras de 6 cm e misture com o vinho, o açúcar refinado, a fava de baunilha, suas sementes e as lascas do limão-siciliano. Coloque em um refratário grande o suficiente para acomodar o ruibarbo. Leve ao forno descoberto por 20 minutos ou até o ruibarbo ficar macio, mas não murcho. Reserve.

Pouco antes de servir, tire o iogurte da geladeira e aperte-o bem para liberar o resto de sua água. Transfira do pano para uma tigela. Misture com as raspas da casca do limão e coloque em pratos de servir. Cubra com o ruibarbo e um pouco do seu suco de cozimento e polvilhe com os pistaches.

SERVE 4 PESSOAS
generosamente

MARMELO ESCALFADO NO SUCO DE ROMÃ

2 marmelos grandes
  descascados e cortados
  (850 g)
800 ml de suco de romã
70 g de açúcar refinado
1 fava de baunilha, cortada
  ao meio no sentido do
  comprimento, com as
  sementes raspadas
raspas da casca de uma
  laranja grande, mais
  50 ml de suco (cerca de
  ½ laranja)
2 anises-estrelados
65 g de sementes de romã
  (cerca de ½ romã)
120 g de creme de nata
2 colheres (chá) de folhas
  de hortelã frescas picadas
  (opcional)

Esta é uma receita gloriosa e festiva — e, se me permitem dizer sem enraivecer muitos tradicionalistas, inegavelmente superior a qualquer sobremesa de Natal. O marmelo ganha uma cor vermelha maravilhosa enquanto é escalfado no suco de romã. Antigamente, as variedades de marmelo vendidas em lojas levavam horas para cozinhar, e isso fazia com que ele ficasse naturalmente vermelho, por causa do lento processo de caramelização do açúcar. O marmelo de hoje leva normalmente menos de 30 minutos para cozinhar e fica pálido (quer dizer, a não ser que você o cozinhe no suco de romã).

Remova o miolo dos marmelos. Descarte a metade dele e amarre o restante em uma trouxinha feita com uma toalha de chá ou pano de prato limpo.

Coloque os pedaços do marmelo em uma panela de fundo triplo e adicione o suco de romã, o açúcar, a fava e as sementes de baunilha, a casca e o suco da laranja, e os anises-estrelados. Acrescente a trouxinha do miolo envolto no pano e deixe ferver.

Reduza para fogo brando, tampe a panela e cozinhe por cerca de 20 minutos, até que os pedaços de marmelo fiquem macios.

Retire o marmelo com uma escumadeira e reserve. Mantenha a panela destampada, aumente o fogo e cozinhe o molho por 20 minutos ou mais, até que ele engrosse e fique com textura de xarope. Deve ser reduzido para cerca de 75 ml.

Pouco antes de servir, esprema o conteúdo da trouxinha de pano e descarte com a casca de laranja, o anis e a baunilha. Volte o marmelo à calda e aqueça. Coloque dois pedaços de marmelo em cada prato, regue com um pouco de calda e sirva com uma pitada de sementes de romã, uma colherada do creme de nata e um pouco de hortelã picada, se preferir.

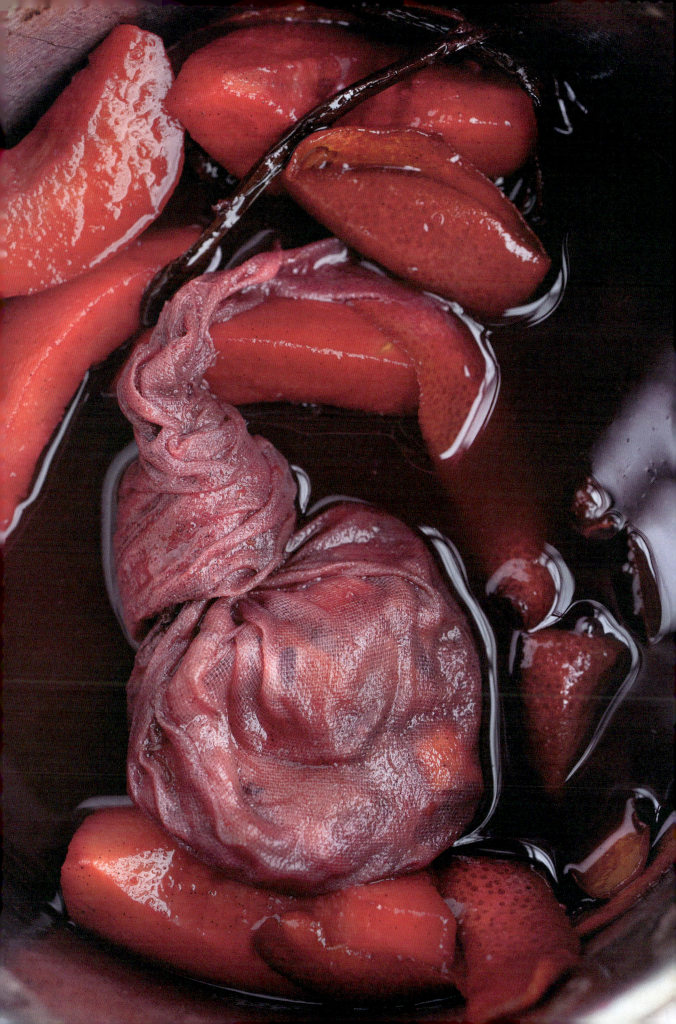

FRUTAS VERMELHAS CONGELADAS COM CREME DE CHOCOLATE BRANCO

SERVE 6 PESSOAS

Alguns anos atrás, quando eu era chef de sobremesas do restaurante Kensington Place, no oeste de Londres, um dos meus colegas de trabalho na cozinha "deixou vazar" as receitas do livro de pâtisserie do lendário restaurante Ivy. O documento altamente cobiçado, do qual eu só consegui uma miniolhadela irritante, incluía a receita do celebrado doce de frutas escandinavas com molho de chocolate branco. A receita era um mito entre os chefs de sobremesas, e eu não consegui perdoar aquele rapaz por me privar da chance de copiar a receita original (obviamente, isso foi muito antes da era dos smartphones e smartcâmeras). Esta receita foi inspirada pela memória daquela receita ilusória.

Use uma mistura de frutas vermelhas aqui, sejam frescas ou congeladas, mantendo-as no freezer até a hora de preparar o prato. Certifique-se de ter uma boa quantidade de frutas mais amargas — cassis e groselha — para manter o equilíbrio com o doce do chocolate branco. O ganache de chocolate branco precisa ser refrigerado por pelo menos 5 horas antes de ser misturado.

90 g de chocolate branco, gotas ou pedaços, quebrado em pedaços bem pequenos

400 ml de creme de leite

380 g de frutas vermelhas frescas (*veja a introdução*) ou congeladas (framboesas, amoras silvestres, cassis e groselhas)

40 ml de bitter Angostura (e mais um pouco, para finalizar)

3 colheres (sopa) de açúcar de confeiteiro

6 cookies ou outro biscoito duro para servir

Primeiro, prepare o ganache de chocolate branco. Coloque o chocolate em uma tigela média à prova de calor. Despeje 160 ml do creme de leite em uma caçarola pequena e deixe ferver, tomando cuidado para não espirrar. Adicione o chocolate e mexa até que derreta. Deixe esfriar cobrindo a tigela com filme e leve à geladeira por pelo menos 5 horas ou durante a noite toda.

Quando estiver pronto para servir, adicione o creme de leite restante em uma tigela e acrescente o ganache. Misture com as mãos ou com um *fouet* elétrico para formar um creme grosso. Tenha cuidado para não passar desse ponto, ou o creme irá sorar se bater demais.

Coloque as frutas congeladas em um saco plástico, e em seguida em uma superfície lisa, e bata algumas vezes usando um rolo de massa, até que estejam grosseiramente quebradas. Despeje-as numa tigela e misture com o bitter e o açúcar de confeiteiro. Mexa para dissolver o açúcar e deixe descansar por 5 minutos, até que as frutas estejam semidescongeladas.

Divida o creme entre taças de vidro e coloque uma colherada das frutas vermelhas por cima. Outra possibilidade é colocar o creme em uma tigela, adicionar as frutas e mexer levemente antes de servir nas taças individuais.

Pingue algumas gotas do bitter por cima e sirva com o biscoito ao lado.

ADOÇAR **307**

SERVE 4 PESSOAS

PERAS CARAMELIZADAS COM CONHAQUE E BISCOITOS DE SEMENTES DE ERVA-DOCE

Massa do biscoito

125 g de farinha de trigo
(e mais um pouco, para
abrir a massa)
½ colher (chá) de fermento
em pó
1 colher (sopa) de azeite
sal

Cobertura do biscoito

60 ml de azeite
35 g de avelãs picadas
2 colheres (sopa) de
sementes de erva-doce
amassadas
2 colheres (sopa) de açúcar
refinado

Peras caramelizadas

½ fava de baunilha
40 g de açúcar refinado
3 peras, descascadas e
cortadas em 8 fatias cada
uma (350 g)
15 g de manteiga sem sal
3 colheres (sopa) de
conhaque
80 g de mascarpone para
servir

Esta sobremesa gelada é espetacular. Preparar o biscoito é opcional, pois o de maizena é um bom substituto — ou, melhor ainda, as "tortas de aceite" de Sevilha, que são a inspiração deste biscoito. Caso resolva assá-lo, eu me certifiquei de que a massa rende cerca de 18 unidades, mais do que é necessário para a receita. Você pode guardá-los em um pote hermético durante alguns dias, mas duvido que vão durar muito. As peras podem ser cozidas com 1 ou 2 horas de antecedência, e então aquecidas logo antes de servir.

Comece com os biscoitos. Coloque todos os ingredientes da massa em uma tigela grande com ¼ de colher (chá) de sal e 65 ml de água, e misture tudo com as mãos. Sove a massa em sua superfície de trabalho por alguns minutos até ficar macia. Envolva-a num filme e deixe descansar na geladeira por 1 hora.

Preaqueça o forno a 240 °C.

Despeje um pouco de farinha em uma superfície limpa e seca. Trabalhe com pedaços de massa de aproximadamente 12 g — cerca de 18 pedaços — e abra-os o mais fino que conseguir com um rolo de massa, em formas longas e ovais de 22 cm × 8 cm. Salpique com mais farinha para trabalhar a massa. Coloque os biscoitos em assadeiras forradas com papel-manteiga. Pincele com azeite antes de espalhar por cima as avelãs, as sementes de erva-doce e o açúcar refinado. Asse por 6 a 8 minutos, até que estejam crocantes e dourados. Retire do forno, deixe esfriar e coloque em um pote hermético.

Para as peras, coloque a fava de baunilha em um moedor de temperos com 1 colher (sopa) de açúcar e moa até que se transforme em um pó fino (como alternativa, corte a fava com uma faca afiada e use um pilão para amassá-la com o açúcar, ou simplesmente compre açúcar de baunilha já pronto). Transfira a mistura para uma tigela grande com o açúcar restante. Adicione as peras e misture para envolvê-las.

Coloque a manteiga em uma frigideira antiaderente e leve ao fogo alto. Acrescente as peras e o açúcar excedente da tigela e cozinhe por 3 minutos, virando uma vez para que elas ganhem cor. Reduza a temperatura e mantenha o cozimento por mais 3 a 5 minutos, mexendo, até que as peras estejam macias e o açúcar, caramelizado. Retire a panela do fogo e despeje 2 colheres (sopa) de água. Tenha cuidado, porque pode espirrar um pouco.

Volte a panela para o fogo e, quando ferver, adicione o conhaque. Deixe borbulhar por 2 a 3 minutos. O caramelo deve cobrir todas as peras.

Para servir, coloque um biscoito em cada prato, com as peras e sua calda ao lado, e uma colherada de mascarpone por cima.

SERVE 6 PESSOAS

TORTA DE FIGO E QUEIJO DE CABRA

150 g de queijo de cabra
macio, com a casca
removida

85 g de açúcar de
confeiteiro

½ colher (chá) de raspas
de laranja

1 colher (sopa) de folha
de tomilho picada (e mais
algumas para decorar)

2 ovos batidos

100 g de amêndoas moídas

600 g de figos maduros
cortados ao meio

1 colher (sopa) de açúcar
refinado

1 e ½ colher (sopa) de
caldo de limão-siciliano

Para a massa

265 g de farinha de trigo
(e mais um pouco, para
sovar)

50 g de açúcar refinado

1 colher (chá) de fermento
de ação rápida

raspas da casca de
½ limão-siciliano

2 ovos batidos

75 g de manteiga sem sal
em temperatura ambiente,
cortada em cubos de 2 cm

óleo de girassol para untar

sal

A última vez que tive de fazer esta torta foi em frente a duas câmeras de tevê e no meio de um ataque de rinite terrível. Foi para o meu programa de TV, Cozinha mediterrânea de Yotam Ottolenghi, *e eu estava em uma padaria em Tel Aviv. Aguentei firme e consegui chegar ao final da cena, lacrimejando tanto que, depois, essa parte teve de ser editada. O importante é que a torta ficou com uma aparência fantástica. E se eu consegui fazê-la naquele estado, qualquer pessoa consegue. Se você não tiver uma batedeira elétrica ou não quiser preparar a massa, ela pode ser substituída por massa folhada industrializada.*

Primeiro, faça a massa. Coloque a farinha, o açúcar, o fermento e as raspas na tigela da batedeira e misture tudo em velocidade baixa por 1 minuto. Adicione os ovos e 60 ml de água e bata por mais alguns segundos em velocidade baixa, antes de aumentar para a média e sovar por 3 minutos até que a massa se integre. Acrescente $1/8$ de colher (chá) de sal e a manteiga, alguns cubos de cada vez, misturando bem. Continue a sovar por cerca de 10 minutos em velocidade média, até que a massa fique lisa, elástica e brilhante. É preciso raspar as laterais da tigela algumas vezes durante o processo e polvilhar com uma pequena quantidade de farinha, para que a massa não grude. Coloque a massa em uma tigela grande pincelada com óleo, cubra com filme e deixe na geladeira durante a noite. Ela vai aumentar cerca de $1/4$ de seu volume.

Coloque o queijo de cabra em uma tigela média com 10 g de açúcar de confeiteiro, as raspas de laranja, o tomilho e 1 ½ dos ovos batidos. Mexa até ficar homogêneo e acrescente as amêndoas. Misture até obter uma consistência suave.

Polvilhe uma superfície de trabalho limpa com a farinha e abra a massa formando um quadrado de cerca de 28 cm × 28 cm e com espessura de 5 mm. Forre uma assadeira com papel-manteiga. Transfira a massa para a assadeira. Espalhe a mistura de queijo de cabra sobre a massa, deixando uma borda de cerca de 1,5 cm. Pincele o restante do ovo ao longo da borda. Coloque os figos por cima — ligeiramente sobrepostos, pois eles encolherão quando cozinhar — e polvilhe-os com o açúcar refinado. Cubra a torta com papel-alumínio e reserve em um lugar quente por 20 minutos. Preaqueça o forno a 190 °C.

Retire o papel-alumínio e coloque a torta no forno. Asse por 30 minutos, até que os figos fiquem caramelizados e a base da massa fique dourada.

Misture o açúcar de confeiteiro restante com o caldo de limão-siciliano. Esse glacê deve ficar parecido com uma crosta de gelo; por isso, adicione mais caldo ou açúcar, se for necessário.

Retire a torta do forno e regue os figos. Polvilhe com algumas folhas de tomilho e coma quente ou em temperatura ambiente.

FIGOS ASSADOS COM MELAÇO DE ROMÃ E RASPAS DE LARANJA

SERVE 4 PESSOAS

É preciso enfatizar: é crucial que você escolha figos bons, doces e suculentos, independentemente do que faça com eles. Isso faz toda a diferença. Esta receita é extremamente simples de preparar, mas tem um sabor magnífico, profundo e rico, que me surpreende toda vez que faço.

....

Coloque o melaço de romã, o caldo de limão, 1 colher (sopa) de açúcar, 2 ramos inteiros de tomilho, 1 colher (sopa) de água e a tira de meia casca de laranja numa tigela grande com uma pitada de sal. Misture bem para dissolver o açúcar e, em seguida, adicione os figos. Deixe marinar por 30 minutos.

Em uma tigela pequena, misture o mascarpone, o iogurte e o açúcar de confeiteiro até ficar homogêneo. Mantenha na geladeira até a hora de montar a sobremesa.

Retire os figos da tigela (não descarte o líquido) e organize-os com o lado cortado virado para cima, dentro de um refratário raso ou uma panela de 20 cm de diâmetro. Polvilhe os figos com o restante do açúcar e coloque o refratário no forno ou sob um broiler quente: não ponha muito próximo da grelha, senão os figos vão queimar. Grelhe por 10 minutos, ou até que o açúcar caramelize e os figos fiquem macios.

Enquanto isso, despeje o líquido que sobrou da marinada em uma caçarola pequena, deixe ferver e cozinhe por 2 a 4 minutos, até que a calda reduza pela metade e fique com uma consistência de mel.

Transfira os figos quentes para pratos individuais e derrame todo o líquido que sobrar no refratário. Regue com a calda e polvilhe com as folhas de tomilho picadas. Coloque uma colher do creme de iogurte por cima ou ao lado dos figos, salpique com as raspas de laranja e sirva.

- 3 colheres (sopa) de melaço de romã
- 1 colher (sopa) de caldo de limão-siciliano
- 3 colheres (sopa) de açúcar mascavo
- 4 ramos de tomilho (2 inteiros e 2 com as folhas picadas)
- 1 laranja (metade da casca cortada em 1 lasca longa e metade ralada bem fina)
- 8 figos maduros cortados ao meio no sentido do comprimento (400 g)
- 100 g de mascarpone
- 100 g de iogurte grego
- 1 colher (sopa) de açúcar de confeiteiro
- sal

SERVE 4 PESSOAS

FRUTAS GRELHADAS COM ÁGUA DE GERÂNIO-LIMÃO

4 pêssegos (e/ou
nectarinas) sem caroço
e cortados em 6 fatias
(500 g)
6 damascos cortados
pela metade e sem caroço
(200 g)
1 colher (sopa) de azeite
3 figos grandes maduros,
cortados em 2 ou
3 pedaços (180 g)
2 colheres (chá) de
sementes de anis ou
erva-doce, tostadas
e picadas
10 g de folhas de
manjericão pequenas
1 colher (chá) de
lavanda fresca

Para o iogurte de essência
150 g de iogurte de leite
integral
1 e ½ colher (sopa) de mel
de flor de tomilho ou
qualquer mel floral
1 colher (sopa) de água
de gerânio-limão ou de
flor de laranjeira
1 e ½ colher (chá) de
caldo de limão-siciliano

A força da opinião dos leitores on-line do The Guardian *para a minha coluna semanal nunca me decepciona (e me encanta). O que os leitores mais comentam é sobre a minha tendência a usar ingredientes obscuros "só pela dificuldade". "Eu vou dar um pulinho no mercado da esquina para comprar alguns limões iranianos e algumas bérberis", escreveu alguém recentemente. Outros tiram um sarro de mim com suas próprias paródias: "Pelo amor de Deus, onde eu vou comprar batatas? E extrato de tomate? Malditas receitas elitistas do centro de Londres". Acho essa provocação sensacional, mas também vejo como um feedback para abrir meus olhos.*

Portanto, antes de eu ser acusado de introduzir mais um ingrediente impossível de encontrar, gostaria de dizer que a água de gerânio-limão é um líquido com uma essência maravilhosamente exótica e raro, exceto na Tunísia, onde o encontrei pela primeira vez. Porém, outros destilados de flores (como água de flor de laranjeira ou água de rosas) são substitutos perfeitamente adequados.

Os pêssegos, o damasco e os figos estavam no auge da perfeição quando fiz esta receita na Tunísia, mas você pode usar qualquer tipo de fruta da família das drupas — pêssego, nectarina etc. Se estiverem realmente macios e suculentos, deixe-os como estão e só grelhe a fruta mais durinha. Leve esta receita à mesa em um prato grande, ao final de uma refeição saudável.

Coloque uma panela-grill no fogo alto e deixe que ela fique bem quente. Em uma tigela, misture os pêssegos (e/ou as nectarinas) e os damascos com o azeite. Coloque-os na panela-grill e cozinhe por 1 a 2 minutos de cada lado, até que fiquem chamuscados e macios. Retire-os da panela e deixe esfriar.

Misture o iogurte com o mel e a água de gerânio-limão. Acrescente o caldo do limão e leve à geladeira até a hora de servir.

Antes de servir, arrume os pêssegos e damascos em um prato grande e ponha os pedaços de figo por cima. Regue com o molho de iogurte, deixando parte das frutas expostas. Polvilhe com as sementes e folhas de manjericão. Finalize regando com a lavanda fresca e sirva.

AMORAS COZIDAS COM CREME DE LOURO E GIM

SERVE 4 PESSOAS

Alguns doces têm de ser só para adultos, certo?! Imagino que, uma vez que você está muito velho para que suas velas caibam todas no topo de uma sobremesa, é hora de apagá-las de uma vez só e encher tudo de álcool (embora eu talvez dispensasse o estágio de acendê-las). Assim como dá um ar de comemoração, a bebida certa também introduz uma incrível profundidade de sabor.

Primeiro, faça o creme: ponha o creme de leite, o leite e o louro em uma caçarola pequena e deixe ferver. Retire do fogo imediatamente. Em uma tigela pequena, junte a gema de ovo e o açúcar e misture bem. Adicione aos poucos a mistura de leite, mexendo continuamente, até que esteja tudo homogêneo. Volte tudo para a caçarola e coloque em fogo médio-baixo. Mexa sem parar por cerca de 10 minutos, até que a mistura engrosse e vire um creme. Retire do fogo e deixe esfriar. Mantenha na geladeira até a hora de servir.

Coloque 300 g de amora em uma caçarola pequena com o açúcar e cozinhe em fogo médio-baixo por 10 minutos, mexendo de vez em quando, até que as amoras estejam macias — mas ainda mantendo sua forma — e bastante líquido tenha saído delas. Retire do fogo e deixe esfriar.

Coe o suco das amoras e mexa, adicionando a água de rosas e o gim. Mergulhe os biscoitos no suco até que o líquido seja totalmente absorvido.

Para montar a sobremesa, coloque uma porção grande de sorvete em quatro copos ou taças. Cubra com os biscoitos embebidos, depois despeje o creme por cima. Adicione a compota de amoras e o restante das amoras frescas. Então sirva.

---

480 g de amoras silvestres

40 g de açúcar refinado

1 e ½ colher (chá) de água de rosas

2 e ½ colheres (sopa) de gim

90 g de biscoitos champagne quebrados em pedaços de 2 cm

360 g de sorvete de baunilha

Para o creme

90 ml de creme de leite

70 ml de leite integral

3 folhas de louro

1 gema de ovo

15 g de açúcar refinado

SERVE 8 PESSOAS

"CHEESECAKE" COM COMPOTA DE AMEIXA

400 g de *cream cheese*

200 g de mascarpone

125 g de açúcar refinado

200 ml de creme de leite

raspas da casca de
1 limão-siciliano

2 colheres (sopa) de azeite

½ laranja com a casca
ralada em tiras

500 g de ameixas sem
caroço e cortadas em
cubos pequenos

1 colher (sopa) de caldo
de limão-siciliano

Para o crumble

60 g de farinha integral

30 g de açúcar mascavo
light

50 g de manteiga sem
sal, cortada em cubos
pequenos

50 g de avelãs sem casca,
levemente quebradas

20 g de sementes de
gergelim preto

sal marinho

Apesar de todo o poder de persuasão da gerente do Ottolenghi, Cornelia, ela ainda não conseguiu evocar a receita altamente cobiçada de cheesecake dos nossos queridos amigos do Honey & Co. Eu ainda estou tentando capturar detalhes da versão com base de kadaifi de Itamar e Sarit; enquanto isso, ofereço a minha, que eu costumava fazer nos velhos tempos de chef de pâtisserie no Launceston Place e servir com greengages ou gooseberries.

A mãe de Tara fez esta sobremesa tantas vezes que, sem levar em conta de onde a receita realmente veio, ela começou a se sentir de fato bastante territorialista com ela.

A mistura de queijos precisa descansar por 24 horas antes de ser servida, portanto, faz sentido fazer a compota e o crumble com um ou dois dias de antecedência também, assim você só precisa juntar tudo na hora de servir. (Foto também na parte inferior da p. 325.)

....

No dia anterior, junte na tigela da batedeira o *cream cheese*, o mascarpone e 100 g de açúcar, então bata em velocidade média, até ficar um creme leve. Em outra tigela, bata o creme de leite até engrossar um pouco. Junte o creme de leite batido com a mistura de *cream cheese*, adicione as raspas de limão e mexa até que os ingredientes se incorporem. Transfira para uma tigela de vidro ou deixe na própria tigela da batedeira, cubra com filme e leve à geladeira por 24 horas.

Coloque o azeite e a casca da laranja em uma caçarola pequena e leve ao fogo médio. Quando a laranja começar a chiar, retire a panela do fogo e deixe o azeite esfriar com a casca da laranja imersa.

Coloque as ameixas, as 25 g restantes do açúcar e o caldo de limão em uma panela média e cozinhe em fogo médio-baixo por cerca de 30 minutos, até obter a consistência de uma compota, um pouco mais líquida do que uma geleia. Deixe esfriar.

Preaqueça o forno a 190 ºC.

Para fazer o *crumble*, coloque a farinha, o açúcar e ½ colher (chá) de sal em uma tigela pequena e, usando os dedos, introduza a manteiga até que a mistura se assemelhe à farinha de rosca. Adicione as avelãs e as sementes de gergelim, coloque uma camada fina do *crumble* em uma assadeira e leve ao forno por 15 minutos, até que doure. Retire e deixe esfriar. Em seguida, quebre mais uma vez com os dedos.

Para montar, coloque uma colherada da mistura de *cream cheese* em pratos individuais. Acrescente uma grande dose de fruta ao lado e espalhe o *crumble* por cima. Regue cada *cheesecake* com ½ colher (chá) do azeite com infusão de laranja e sirva imediatamente.

SERVE 8 PESSOAS

BOLO DE DAMASCO, NOZES E LAVANDA

185 g de manteiga sem sal cortada em cubos, em temperatura ambiente

2 colheres (sopa) de óleo de nozes

220 g de açúcar refinado

120 g de amêndoas moídas

4 ovos batidos

120 g de nozes moídas, frescas, batidas no processador

90 g de farinha de trigo

½ colher (chá) de essência de baunilha

raspas da casca de 1 limão--siciliano

1 e ½ colher (chá) de lavanda, fresca ou seca

600 g de damascos frescos, cortados ao meio e com o caroço removido

sal

Para a cobertura

50 g de açúcar de confeiteiro

1 colher (sopa) de caldo de limão-siciliano

Esta combinação de nozes, damasco e lavanda é tão francesa quanto uma boa baguete com manteiga e queijo brie, e é tão invencível quanto. Eu seriamente lhe incentivo a experimentar este bolo, e não apenas como um clássico francês. Ele tem um crocante úmido e macio, além de uma cobertura delicada de frutas, mantendo-se delicioso por vários dias.

Preaqueça o forno a 190 ºC.

Na tigela da batedeira, coloque a manteiga, o óleo, o açúcar e as amêndoas, então bata em velocidade média-alta até formar um creme. Adicione os ovos pouco a pouco e continue batendo, até que estejam bem misturados. Acrescente as nozes, a farinha, a essência de baunilha, as raspas de limão, 1 colher (chá) de lavanda e $1/8$ de colher (chá) de sal.

Forre com papel-manteiga o fundo e as laterais de uma fôrma de bolo de 23 cm. Despeje a mistura do bolo e nivele-o. Acomode os damascos com o lado da pele para baixo, sobrepostos uns aos outros, até a borda. Asse por 1h10 a 1h20, cobrindo com papel-alumínio, caso o topo comece a dourar demais.

Enquanto o bolo está no forno, misture o açúcar de confeiteiro e o caldo de limão até obter um glacê. Ajuste a quantidade de açúcar ou caldo, se necessário. Assim que o bolo estiver pronto, retire-o do forno e pincele o glacê por cima. Polvilhe com a lavanda restante e reserve para esfriar antes de servir.

**SERVE DE 4
A 6 PESSOAS**

PUDIM DE MAÇÃ E RUIBARBO À MODA ANTIGA DA ESME

100 g de manteiga sem sal
em temperatura ambiente
160 g de açúcar mascavo
100 g de amêndoas moídas
1 ovo
700 g de maçãs cozidas,
sem casca e raladas
grosseiramente (550 g)
250 g de ruibarbo aparado
e cortado em pedaços de
2 cm
50 g de açúcar demerara
40 g de farinha de rosca
10 g de folhas de sálvia
picadas grosseiramente
250 g de iogurte grego

Este pudim quente e doce, com uma cobertura de amêndoas supercrocante e maçãs, é normalmente assado durante horas em um forno Agá. Prove esta imagem romântica, mesmo com meus ajustes do mundo real. Agradeço a Esme Robinson por compartilhar esta lembrança de sua infância e por me permitir alterar um pouquinho a moda antiga, acrescentando ruibarbo e sálvia.

Preaqueça o forno a 170 ºC.

Coloque a manteiga e o açúcar mascavo na tigela pequena do processador e bata por 2 minutos, até obter um creme suave (será preciso raspar as laterais da tigela uma ou duas vezes). Adicione as amêndoas e o ovo — isso pode quase encher a tigela, mas vai se ajustar — e continue a processar por 4 a 5 minutos, até que o creme esteja completamente liso.

Em uma tigela grande, misture a maçã, o ruibarbo, o demerara, a farinha de rosca e a sálvia. Transfira para um prato refratário alto dos lados, de cerca de 18 cm de diâmetro. Usando as mãos, pressione firmemente a mistura; depois, jogue o creme por cima, usando uma espátula para espalhar e deixá-lo uniforme, com cerca de 1,5 cm de espessura.

Leve o pudim ao forno, descoberto por 2 horas, até que a massa forme uma crosta grossa. Retire do forno e deixe esfriar por cerca de 10 a 15 minutos, antes de servir com o iogurte ao lado.

PANQUECAS DE RICOTA COM COMPOTA DE GROSELHA

SERVE 4 PESSOAS
rende 10 a 12 panquecas

Você precisa ajustar suas expectativas antes de fazer esta receita. Elas não são as típicas panquecas gordinhas e macias, e têm mais aspecto de ovo e queijo (além de serem mais gostosas, na minha opinião), como alguma coisa entre um cheesecake *e um* clafoutis *francês. A compota rende mais do que você vai precisar para a receita; mas como a temporada da groselha é curta e ela é tão maravilhosa, deixe na geladeira: você pode comer com granola no café da manhã ou com torrada. Ameixas são boas substitutas para a groselha.*

Coloque as groselhas, 180 g do açúcar, as raspas de laranja, o gengibre e a canela em uma caçarola média e cozinhe em fogo médio-baixo por cerca de 30 minutos, até que obtenha uma consistência de compota semiespessa. Deixe esfriar.

Em uma tigela grande, bata os ovos e a ricota, até ficar homogêneo. Adicione as duas farinhas, o restante do açúcar, a essência de baunilha, $^{1}/_{8}$ de colher (chá) de sal e misture. Cubra e leve à geladeira por 1 hora.

Numa frigideira grande em fogo médio, espalhe 1 colher (chá) de óleo e, quando estiver quente, reduza o fogo para baixo. Faça panquecas de 10 cm de largura e 1 cm de espessura e mantenha por 3 a 4 minutos de um lado, antes de virar e deixar por mais um minuto do outro, até que fique dourada dos dois lados. É importante cozinhar as panquecas em fogo baixo para que elas fiquem firmes antes de virá-las, ou você vai acabar com a mistura espalhada por toda a panela. Transfira as panquecas prontas para um prato forrado com papel-toalha e mantenha em um lugar quente, enquanto prepara o restante, adicionando óleo, se necessário.

Sirva duas panquecas quentes em cada prato, com a compota de groselha e o creme de leite fresco ao lado.

750 g de groselhas (ou ameixas) frescas ou congeladas

240 g de açúcar refinado

a casca de ½ laranja, raspada em lascas

10 g de gengibre fresco descascado e cortado em fatias finas

1 rama de canela

4 ovos levemente batidos

500 g de ricota

25 g de farinha de batata

35 g de farinha de trigo

¼ de colher (chá) de essência de baunilha

2 colheres (sopa) de óleo de girassol

100 g de creme de leite fresco

sal

BOLO DE NOZES E *HALVAH*

**RENDE UM
PÃO GRANDE**

Fiquei pensando, durante um momento, se ter duas receitas doces usando
halvah *num mesmo livro não era demais. Então me dei conta de que seria
possível fazer um livro inteiro de culinária em comemoração ao gergelim no
estilo árabe, a* halvah, *e aí desencanei. Ela seria um dos ingredientes que eu
levaria escondido na minha caixa especial, caso eu fosse para uma ilha deserta,
para mordiscá-la junto com café preto ou para cozinhar. Esta torta é um
presente para todas as idades, seja com chá ou como sobremesa, coberta
com bastante chantili.*

Preaqueça o forno a 180 °C. Unte uma fôrma de pão de 900 g (25 cm ×
12 cm) com um pouco de manteiga e forre o fundo e as laterais com papel-
-manteiga.

Comece fazendo a cobertura. Coloque a manteiga numa caçarola pequena
em fogo médio-baixo. Deixe-a derreter e fritar por cerca de 3 minutos,
até que escureça um pouco e solte um aroma de nozes. Retire do fogo e
deixe esfriar. Depois acrescente as nozes e a canela e mexa. Divida essa
mistura em duas porções e adicione o açúcar mascavo em uma delas —
use as mãos para esfarelar o açúcar e mesclar uniformemente com as nozes.

Para a massa do bolo, leve a manteiga e o açúcar à batedeira em velocidade
média até obter uma mistura clara, com textura fofa. Adicione os ovos,
um pouco de cada vez, e bata até que estejam incorporados à massa.

Numa mesma tigela, peneire a farinha, o fermento, o bicarbonato de
sódio e uma pitada de sal, juntos. Então acrescente à massa aos poucos,
alternando com o *sour cream*. Certifique-se de não bater em excesso.

Derrame metade da massa na fôrma de pão e espalhe sobre ela a porção
da mistura de nozes que ficou sem o açúcar mascavo. Polvilhe com a *halvah*.
Derrame a segunda parte da massa por cima — a *halvah* vai se espalhar
um pouco na mistura, mas não se preocupe com isso. Finalize polvilhando
com a porção de nozes açucaradas.

Asse por 40 a 45 minutos, ou até que um palito inserido na massa saia
limpo. Deixe esfriar por 20 minutos e remova com delicadeza da fôrma,
levantando o papel-manteiga pelas laterais. Retire o papel e deixe o bolo
sobre uma grade até esfriar completamente (ou pode desmoronar).
Embrulhado em papel-alumínio, dura um ou dois dias.

---

85 g de manteiga sem sal
em temperatura ambiente
(mais um pouco para
untar)

100 g de açúcar refinado

2 ovos levemente batidos

200 g de farinha de trigo

¾ de colher (chá) de
fermento em pó

¾ de colher (chá) de
bicarbonato de sódio

130 g de *sour cream*

sal

Para a cobertura

60 g de manteiga sem sal

120 g de nozes picadas
grosseiramente

1 colher (chá) de canela
em pó

25 g de açúcar mascavo

170 g de *halvah* picada
em pedaços de 3 cm

ADOÇAR

**SERVE DE 4
A 6 PESSOAS**

SORVETE DE *HALVAH* COM CALDA DE CHOCOLATE E AMENDOIM TORRADO

250 ml de creme de leite

350 ml de leite integral

1 fava de baunilha, cortada ao meio, no sentido do comprimento, as sementes raspadas

2 gemas de ovo

40 g de açúcar refinado

30 g de pasta de tahine

100 g de *halvah* cortada em cubos de 0,5 cm

60 g de amendoins torrados e salgados, picados grosseiramente (é melhor usar os industrializados)

1 colher (chá) de sementes de gergelim preto (ou branco, se não encontrar)

Para a calda de chocolate

150 ml de creme de leite

80 g de chocolate amargo (70% cacau) picado em pedaços pequenos

½ colher (chá) de conhaque

O sabor da halvah *funciona brilhantemente num sorvete. Se fizer uma vez, fará muitas outras, mesmo sem a calda de chocolate ou os amendoins. Com os dois ingredientes, o sorvete vai ficar com um sabor de Snickers luxuoso: doce, crocante e gostoso.*

O chocolate pode mascarar o sabor da halvah *um pouquinho, então não exagere na quantidade de calda: coloque só um fio por cima.*

Se for usar uma máquina de fazer sorvete, é preciso bater com pelo menos algumas horas de antecedência, de preferência, um dia antes. Se você não tiver uma sorveteira, faça à moda antiga: prepare o creme, congele-o no freezer, e bata de vez em quando durante 4 a 5 horas. Adicione a halvah *na metade do tempo. Usando esse método, é melhor se servir imediatamente, pois, no dia seguinte, o sorvete tende a ficar muito duro.*

Em uma caçarola média, aqueça o creme de leite, o leite, a fava e as sementes de baunilha, até que comece a ferver. Retire do fogo.

Em uma tigela média, bata as gemas e o açúcar. Use uma concha para acrescentar a mistura quente de creme de leite aos poucos, mexendo o tempo todo, até que tudo esteja incorporado. Volte essa mistura para a caçarola, em fogo médio. Mexa sem parar com uma colher de pau e cozinhe por 10 minutos, até engrossar e obter uma consistência de creme leve. Retire do fogo e bata com o tahine. Deixe esfriar por 20 minutos e então remova a fava de baunilha.

Coloque o creme em uma máquina de sorvete e bata por 35 minutos, até que fique semicongelado, mas cremoso. (Como alternativa, transfira para um recipiente adequado e leve ao freezer por 4 a 5 horas, e incorpore a *halvah* na metade do tempo.) Retire da máquina e acrescente os pedaços de *halvah*. Coloque em um recipiente pré-congelado e leve ao freezer.

Antes de servir, deixe o sorvete em temperatura ambiente por 10 minutos (para amolecer) e faça a calda de chocolate: em uma caçarola pequena, ponha o creme de leite e espere ferver. Despeje-o sobre os pedaços de chocolate imediatamente, mexendo até ficar macio e uniforme. Misture o conhaque.

Coloque o sorvete em taças e regue com um pouco da calda quente. Polvilhe com o amendoim picado e as sementes de gergelim. Sirva imediatamente.

PÃO GRELHADO DE BANANA COM TAHINE E FAVO DE MEL

RENDE 1 PÃO GRANDE

Quando esta receita ficou pronta, chamamos nossos colegas do escritório ao lado da cozinha de testes: "Pare o que estiver fazendo, você precisa vir tomar um chá". Tudo isso por três motivos: um bolo de banana incrivelmente perfeito (obrigado, Helen!); tahine, que de tão suave seria possível comê-lo de colheradas; e chegar à mesa com uma caneca enorme de chá e uma barriga roncando. Foi o que ofereci à equipe como café da manhã de Natal. Sobrancelhas relaxaram quando a trilogia foi apresentada.

Para mim, o tahine é a nova manteiga de amendoim: mais cremoso e mais fácil de comer, mas com uma riqueza de sabor semelhante e completamente impossível de resistir. Em muitas culturas do Oriente Médio, ele é servido não só como base para homus e outros acompanhamentos e molhos salgados, mas também como patê no café da manhã, com condimentos doces, como uva ou calda de tâmara.

O bolo de banana pode ser feito com antecedência — um ou dois dias, até mais — e, quando for servi-lo, é só fatiar e grelhar. Regue com tahine, como eu faço aqui, ou delicie-se com manteiga, favo de mel e sal.

....

Preaqueça o forno a 170 °C e forre uma fôrma de pão (25 cm × 12 cm) com papel-manteiga.

Coloque as nozes-pecã em uma assadeira e leve ao forno por 10 minutos antes de picá-las grosseiramente e reservar.

Em uma tigela grande de batedeira, adicione as bananas, o açúcar e os ovos, batendo até que se misturem. Com a máquina ainda em funcionamento na velocidade baixa, acrescente ½ colher (chá) de sal, o leite e o óleo. Misture a farinha, o bicarbonato de sódio e o fermento em pó em uma tigela separada, e, em seguida, adicione os três juntos à massa, com a batedeira ainda funcionando. Mantenha na velocidade média por cerca de 5 minutos, até ficar homogêneo. Acrescente as nozes picadas e coloque toda a mistura na fôrma de pão.

Leve ao forno por cerca de 1h10, até que, ao inserir um garfo ou palito no centro da massa, ele saia limpo.

Espere descansar por 10 minutos antes de retirar o bolo da fôrma e deixe sobre uma grade até esfriar completamente. Você pode mantê-lo embrulhado em papel-alumínio por 5 dias, ou no freezer por algumas semanas.

Quando for servir, ligue o broiler em temperatura alta ou aqueça uma panela-grill. Corte o pão de banana em fatias de 2 cm e pincele com a manteiga. Coloque sob o broiler ou na grelha por 2 minutos, até ficar ligeiramente tostado, e retire. Despeje o tahine por cima, coloque um favo de mel em cada fatia e polvilhe com sal marinho. Sirva imediatamente.

180 g de nozes-pecã

3 bananas maduras grandes descascadas e amassadas (300 g)

275 g de açúcar mascavo light

3 ovos levemente batidos

140 ml de leite integral

70 ml de óleo de girassol

275 g de farinha de trigo

1 colher (chá) de bicarbonato de sódio

1 e ½ colher (chá) de fermento em pó

sal

Para finalizar

80 g de manteiga sem sal em temperatura ambiente

60 g de pasta de tahine

200 g de favo de mel

¾ de colher (chá) de sal marinho

SERVE 8 PESSOAS

SUPER FRENCH TOAST

600 ml de leite integral

200 ml de creme de leite

1 laranja com a casca cortada em lascas longas

3 ramas de canela longas e quebradas ao meio

1 fava de baunilha, cortada ao meio, no sentido do comprimento, as sementes raspadas

400 g de brioche, com as crostas removidas e cortado em 8 fatias de 2,5 cm

6 ovos

40 g de açúcar refinado

60 g de manteiga sem sal

40 g de açúcar de confeiteiro

240 g de *sour cream*

xarope de Maple para servir

No ano passado, Sami e eu fizemos uma turnê do livro em Toronto e fomos levados por nossa "mãe canadense", Bonnie Stern, ao fantástico Rose and Sons, um restaurante que serve uma comida que é rica em todos os sentidos da palavra: em sabor, tradição, amor e calorias. Foi definitivamente uma das refeições mais memoráveis que fizemos. Uma das criações mais incríveis do Rose and Sons é algo entre o pudim de pão e a french toast. *Eu aposto que o segredo deles envolve duas etapas: o pão ficar embebido no creme de ovos primeiro, antes de cozinhar como pudim, e depois ficar embebido mais uma vez, antes de ser frito como uma* french toast. *Não obtive essa confirmação, mas este é o meu chute e é isso o que faço aqui.*

Dizer que esta receita "precisa" de alguma coisa a mais seria, francamente, decadente, mas, para promovê-la ao reino do brunch levado a sério, uma fruta da estação ou frutas vermelhas frescas não seriam nada mal. O pão de brioche é encontrado em muitos supermercados.

....

Preaqueça o forno a 190 °C.

Coloque o leite, o creme de leite, a casca de laranja, a canela, a fava e as sementes de baunilha em uma caçarola média. Aqueça em fogo médio-baixo e retire antes de começar a ferver, cerca de 5 minutos. Deixe em infusão por 20 minutos para que o creme esfrie um pouco e os sabores sejam absorvidos. Enquanto isso, forre uma assadeira de 32 cm × 22 cm com papel-manteiga e coloque as fatias de brioche.

Bata com um *fouet* os ovos e o açúcar refinado em uma tigela média. Acrescente a mistura do leite morno gradualmente e continue batendo o tempo todo. Despeje dois terços desse creme sobre o brioche, para que fique completamente coberto. Coloque o creme restante em uma tigela larga e rasa e reserve.

Leve a assadeira ao forno por 20 minutos, até que o creme esteja cozido e dourado. Retire e espere esfriar e, então, corte em oito quadrados iguais.

Coloque metade da manteiga em uma frigideira grande antiaderente e leve ao fogo médio-alto. Mergulhe metade dos quadrados assados dentro da tigela contendo o que sobrou do creme, transfira para um prato e polvilhe cada pedaço com ½ colher (chá) de açúcar de confeiteiro. Coloque as fatias na frigideira, com o açúcar virado para baixo, e deixe fritar de 30 segundos a 1 minuto, para caramelizar o açúcar. Enquanto estão fritando, polvilhe o outro lado de cada fatia com ½ colher (chá) de açúcar de confeiteiro. Vire e cozinhe até que o açúcar esteja marrom-escuro e crocante. Retire da frigideira e deixe descansar sobre uma grade. Repita o procedimento com as fatias de brioche restantes e a manteiga. Para servir, coloque uma fatia em cada prato com 2 colheres (sopa) de *sour cream* e a quantidade que desejar de xarope de Maple.

SERVE 6 PESSOAS

BOLINHOS DE RICOTA COM LARANJA E MEL

470 g de ricota
60 g de queijo de cabra
macio
3 ovos
60 ml de leite integral
1 e ½ colher (sopa) de
folhas de hortelã picadas
raspas da casca de 1 laranja
160 g de farinha de trigo
(talvez precise de mais um
pouco)
1 e ½ colher (chá) de
fermento em pó
50 g de açúcar refinado
cerca de 700 ml de óleo de
girassol, para fritar
4 colheres (sopa) de mel,
ligeiramente aquecido,
para regar ao final
açúcar de confeiteiro, para
polvilhar
sal

Calda de laranja
100 g de açúcar refinado
1 laranja, com a casca
ralada em pedaços longos
e depois cortados em tiras
finas

Você sabe como algumas vovós podem ser ligeiramente aterrorizantes? Bem, eu tive de cozinhar estes bolinhos para uma dessas. Signora Assunta provou-se totalmente inofensiva no final (é claro), mas eu tinha certeza de que ela ia me comer vivo se eu não fizesse algo superespecial para ela numa recente visita à Sardenha. Felizmente, eu a deixei orgulhosa e até ganhei um beijo (eu tive que prometer a ela que o seu marido jamais saberia disso).

Comece fazendo a calda de laranja. Coloque o açúcar e 100 ml de água numa panela pequena em fogo médio, mexendo até que o açúcar se dissolva. Cozinhe delicadamente por 3 a 4 minutos. Adicione as tiras de laranja e continue cozinhando por mais 2 minutos. Retire do fogo e deixe as tiras de laranja esfriando na calda.

Em uma tigela média, bata 350 g de ricota com o queijo de cabra e os ovos, até ficar suave. Junte o leite, a hortelã e as raspas de laranja. Reserve.

Em outra tigela, misture a farinha, o fermento em pó, o açúcar e ¼ de colher (chá) de sal. Misture os ingredientes úmidos com os secos para formar uma massa — adicionando mais farinha, se necessário —, até que esteja soltando das mãos. Deixe descansar por 10 minutos.

Aqueça uma panela pequena e de fundo triplo com óleo de girassol suficiente para que cubra cerca de 4 cm das laterais da panela. Quando o óleo estiver quente (180 °C), coloque delicadamente colheradas da massa e cozinhe por 3 a 4 minutos, virando de vez em quando, até dourar. Reduza o fogo se estiverem escurecendo rápido demais. Retire com uma escumadeira e escorra em papel-toalha. Continue o mesmo processo com o restante da massa.

Empilhe os bolinhos em pratos individuais e regue com o mel aquecido. Cubra com uma colherada da ricota que sobrou e polvilhe com açúcar de confeiteiro. Para finalizar, coloque as tiras de laranja e um pouco da calda por cima da ricota. Sirva imediatamente.

PUDIM DE CEVADA, LARANJA E GERGELIM

SERVE DE 2 A 4 PESSOAS

Este prato é como um pudim de arroz com textura, para pessoas que não se importam em mastigar a sobremesa, sem dizer que é fantasticamente delicioso. Também funciona com a cevadinha, se for a única que encontrar. A cevadinha não precisa ficar de molho durante a noite, mas vai precisar de um pouco mais de leite (cerca de 100 ml) e de um tempo um pouco maior de cozimento (aproximadamente 20 minutos).

....

Comece com a calda de laranja. Coloque as tiras de laranja em uma caçarola pequena. Adicione o açúcar refinado e cubra com 75 ml de água. Leve ao fogo alto, deixe ferver e cozinhe por menos de um minuto, mexendo até o açúcar dissolver. Reserve para esfriar.

Use uma faca afiada para aparar a parte superior e inferior da laranja. Corte dos lados para remover toda a membrana branca e coloque em uma tigela pequena para pegar o suco. Corte os segmentos entre as membranas, adicionando-os com o suco na calda de laranja na panela. Acrescente também a água de flor de laranjeira e reserve.

Moa as sementes de gergelim em um pilão com 1 colher (chá) de açúcar mascavo e reserve.

Escorra e lave a cevada. Coloque-a em uma panela média com o açúcar mascavo restante, o leite, a fava e as sementes de baunilha, as cascas das frutas cítricas e $\frac{1}{8}$ de colher (chá) de sal. Leve para ferver em fogo alto e, em seguida, reduza-o para médio-baixo. Deixe cozinhar por 1 hora, mexendo de vez em quando, até que a cevada esteja cozida, mas ainda al dente: se estiver muito grossa, adicione um pouco de leite no final. Deixe esfriar por 5 minutos, retire a fava de baunilha e divida entre quatro taças. Coloque 1 colher (chá) de tahine sobre cada porção. Despeje sobre os pedaços de laranja e a calda, polvilhe com as sementes de gergelim e sirva.

½ colher (sopa) de sementes de gergelim branco torradas

½ colher (sopa) de sementes de gergelim preto torradas (se não tiver, dobre a quantidade do branco)

1 e ½ colher (sopa) de açúcar mascavo

125 g de cevada, deixada de molho com água fria durante a noite

750 ml de leite integral

½ fava de baunilha, cortada ao meio, no sentido do comprimento, as sementes raspadas

raspas finas da casca de ½ limão-siciliano

raspas finas da casca de 1 laranja

20 g de pasta de tahine

sal

Para a calda de laranja

1 laranja média, com a casca cortada em tiras longas

40 g de açúcar refinado

¼ de colher (chá) de água de flor de laranjeira

SERVE 6 PESSOAS

TAU FU FA

10 folhas de pândano (30 g)

1 litro de leite de soja sem açúcar

40 g de açúcar refinado

100 g de açúcar de palma partido em pedaços de 1 cm

5 g de gengibre fresco descascado e cortado em fatias finas

½ abacaxi pequeno, descascado, cortado no sentido do comprimento (sem o bulbo central) e depois em fatias de 2 mm (300 g)

1 e ¾ colher (chá) de gelatina de ágar-ágar ou gelatina incolor (7 g)

2 colheres (sopa) de creme de coco

sal

A primeira vez que me deparei com este prato à base de tofu — muito popular por todo o Leste da Ásia, onde possui muitas variações: doce e salgado, quente ou frio — foi em um mercado de comidas da Malásia. É parecido com um creme de caramelo, mas um pouco mais aveludado. Eu usei uma gelatina vegetariana em vez de gelatina incolor. Peço desculpas pela quantidade esquisita utilizada — um pouco mais de 1 envelope —, mas é necessário ser bem preciso com as quantidades para chegar ao ponto certo: 2 colheres de chá é muito, e 1 e ½ colher não é suficiente!

Na culinária do sudoeste da Ásia, as folhas de pândano são muito utilizadas para infusão numa gama de pratos doces e salgados, com sua fragrância quase de mato. Você terá de fazer uma visita a uma loja especializada para encontrá-las. Contudo, pode substituí-las por fava de baunilha — metade no leite, metade com o abacaxi. (Fotos também nas pp. 324 e 325.)

....

Amarre metade das folhas de pândano com um nó e coloque-as em uma panela média com o leite e o açúcar refinado. Cozinhe por 5 minutos em fogo médio-alto, até que comece a ferver. Retire do fogo e reserve para esfriar. Transfira para uma tigela média, cubra e deixe em infusão na geladeira durante a noite.

Em uma panela média, coloque o açúcar de palma, ¼ de colher (chá) de sal e o gengibre com 50 ml de água. Cozinhe em fogo médio-alto, mexendo de vez em quando, até que o açúcar dissolva. Aumente o fogo, ferva por 2 minutos e adicione o abacaxi e a outra metade das folhas de pândano, também amarradas. Abaixe o fogo e cozinhe por 8 minutos, mexendo uma ou duas vezes, até que o líquido comece a engrossar. Retire do fogo e reserve: ele continuará a engrossar enquanto esfria. Despeje em uma tigela média, cubra e deixe em infusão na geladeira durante a noite.

Forre uma peneira com um pano limpo ou uma musselina e coe a infusão do leite em uma panela média. Transfira 3 colheres (sopa) para uma tigela pequena e bata com o pó de gelatina. Devolva esta mistura para a panela e mexa bem. Leve a panela ao fogo médio-alto, mexendo sempre, por 5 a 6 minutos, enquanto o leite volta a ferver e começa a engrossar. Retire do fogo e sirva em 6 copos individuais. Deixe esfriar e depois leve à geladeira por pelo menos 1 hora: é para ficar bem firme, mas com um "bom balanço".

Coloque o creme de coco em uma tigela pequena, acrescente uma colher (sopa) de água e mexa até que o creme fique com uma textura de fio; adicione mais água, se necessário. Leve à geladeira até a hora de usar.

Meia hora antes de montar a sobremesa, retire o abacaxi da geladeira para que não esteja gelado. Na hora de servir, coloque 2 colheres (sopa) do abacaxi e do molho por cima da mistura de leite, seguido por um pouco de creme de coco, e sirva.

ARROZ FRIO E PUDIM DE PÂNDANO COM CALDA DE LIMÃO E MANGA AFONSO

SERVE 6 PESSOAS

Pândano, a baunilha asiática, proporciona um aroma de coco aveludado aos pratos doces e salgados. Se você não gostar ou não encontrar, a metade de uma fava de baunilha sem as sementes é uma boa alternativa.

Minha adoração obsessiva pela manga Afonso estabeleceu-se em outro lugar (veja na p. 105), *mas você pode usar outras variedades se precisar, contanto que sejam doces e firmes.*

O merengue pode ser o industrializado (encontrado também como "suspiro"). Se quiser fazer um caseiro, bata as 2 claras de ovo que vão sobrar do pudim em uma batedeira, adicionando 120 g de açúcar refinado gradualmente, enquanto as claras ganham firmeza. Bata até que fique firme e brilhante (cerca de 10 minutos), espalhe como discos pequenos ou ninhos em papel-manteiga e leve ao forno por 40 minutos a 120 °C, até ficarem completamente secos. Use a quantidade solicitada na receita e deixe o restante em um pote por até um mês. (Foto também na p. 324.)

100 ml de creme de leite
700 ml de leite integral
1 folha de pândano
100 g de arroz
50 g de açúcar refinado
2 gemas de ovo
30 g de merengue quebrado em pedaços
a polpa de 2 maracujás
sal

Para a calda de limão
70 ml de caldo de limão
1 colher (chá) de raspas da casca de limão
2 colheres (chá) de açúcar refinado
4 mangas sem casca e cortadas em cubos de 1 cm (400 g)

Preaqueça o forno a 150 °C.

Em uma panela pequena em fogo médio-baixo, coloque o creme de leite, o leite, a folha de pândano e $1/8$ de colher (chá) de sal. Quando começar a ferver, adicione o arroz. Ferva delicadamente por 15 minutos, mexendo ocasionalmente, até ficar semicozido.

Coloque o açúcar e as gemas em uma tigela grande e bata com um *fouet* antes de lentamente adicionar o arroz e o líquido, sem parar de bater. Transfira para um refratário (16 cm × 26 cm) e leve ao forno em banho-maria (dentro de uma assadeira com água até a metade da altura do refratário), cozinhando de 55 minutos a 1 hora, até que comece a engrossar, mas ainda um pouco líquido: ele vai continuar a engrossar enquanto esfria. Retire tudo do forno, remova o refratário da assadeira e deixe esfriar por algumas horas ou durante a noite.

Enquanto isso, faça a calda de limão. Coloque o caldo do limão, as raspas e o açúcar numa panela pequena em fogo médio. Mexa até o açúcar se dissolver e deixe esfriar. Transfira para uma tigela, adicione os cubos de manga e reserve.

Use um garfo para soltar a mistura do arroz-doce, até ficar leve e homogênea, e divida-a entre taças ou pratos. Polvilhe com o merengue e, em seguida, coloque a calda com a manga. Finalize com a polpa do maracujá.

ADOÇAR **343**

SERVE 8 PESSOAS

ROCAMBOLE DE MERENGUE COM PÉTALAS DE ROSA E FRAMBOESA FRESCA

Para o merengue
4 claras de ovo (120 g)
250 g de açúcar refinado
1 colher (chá) de essência
de baunilha
1 colher (chá) de vinagre de
vinho branco
1 colher (chá) de amido de
milho

Para o creme
100 g de mascarpone
1 colher (sopa) de açúcar
de confeiteiro (e mais um
pouco, para polvilhar)
1 e ½ colher (sopa) de água
de rosas
400 ml de chantili

Para o recheio
150 g de framboesa fresca
2 colheres (sopa) de pétalas
secas de rosa
1 colher (chá) de pistache
picado

Leve, bonito, festivo e especial, este rocambole tem o segredo para servir como uma sobremesa natalina (sem o chocolate ou o pão de ló) ou como o bolo perfeito para um almoço de verão.

Preaqueça o forno a 160 ºC.

Forre a base e as laterais de uma assadeira de 33 cm × 24 cm com papel-manteiga. Deixe o papel passar cerca de 1 cm acima da borda.

Em uma tigela grande, bata as claras até ficarem firmes. Adicione o açúcar em colheradas ou vá acrescentando aos poucos, enquanto bate. Continue batendo até que o merengue esteja firme e brilhoso. Use uma colher grande de metal para incorporar delicadamente a essência de baunilha, o vinagre e o amido de milho. Espalhe a mistura na assadeira com uma espátula.

Leve ao forno por 30 minutos, até que se forme uma crosta e o merengue esteja todo cozido (ainda vai ficar macio ao toque). Retire do forno e deixe esfriar na assadeira.

Coloque o merengue resfriado em um novo pedaço de papel-manteiga, retirando o antigo com cuidado.

Enquanto isso, coloque o mascarpone em uma tigela grande com o açúcar de confeiteiro e a água de rosas. Misture até ficar homogêneo e macio, depois adicione o chantili. Bata com o *fouet* por cerca de 4 minutos, até que o creme ganhe forma. (Você pode usar uma batedeira elétrica, mas fique bastante atento, pois é fácil passar do ponto.)

Espalhe o creme de mascarpone na fôrma em que estava o merengue, separando algumas colheradas. Deixe uma pequena borda sobrando ao redor. Jogue as framboesas (quase todas) e 1 e ½ colher (sopa) de pétalas de rosa por cima do creme.

Use o papel-manteiga para ajudar a enrolar o rocambole nas pontas, até atingir um formato perfeito. Depois, transfira delicadamente para o prato de servir. Use o creme restante para fazer uma tira longa no meio. Deixe esfriar por pelo menos 30 minutos.

Na hora de servir, polvilhe com o açúcar de confeiteiro, as pétalas de rosa restantes, o pistache e, por fim, as framboesas que sobraram.

ÍNDICE REMISSIVO

abacate
e iogurte, com *crisps* de polenta, 200-1; ervilha e beterraba, salada de, 76-9; salada de broto (parte 2), 37

abacaxi, *tau fu fa*, 338-41

abóbora
com cardamomo e sementes de nigela, 172-3; com iogurte de pimenta e molho de coentro, 192-3; com *labneh* e molho de nozes, 154; fondue de pão e, 276-7

abóbora japonesa, purê de raiz, com cebolas braseadas no vinho, 230-1

abóbora manteiga
bolinhos fritos, 256-7; com polenta de trigo-sarraceno e tempurá de limão-siciliano, 136-7; ensopado iraniano de legumes, 146-7; grelhada, e salada de macarrão japonês *udon*, 160-1; quiche de marmelada e queijo Stilton, 260-1; tortinhas de vegetais de raiz, 294-5

abobrinha
baba ghanush de, 162-5; com funcho e *croûtons* de açafrão, 152-3; mix de vegetais com azeite de pimenta-verde, 204-5; pasta de iogurte e folha de limão kafir, 246-7; recheada, 117; com tomate e queijo feta, 167; abobrinha, flores de, torta da Córsega com, 270-2

açafrão
croûtons, com abobrinha e funcho, 152-3; de inverno, gratin de, 283; e cuscuz, bolinhos crocantes de, 217; tâmara e amêndoa, arroz com, 61; tâmara e amêndoa, arroz de, 60

agrião, com ovo de codorna, ricota e sementes, salada de, 24-5

aipo
com queijo feta e ovos levemente cozidos, salada de, 22-3; salada "tipo Waldorf", 16-7; torta da Córsega com flores de abobrinha, 270-2

aipo-rábano
e crocante de maçã, salada de, 34; purê de raiz, com cebolas braseadas no vinho, 230-1

alcachofra
assada com espelta perolada, salada de, 282; com maionese de limão-siciliano em conserva, salada de, 108-9; e *fregola sarda*, pilafe de, 94; e mozarela, com

limão-siciliano cristalizado, 110-1; gratin de açafrão de inverno, 283

alcaparra e azeitonas, funcho com, 142-3

alface
fava levemente ensopada, ervilha e, 130-1; grelhada, com farro e limão-siciliano, 150-1; salada de alcachofra assada com espelta perolada, 282

algas marinhas, gengibre e cenoura, salada de, 70-1

alho
caramelizado, e casca de limão, couve-de-bruxelas com, 213; cogumelos e cebolas com ricota de limão-siciliano, 144-5; mingau de quinoa com tomates grelhados e, 113-5; negro, berinjela com, 170-1; patê de fava com ricota de, 234-7; sopa de cebolinha, 99

alho selvagem e quinoa, bolinhos com molho *salvitxada*, 215

alho-poró agridoce com coalhada de cabra e groselha, 134-5

amarena
e nozes, salada de arroz com, 54-5; salada "tipo Waldorf", 16-7

ameixa, compota de, "*cheesecake*" com, 318-9

amêndoa
açafrão e tâmara, arroz com, 60-1; e tomate, torta de, 284-5

amendoim torrado, sorvete de *halvah* com calda de chocolate e, 328-9

amoras-silvestres, cozidas com creme de louro e gin, 316-7

arroz
abobrinha recheada, 117; beterraba defumada com iogurte e macadâmia caramelizada, 184-5; com açafrão, tâmara e amêndoas, 61; com limão--siciliano e folhas de curry, 56-7; de açafrão, tâmara e amêndoas, 60; de limão-siciliano e folhas de curry, 58-9; e vegetais ao missô, com molho de gergelim preto, 62-3; fava levemente ensopada, ervilhas e alface, 130-1; frio, e pudim de pândano, com calda de limão e manga Afonso, 342, 343; negro glutinoso, com cogumelos *girolle*, 202-3; risoto de couve--de-bruxelas, 88-91; salada, com nozes e amarena, 54-5

aspargos
salada de vegetais crus, 26;

salada Primavera, 40-1

azeite
com infusão de pimenta, 101; de ervas, 113; de manjericão, 208-9; de pimenta-verde e ervas, 204-5

azeitona(s)
dakos, 42-3; e alcaparras, funcho com, 142-3; empanadas com iogurte picante, 220-1; torta de tomate e amêndoas, 284-5

baba-ghanush de abobrinha, 162-5

baigan choka, 293

batata
batata *harra*, 292; bolinhos, com recheio apimentado, 244-5; ensopado iraniano de legumes, 146-7; *ratatouille* indiano, 140-1; salada de alcachofra com maionese de limão-siciliano em conserva, 108-9; tomate, berinjela, 218-9; tortinha de vegetais de raiz, 294-5

batata-doce
purê de raiz com cebolas braseadas no vinho, 230-1; com bitter de laranja, 186-7

berinjela
baigan choka, 293; batata, tomate, 218-9; *cheesecake*, 254-5; com alho negro, 170-1; com grão-de-bico amassado e iogurte de ervas, 179; *kuku* de, 252-3; massa no estilo iraniano, 116; mix de vegetais com azeite de pimenta-verde, 204-5; ninhos de massa *kadaifi* com, 273-5; no vapor, com gergelim e cebolinha, 52-3; nozes e missô com macarrão *udon*, 216; *pahi*, 226-7

beterraba
abacate e ervilha, salada de, 76-9; crua e ervas, salada de, 21; defumada com iogurte e macadâmia caramelizada, 184-5; e ruibarbo, salada de, 190-1; listrada, com lentilhas e *yuzu*, 106-7

biscoito de semente de erva-doce, peras caramelizadas com conhaque e, 308-9

bolinhos de ricota com laranja e mel, 334-5

bolinhos fritos, 256-7

bolo/bolinho
crocante açafrão e cuscuz, 217; de alho selvagem e quinoa com molho *salvitxada*, 214-5; de couve-flor, 258-9; de damasco,

nozes e lavanda, 320-1; de nozes e *halvah*, 326-7

brócolis
com tahine doce, broto de, 80-1; e *edamame*, salada de broto de, 74-5; japonês, vegetais e arroz ao missô com molho de gergelim preto, 62-3

broto de feijão
curry *laksa*, 112; salada de broto, 36; salada de broto (parte 2), 37; sopa de cogumelos picantes, 95-7

buttermilk, quiabo com crosta de, 208-9

cabra, coalhada de cogumelos *girolle* com arroz negro glutinoso, 202-3; e groselha, com alho-poró agridoce, 134-5

cabra, queijo de batata-doce com bitter de laranja, 186-7; cebolas roxas com molho de nozes, 176-7; pimentão recheado com *fondant* de nabo-da-suécia e, 280-1; torta de figo e, 310-1

cassis, *friands* de, 298-301

castanha-de-caju, apimentada, 20

cebola crocante, couve-portuguesa braseada com, 133; roxa com molho de nozes, 176-7

cebolinha
e gergelim, berinjela no vapor com, 52-3; e milho, panquecas de, 262-3; e soja, macarrão de arroz com, 68-9; ervilha com azedinha e mostarda, 82-3; sopa de, 99

cenoura
amassada, com *harissa* e pistache, 242-3; assada, ao curry, com folhas e caldo de limão, 188-9; assada no mel com iogurte de tahine, 174-5; e feijão-mungo, salada de, 180-1; gengibre e algas marinhas, salada de, 70-1; purê de raiz, com cebolas braseadas no vinho, 230-1; salada Coleslaw requintada, 19-20; salada crocante de vegetais de raiz, 27; salada de repolho e milho verde, 157-9; tortinhas de vegetais de raiz, 294-5

cevada
e lentilhas, com cogumelos e especiarias, 222-5; laranja e gergelim, pudim de, 336-7

chana dal, upma frita com ovo poché, 210-1

cheddar, salada de couve-flor e uva, 178

"*cheesecake*" com compota de ameixa, 318-9

cheesecake de berinjela, 254-5

chips de polenta defumada, 206-7

chocolate
branco, creme, frutas vermelhas congeladas com, 306-7; com amendoim torrado, sorvete de *halvah* com calda de, 328-9

coco
e coentro, feijão-mungo com, 124-5; e folhas de curry, salada de broto de brócolis e *edamame* com, 74-5

coentro
abóbora com iogurte de pimenta e molho de, 192-3; e coco, feijão-mungo com, 124-5; e limão-siciliano, fava com, 132

cogumelo
alho e cebolas com ricota de limão-siciliano, 144-5; e especiarias, cevada e lentilhas com, 222-5; e estragão, *pithvier* de, 278-9; e limão-siciliano em conserva, lentilha com ragu de, 128-9; em conserva rápida, sobá com, 73; em conserva, e *croûtons* de pão pita, purê de feijão branco com, 240-2; *girolle* com arroz negro glutinoso, 202-3; picante, sopa de, 95-7; vegetais e arroz ao missô com molho de gergelim preto, 62-3

Coleslaw requintada, salada, 19-20

compota
de ameixa, 318-9; de groselha, 323

conhaque com peras caramelizadas e biscoitos de semente de erva--doce, 308-9

cottage, queijo
bolinhos de alho selvagem e quinoa com molho *salvitxada*, 214-5; panqueca de couve--portuguesa e, 266

couve-de-bruxelas
assada, com pomelo e anis--estrelado, 182-3; com alho caramelizado e casca de limão, 213; risoto de, 88-91

couve-flor
bolinho de, 258-9; frita, com hortelã e molho de tamarindo, 212; salada de manga e grão-de--bico com curry, 104-5; salada de uva e queijo cheddar, 178; salada de vegetais crus, 26

couve-portuguesa
braseada, com cebolas crocantes, 133; panqueca de queijo e, 266

couve-rábano
gratin de açafrão de inverno, 283; salada crocante de vegetais de raiz, 27; salada de broto (parte 2), 37

creme de louro, 316-7

creme de chocolate branco com frutas vermelhas congeladas, 306-7

crespéou, 250-1

crisps de polenta, com abacate e iogurte, 200-1

croquetes de ervilha e hortelã, 198-9

croûtons, 102-3

curry
laksa, 112; salada de manga e grão-de-bico com, 104-5; vegetais de raiz assados com folhas e caldo de limão, 188-9

cuscuz, bolinhos crocantes de açafrão e, 217

dakos, 42-3

damasco, nozes e lavanda, bolo de, 320-1

dhal, chana, upma frita com ovo poché, 210-1

edamame
salada de broto (parte 2), 37; salada de broto de brócolis e, 74-5

ensopado, iraniano de legumes com limão seco, 146-7

erva-doce, peras caramelizadas com conhaque e biscoitos de sementes de, 308-9

ervilha
salada de alcachofra assada com espelta perolada, 282; beterraba e abacate, salada de, 76-9; com azedinha e mostarda, 82-3; e alface, fava levemente ensopada e, 130-1; e hortelã, croquetes de, 198-9; salada de vegetais crus, 26; sopa de cebolinha, 99; doce, sopa de lentilha vermelha tailandesa, 100-1

espelta, perolada, salada de alcachofra assada com, 282

espinafre
ensopado iraniano de legumes, 146-7; rocambole de queijo *tallegio* e, 290-1

farro e limão-siciliano, alface grelhada com, 150-1

fava, 233
com limão-siciliano e coentro, 132; levemente ensopada, ervilhas e alface com arroz de queijo parmesão, 130-1; patê com ricota de alho assado, 234-7; salada de quinoa e funcho, 120-1; salada Primavera, 40-1

favo de mel, pão grelhado de banana com tahine e, 330-1

ÍNDICE REMISSIVO **347**

feijão-branco

purê, com cogumelos em conserva e *croûtons* de pão pita, 240-1; salada de salsinha, limão--siciliano e, 34

feijão-mungo

com coco e coentro, 124-5: e cenoura, salada de, 180-1

feta, queijo

abobrinha com tomate e, 167; bolinho crocante de açafrão e cuscuz, 217; *cheesecake* de berinjela, 254-5; *crespéou*, 250-1; *dakos*, 42-3; e ovos levemente cozidos, salada de aipo com, 22-3; mingau de quinoa com tomates grelhados e alho, 113-5; pasta cremosa de, 98; *penne* grelhado com, 156; salada de figos caramelizados e laranja, 44-7; torta da Córsega com flores de abobrinha, 270-2

figo

assado, com melaço de romã e raspas de laranja, 312-3; caramelizado, laranja e queijo feta, salada de, 44-7; e queijo de cabra, torta de, 310-1; salada de, 28-9

folha de curry

arroz com limão-siciliano e, 5-9; e coco, salada de broto de brócolis e *edamame* com, 74-5

fondue de pão e abóbora, 276-7

framboesa, e pétalas de rosa, rocambole de merengue com, 344-5

freekeh e tahine, vagem com, 122-3

fregola sarda e alcachofra, pilafe de, 94

French toast, super, 332-3

friands de cassis, 298-301

frutas grelhadas com água de gerânio-limão, 314-5

frutas vermelhas

congeladas com creme de chocolate branco, 306-7; *ver também* as frutas vermelhas específicas

funcho

com alcaparras e azeitonas, 142-3; e *croûtons* de açafrão, abobrinha com, 152-3; salada Coleslaw requintada, 19-20; salada de quinoa e, 120-1

gaspacho de tomate e melancia, 102-3

gengibre, salada de cenoura, algas marinhas e, 70-1

gerânio-limão, frutas grelhadas com água de, 314-5

gergelim

cevada e laranja, pudim de, 336-7; cogumelos, alho e

cebolas com ricota de limão--siciliano, 144-5; e cebolinha, berinjela no vapor com, 52-3; preto, molho de, 62-3; purê de raiz com cebolas braseadas no vinho, 230-1

gim,amoras cozidas com creme de louro e, 316-7

girolle, cogumelos, com arroz negro glutinoso, 202-3

gorgonzola, salada de beterraba e ruibarbo, 190-1

grão-de-bico

amassado, e iogurte de ervas com berinjela, 179; com curry, salada de manga e, 104-5; cozido lentamente, com torrada e ovo poché, 118-9; e triguilho, sopa picante de, 98; sopa de legumes (com massa), 92-3

gratin de açafrão de inverno, 283

groselha, panquecas de ricota com compota de, 323

halvah

bolo de nozes e, 326-7; sorvete, com calda de chocolate e amendoim torrado, 328-9

harrisa, e pistache com cenoura amassada, 242-3

hortelã

e ervilha, croquetes de, 198-9; e molho de tamarindo, 212; molho de, 198-9

iogurte

de ervas, 179; de pimenta, 192-3; de tahine, molho de, 174-5; e abacate, *crisps* de polenta com, 200-1; e folha de limão kafir, pasta de, 246-7; e macadâmia caramelizada, beterraba defumada com, 184-5; e mix de vegetais, com azeite de pimenta-verde, 204-5; picante, azeitonas empanadas com, 220-1

kadaifi, ninhos de massa, com berinjela, 273-5

kafir, limão, pasta de iogurte e folha de, 246-7

kashk, massa no estilo iraniano, 116

kuku de berinjela, 252-3

labneh

doce, ruibarbo assado com, 302-3; e molho de nozes com abóbora, 154

laksa, curry, 112

laranja

e mel, bolinhos de ricota com, 334-5; e tâmara, salada de, 35; gergelim e cevada, pudim de, 336-7; queijo feta e figo

caramelizado, salada de, 44-7; raspas, figos assados com melaço de romã e, 312-3

laranja, bitter de, batata-doce com, 186-7

lavanda, damasco e nozes, bolo de, 320-1

legumes, sopa de, 92-3

leite de coco

bolinhos fritos, 256-7; curry *laksa*, 112; sopa de lentilha vermelha tailandesa com óleo aromático de pimenta, 100-1

lentilha

amassada com tahine e cominho, 238-9; com ragu de cogumelos e limão-siciliano em conserva, 128-9; e cevada, com cogumelos e especiarias, 222-5; e *yuzu*, beterraba listrada com, 106-7; purê de raiz com cebolas braseadas no vinho, 230-1; radicchio e nozes com mel de Manuka, 138-9; vermelha tailandesa com óleo aromático de pimenta, sopa de, 100-1

limão

calda, arroz frio e pudim de pândano com manga Afonso e, 342-3; folhas e caldo de, vegetais de raiz assados ao curry com, 188-9; seco, ensopado iraniano de legumes com, 146-7

limão-siciliano

assado, salada de tomate e, 66-7; casca, com couve-de-bruxelas e alho caramelizado, 213; cogumelos, alho e cebolas com ricota e, 144-5; cristalizado, com alcachofra e mozarela, 110-1; e coentro, fava com, 132; e farro, alface grelhada com, 150-1; e folhas de curry, arroz com, 56-9V; tempurá, e polenta de trigo-sarraceno com abóbora manteiga, 136-7; *tagliatelle* com nozes e, 86-7

limão-siciliano em conserva

lentilha com ragu de cogumelos e, 128-9; maionese de, 108-9

louro e gim, amoras-silvestres cozidas com creme de, 316-7

maçã

e aipo-rábano, salada de, 34; e ruibarbo, pudim de, 322; salada "tipo Waldorf", 16-7

macadâmia

caramelizada, beterraba defumada com iogurte e, 184

macarrão

de arroz, com cebolinha e soja, 68-9; massa ao estilo iraniano, 116; sobá com cogumelos

348   ÍNDICE REMISSIVO

em conserva rápida, 73; sopa de legumes com, 92-3; *udon*, abóbora manteiga grelhada e salada de, 160-1; *udon*, com berinjela frita, nozes e missô, 216

maionese, 16-7; de limão-siciliano em conserva, 108-9; de missô, 166

manga
Afonso, arroz frio e pudim de pândano com calda de limão e, 342-3; algas marinhas, gengibre e cenoura, salada de, 70-1; e grão-de-bico com curry, salada de, 104-5; salada de pomelo, 30-1

marmelada e queijo Stilton, quiche de, 260-1

marmelo
escalfado no suco de romã, 304-5; quiche de marmelada e queijo Stilton, 260-1

massa
ao estilo iraniano, 116; *penne* grelhado com queijo feta, 156; pilafe de *fregola sarda* e alcachofra, 94-5; *risoni* assado com mozarela e orégano, 288-9; *tagliatelle* com nozes e limão-siciliano, 86-7

mel
bolinhos de ricota com laranja e, 334-5; cenouras assadas com iogurte de tahine, 174-5; de Manuka, lentilhas, radicchio e nozes com, 138-9

melancia e tomate, gaspacho de, 102-3

merengue, rocambole de, com pétalas de rosa e framboesa fresca, 344-5

milho
bolinhos fritos, 256-7; e cebolinha, panquecas de, 262-3; e repolho, salada de, 158-9; espiga, com maionese de missô, 166; verde, e repolho, salada de, 157

mingau, de quinoa, com tomates grelhados e alho, 113-5

missô
berinjela e nozes, macarrão *udon* com, 216; maionese de, 166; vegetais e arroz, com molho de gergelim preto, 62-3

molho, 212; de nozes, 154; de nozes, cebola roxa com, 176-7; de pimentão vermelho e tomate, 273; molhos, 35, 37, 157

mozarela
e alcachofra com limão-siciliano cristalizado, 110-1; e orégano, *risoni* assado com, 288-9

nabo
fondue de pão e abóbora, 276-7; picante, 72; pudim de pão de ricota e alecrim, 286-7; salada crocante de vegetais de raiz, 27

nabo-da-suécia
e queijo de cabra *fondant*, pimentão recheado com, 280-1; gratin de açafrão de inverno, 283; salada crocante de vegetais de raiz, 27; vegetais de raiz assados ao curry, 188-9

noz(es)
e amarena, salada de arroz com, 54-5; *ver também* as nozes específicas

nozes
e *halvah*, bolo de, 326-7; e limão-siciliano, *tagliatelle* com, 86-7; lavanda e damasco, bolo de, 320-1; lentilhas e radicchio com mel de Manuka, 138-9; missô e berinjela, macarrão udon com, 216; molho de, abóbora com *labneh* e, 154; molho de, cebola roxa com, 176-7

ovo
berinjela, batata, tomate, 218-9; bolinho de couve-flor, 258-9; bolinhos fritos, 256-7; *cheesecake* de berinjela, 254-5; *crespéou*, 250-1; de codorna, ricota e sementes, salada de agrião com, 24-5; *kuku* de berinjela, 252-3; lentilhas amassadas com tahine e cominho, 238-9; levemente cozido, salada de aipo com queijo feta e, 22-3; mexidos picantes, 264-5; panqueca de couve-portuguesa e queijo, 266; panquecas de milho e cebolinha, 262-3; poché, grão-de-bico cozido lentamente com torrada e, 118-9; poché, *upma* frita com, 210-1; pudim de pão com ricota e alecrim, 286-7; quiche de marmelada e queijo Stilton, 260-1

padrón, pimenta, bolinhos fritos, 256-7

pândano
pudim, com arroz frio, manga Afonso e calda de limão, 342-3; *tau fu fa*, 338-41

panquecas
de couve-portuguesa e queijo, 266; de milho e cebolinha, 262-3; de ricota, com compota de groselha, 323

pão
com ricota e alecrim, pudim de, 286-7; e molho de tomate, quiabo com crosta de *buttermilk*

e, 208-9; fondue de abóbora e, 276-7; grelhado de banana com tahine e favo de mel, 330-1

pastinaca
assada ao curry, com folhas e caldo de limão, 188-9; gratin de açafrão de inverno, 283; tortinhas de vegetais de raiz, 294-5

penne, grelhado, com queijo feta, 156

pepino
pasta de iogurte e folha de limão kafir, 246-7; salada de cenoura, gengibre e algas marinhas, 70-1

pera, caramelizada com conhaque e biscoito de sementes de erva-doce, 308-9

pilafe, de *fregola sarda* e alcachofra, 94

pimenta
berinjela *pahi*, 226-7; iogurte de, 192-3; *padrón*, bolinhos fritos, 256-7; pimenta-verde e azeite de ervas, 204-5; molho de, 94; óleo aromático de, 101

pimentão
batata *harra*, 292; *crespéou*, 250-1; grão-de-bico cozido lentamente, torrada e ovo pochê, 118-9; mix de vegetais com azeite de pimenta-verde, 204-5; molho *salvitxada*, 214-5; *ratatouille* indiano, 140-1; recheado, com *fondant* de nabo-da-suécia e queijo de cabra, 280-1; salada Coleslaw requintada, 19-20; vermelho, molho de tomate e, 273

pistache e *harissa*, cenoura amassada com, 242-3

pita, *croûtons* e cogumelos em conserva, purê de feijão-branco com, 240-1

pithivier, de cogumelos e estragão, 278-9

polenta
crisps, com abacate e iogurte, 200-1; de trigo-sarraceno, e tempurá de limão-siciliano, abóbora manteiga com, 136-7; defumada, chips de, 206-7

pomelo
e anis-estrelado, couve-de-bruxelas assada com, 182-3; salada de, 30-1

queijo
fondue de pão e abóbora, 276-7; panqueca de couve-portuguesa e, 266; *penne* grelhado com queijo feta, 156

quiabo
com crosta de *buttermilk*, molho de tomate e pão, 208-9;

ÍNDICE REMISSIVO **349**

ratatouille indiano, 140-1

quinoa
e alho selvagem com molho *salvitxada*, bolinhos de, 214-5; e funcho, salada de, 120-1; mingau, com tomates grelhados e alho, 113-5; salada de aipo-rábano e crocante de maçã, 34; salada de arroz com nozes e amarena, 54-5; salada de salsinha, limão-siciliano e feijão-branco, 34

rabanete
salada de broto (parte 2), 37; salada de vegetais crus, 26; sobá com cogumelos em conserva rápida, 73

rabanete branco, salada de broto, 36

radicchio
nozes e lentilha com mel de Manuka, 138-9; salada Coleslaw requintada, 19-20

ragu, de cogumelos e limão-siciliano em conserva, lentilha com, 128-9

raiz, vegetais
assados ao curry com folhas e caldo de limão, 188-9; purê, com cebolas braseadas no vinho, 230-1; salada crocante de, 27; tortinhas de, 294-5

ratatouille indiano, 140-1

repolho
e milho verde, salada de, 157-9; salada Coleslaw requintada, 19-20; salada "tipo Waldorf", 16-7

ricota
bolinhos, com laranja e mel, 334-5; de alho assado, patê de fava com, 234-7; de limão-siciliano com cogumelos, alho e cebolas, 144-5; e alecrim, pudim de pão com, 286-7; funcho com alcaparras e azeitonas, 142-3; ninhos de massa *kadaifi* com berinjela, 273-5; ovos de codorna e sementes, salada de agrião com, 24-5; panquecas, com compota de groselha, 323; torta de tomate e amêndoas, 284-5

risoni, assado com mozarela e orégano, 288-9

risoto, de couve-de-bruxelas, 88-91

rocambole
de merengue, com pétalas de rosa e framboesa fresca, 344-5; de queijo *tallegio* e espinafre, 290-1

romã
e tomate, salada de, 14-5; melaço, figos assados com raspas de laranja e, 312-3; suco

de, marmelo escalfado no, 304-5

ruibarbo
assado, com *labneh* doce, 302-3; e beterraba, salada de, 190-1; pudim de maçã e, 322

salada
de agrião com ovo de codorna, ricota e sementes, 24-5; de aipo, com queijo feta e ovos levemente cozidos, 22-3; de aipo-rábano e crocante de maçã, 34; de alcachofra assada com espelta perolada, 282; de alcachofra com maionese de limão-siciliano em conserva, 108-9; de arroz, com nozes e amarena, 54-5; de beterraba crua e ervas, 21; de beterraba e ruibarbo, 190-1; de beterraba, abacate e ervilha, 76-9; de broto, 36; de broto (parte 2), 37; de broto de brócolis e *edamame*, com folhas de curry e coco, 74-5; de cenoura e feijão-mungo, 180-1; de cenoura, gengibre e algas marinhas, 70-1; de couve-flor, uva e queijo cheddar, 178; de figo, 28-9; de figos caramelizados, laranja e queijo feta, 44-7; de laranja e tâmara, 35; de manga e grão-de-bico com curry, 104-5; de pomelo, 30-1; de quinoa e funcho, 120-1; de salsinha, limão-siciliano e feijão-branco, 34; de tomate com romã, 14-5; de tomate e limão-siciliano assado, 66-7; de toranja e sumagre, 32-3; de vegetais crus, 26; Primavera, 40-1; "tipo Waldorf", 16-7

salvitxada, molho, bolinhos de quinoa e alho selvagem com, 214-5

sementes, ricota e ovos de codorna, salada de agrião com, 24-5

semolina, *upma* frita com ovo poché, 210-1

soja e cebolinha, macarrão de arroz com, 68-9

sopa
de cebolinha, 99; de cogumelos picantes, 95-7; de legumes (com massa), 92-3; de lentilha vermelha tailandesa, com óleo aromático de pimenta, 100-1; gaspacho de tomate e melancia, 102-3; picante de grão-de-bico e triguilho, 98

sorvete de *halvah*, com calda de chocolate e amendoim torrado, 328-9

Stilton, queijo: e couve-portuguesa, panqueca de, 266; quiche de marmelada e, 260-1

sumagre e toranja, salada de, 32-3

tagliatelle, com nozes e limão-siciliano, 86-7

tahine
doce, broto de brócolis com, 80-1; e cominho, lentilhas amassadas com, 238-9; e favo de mel, pão grelhado de banana com, 330-1; e *freekeh*, vagem com, 122-3; molho de iogurte de, 174-5

taleggio, queijo, e espinafre, rocambole de, 290-1

tâmara
amêndoa e açafrão, arroz com, 60-1; salada de laranja e, 35

tamarindo e hortelã, molho de, 212

tataki, abóbora manteiga, e salada de macarrão *udon*, 160-1

tau fu fa, 338-41

tempurá de limão-siciliano, abóbora manteiga com polenta de trigo-sarraceno e, 136-7

tofu
pedaços, curry *laksa*, 112; *tau fu fa*, 338-41

tomate
berinjela, batata, 218-9; *cheesecake* de berinjela, 254-5; chips de polenta defumada, 206-7; com romã, salada de, 14-5; *dakos*, 42-3; e amêndoas, torta de, 284-5; e limão-siciliano assado, salada de, 66-7; e melancia, gaspacho de, 102-3; e pimentão vermelho, molho de, 273; e queijo feta, abobrinha com, 167; ensopado iraniano de legumes, 146-7; grelhado e alho, mingau de quinoa com, 113-5; lentilhas amassadas com tahine e cominho, 238-9; mix de vegetais com azeite de pimenta-verde, 204-5; molho de, quiabo com crosta de *buttermilk*, pão e, 208-9; molho *salvitxada*, 214-5; ovos mexidos picantes, 264-5; *penne* grelhado com queijo feta, 156; *ratatouille* indiano, 140-1; *risoni* assado com mozarela e orégano, 288-9; rocambole de queijo taleggio e espinafre, 290-1

toranja e sumagre, salada de, 32-3

torrada
e ovo poché, grão-de-bico cozido lentamente com, 118-9

tortas
da Córsega, com flores de abobrinha, 270-2; de figo e queijo de cabra, 310-1; de tomate e amêndoas, 284-5; de vegetais de raiz, 294-5

trigo-sarraceno, polenta de, e

tempurá de limão-siciliano com abóbora manteiga, 136-7
triguilho e grão-de-bico, sopa picante de, 98

upma, frita com ovo poché, 210-1
uva, queijo cheddar e couve-flor, salada de, 178

vagem
broto de brócolis com tahine doce, 80-1; com *freekeh* e tahine, 122-3; curry *laksa*, 112; salada de broto de brócolis e *edamame*, 74-5; salada Primavera, 40-1; sopa de cogumelos picantes, 95-7

Waldorf, salada "tipo", 16-7

yuzu e lentilhas, beterraba listrada com, 106-7

Copyright © 2014 by Yotam Ottolenghi
Fotografias ©2014 by Jonathan Lovekin
Originalmente publicado em 2014 por Ebury Press, um selo Ebury Publishing.
Ebury Publishing é parte do grupo Penguin Random House.

Grafia atualizada segundo o Acordo Ortográfico da Língua Portuguesa de 1990, que entrou em vigor no Brasil em 2009.

Título original Plenty More
Capa Here Design
Fotos de capa e quarta capa Jonathan Lovekin

Projeto gráfico Caz Hildebrand e Sakiko Kobayashi, Here Design
Produção de fotos Sanjana Lovekin

Índice remissivo Probo Poletti
Preparação Andressa Bezerra Corrêa
Revisão Angela das Neves
    Márcia Moura

Dados Internacionais de Catalogação na Publicação (CIP)
   (Câmara Brasileira do Livro, SP, Brasil)

Ottolenghi, Yotam
   Comida de verdade / Yotam Ottolenghi; tradução Isabella Pacheco. – 1ª ed. – São Paulo: Companhia de Mesa, 2016.

   Título original: Plenty More.
   ISBN 978-85-92754-00-6

   1. Culinária (Legumes) 2. Ottolenghi (Restaurante)
I. Título

16–01987   CDD: 641.65

Índice para catálogo sistemático:
1. Culinária : Legumes : Economia doméstica 641.65

3ª reimpressão

Todos os direitos desta edição reservados à
EDITORA SCHWARCZ S.A.
Rua Bandeira Paulista, 702, cj. 32
04532-002 — São Paulo — SP
Telefone: (11) 3707-3500
www.companhiadasletras.com.br
instagram.com/companhiademesa

Esta obra foi composta em Amasis MT Std por Joana Figueiredo e impressa pela Geográfica sobre papel Couché Design Matte da Suzano S.A. para a Editora Schwarcz em maio de 2024

A marca FSC® é a garantia de que a madeira utilizada na fabricação do papel deste livro provém de florestas que foram gerenciadas de maneira ambientalmente correta, socialmente justa e economicamente viável, além de outras fontes de origem controlada.

AGRADECIMENTOS

Todas as receitas deste livro foram criadas sob o olhar cuidadoso de Sarah Joseph, Tara Wigley, Esme Robinson e Claudine Boulstridge. A dedicação delas não tem preço. Tara merece um reconhecimento extra, por sua enorme contribuição tanto na pesquisa quanto na escrita criativa. Noam Bar, como sempre, envolveu-se do início ao fim, dando constantemente seu olhar novo.

Jonathan Lovekin e Caz Hildebrand, meus queridos parceiros de criação, fizeram outro livro que, a meu ver, é extraordinariamente lindo; Felicity Rubinstein e Sarah Lavelle possibilitaram nossa entrada nessa jornada maravilhosa e tornaram-na muito leve.

Também gostaria de agradecer à minha família, aos meus amigos próximos e aos meus colegas de trabalho pelo apoio infinito: Karl Allen, Michael e Ruth Ottolenghi, Tirza, Danny e a família Florentin, Pete e Greta Allen, Cornelia Staeubli, Peter Lowe, Sami Tamimi, Jeremy Kelly, Helen Goh, David Kausman, Alex Meitlis, Tamara Meitlis, Garry Chang, Ramael Scully, Lucy Henry, Shachar Argov, Alison Quinn, Maria Mok, Basia Murphy, Heidi Knudsen, Luana Knudsen, Paulina Bembel, Charissa Fraser, Faiscal Barakat, Toni Birbara, Laura Clifford, Angelita Pereira, Francis Pereira, Sarit Packer, Itamar Srulovich, Lingchee Ang, Gemma Bell, Bob Granleese, Merope Mills, Fiona MacIntyre, Sarah Bennie, Mark Hutchinson, Imogen Fortes, Sanjana Lovekin, Keren Margalit, Yoram Ever-Hadani, Itzik Lederfeind, Ilana Lederfeind e Amos, Ariela e David Oppenheim.

Por fim, agradeço sinceramente a todas as pessoas da equipe do Ottolenghi e do NOPI por seu comprometimento eterno e trabalho árduo.

YOTAM OTTOLENGHI

OTTOLENGHI ONLINE

A lista dos ingredientes para todas as receitas está disponível em: ottolenghi.co.uk/ingredients